UM TEMPO ESPECIAL COM DEUS

PARA MULHERES

2ª Edição
Santo André, SP
2020

This book was first published in the United States by BroadStreet Publishing, 2745 Chicory Road Racine, WI 53403, with the title A Little God Time for women, copyright © 2015, by BroadStreet Publishing. Translated by permission.

Todas as citações bíblicas foram extraídas da NVI, Nova Versão Internacional, da Sociedade Bíblica Internacional. Copyright © 2001, salvo indicação em contrário.

© Geográfica Editora
Todos os direitos desta obra pertencem a Geográfica Editora © 2024
www.geografica.com.br
O conteúdo desta obra é de responsabilidade de seus idealizadores. Quaisquer comentários ou dúvidas sobre este produto escreva para: produtos@geografica.com.br

Editor responsável
Marcos Simas

Supervisão editorial
Maria Fernanda Vigon

Tradução
Julia Ramalho

Preparação de texto
Cleber Nadalutti

Design original
Chris Garborg

Diagramação/Adaptação à edição brasileira
PSimas

Adaptação de capa
Well Carvalho

Revisão
João Rodrigues Ferreira
Carlos Buczynski
Nataniel dos Santos Gomes
Angela Baptista

SIGA-NOS NAS REDES SOCIAIS

 geograficaed   geoeditora

 geograficaeditora   geograficaeditora

Geográfica editora

T288	Um tempo especial com Deus para mulheres / Traduzido por Julia Ramalho. – 2. ed. Santo André: Geográfica, 2024.
	384p. ; 16x23cm.
	ISBN 978-85-8064-233-9
	Título original: A little God time for women.
	1. Livro de meditações. 2. Escritos contemplativos. 3. Deus. 4. Devocional. 5. Mulheres. I. Ramalho,
	Julia. CDU 242-055.2

"O SENHOR É BOM PARA COM AQUELES CUJA ESPERANÇA ESTÁ NELE, PARA COM AQUELES QUE O BUSCAM; É BOM ESPERAR TRANQUILO PELA SALVAÇÃO DO SENHOR."

LAMENTAÇÕES 3.25-26 (NVI)

INTRODUÇÃO

Quando as obrigações da vida exigirem a sua atenção, descanse no Senhor para encontrar a esperança, a alegria e a paz de que você precisa a cada dia.

Este devocional de um ano oferece sabedoria divina e discernimento para fortalecer a sua fé e encorajar o seu espírito.

O Pai é fascinado por você! Deus se deleita quando você escolhe passar tempo com ele. Deixe que o seu coração se encha com a presença dele a fim de encontrar a paz abundante que só o Senhor pode oferecer.

Seja renovada e inspirada ao fazer de *Um tempo especial com Deus para mulheres* parte do seu dia.

JANEIRO

"Sabes muito bem quando trabalho e quando descanso; todos os meus caminhos são bem conhecidos por ti. Antes mesmo que a palavra me chegue à língua, tu já a conheces inteiramente, SENHOR."

(SALMO 139.3-4)

1 DE JANEIRO

ALGO NOVO

Quer você tenha organizado uma enorme lista de metas, sonhos e planos para os próximos 365 dias, quer tenha banido as resoluções de ano-novo e prometido tratar esta data como outra qualquer do calendário, o primeiro dia do ano representa uma tela em branco, com uma atmosfera inegável de expectativa. Um novo bem material não se compara à promessa de um novo começo. Bem lá no fundo, uma parte de nós pensa: "Este pode ser o meu ano!"

Sabe do que mais? Este é o seu ano. Este dia, e todos os outros, são seus. Eles são seus para escolher a quem amar e como amar, para servir e até mesmo para optar por qual tipo de pessoa você deseja ser. E a sua escolha por fazer essa leitura representa a preferência por iniciar esta jornada na companhia do seu Pai celestial. Essa é uma linda forma de começar.

"Vejam, estou fazendo uma coisa nova! Ela já está surgindo! Vocês não a reconhecem? Até no deserto vou abrir um caminho e riachos no ermo." (Isaías 43.19)

Que coisa nova você gostaria de fazer este ano? Quais caminhos você deseja que Deus abra?

2 DE JANEIRO

O QUE DEUS DIZ SOBRE VOCÊ

Em uma famosa cena de um filme para adolescentes, uma professora pede que as meninas, em um ginásio da escola, fechem os olhos e levantem as mãos se já disseram algo ruim sobre outra colega. Praticamente todas erguem as mãos. Essa cena soa tão verdadeira porque ela é, de fato, genuína. E, infelizmente, muitas vezes somos ainda piores em relação a nós mesmas.

Além de dar a maravilhosa notícia de que Maria daria à luz o Filho de Deus, o anjo que a visitou, como registrado em Lucas 1, também falou sobre a bondade de Maria e sobre o seu favor aos olhos de Deus. Maria era adolescente, portanto, há grandes chances de que ela já tivesse ouvido — e pensado — coisas inferiores sobre si. Observe a sua resposta linda e corajosa:

"Respondeu Maria: 'Sou serva do Senhor; que aconteça comigo conforme a tua palavra'. Então o anjo a deixou." (Lucas 1.38)

Você é muito crítica consigo mesma? Se alguém pedisse que descrevesse a si mesma, o que diria? Pense, agora, em alguém que a ama. O que essa pessoa diria a seu respeito? Decida hoje permitir que as palavras dessa pessoa — e as de Deus — sejam a verdade. Junte-se a Maria e diga: "Que aconteça comigo conforme a tua palavra."

3 DE JANEIRO

QUANDO VOCÊ SE SENTE PRESA

"As autoridades locais relatam condições de nevasca na interestadual..." Ao ler isso, o seu pulso acelera e você fica tensa? Ninguém gosta de se sentir preso e a ideia de ter neve e veículos parados por toda parte pode fazer com que a mulher mais racional e tranquila deseje sair correndo por cima dos carros, como se estivesse em um filme de ação. Seria uma forma divertida de testar as novas botas de inverno. Ou talvez não.

Talvez você se sinta presa em sua vida cotidiana. Um emprego que não utiliza os seus dons, um relacionamento egoísta, um hábito que está se transformando em vício. Ao contrário da situação de se estar presa em uma nevasca no meio da estrada, há uma direção para onde você pode seguir quando uma circunstância a faz sentir-se encurralada. Volte a sua face para o Senhor; deixe que ele seja a sua força para seguir em frente.

"O SENHOR, o Soberano, é a minha força; ele faz os meus pés como os do cervo; faz-me andar em lugares altos." (Habacuque 3.19)

Neste momento, onde você está presa? Profissionalmente, pessoalmente ou até mesmo em sua vida de oração há uma área em que você simplesmente estagnou? Ore a Deus pedindo força, e então siga para onde o Altíssimo a guiar.

4 DE JANEIRO

O AMOR DO PAI

Independentemente do amor demonstrado — ou não — pelo seu pai terreno, o amor do Pai celestial é totalmente sem limites. Reflita sobre isso por um momento. Não há nada que você possa fazer que seja capaz de mudar o que ele sente por você. Nada.

Gastamos tanto tempo tentando nos tornar mais atraentes, fazendo tratamentos estéticos, criando receitas gourmet e até tentando agradar a todos. Nós esquecemos, com muita facilidade, que somos perfeitamente amadas. O nosso Pai nos ama mais do que podemos imaginar. Ele faria qualquer coisa por nós. Qualquer coisa.

"Se alguém possui cem ovelhas, e uma delas se perde, não deixará as noventa e nove nos montes, indo procurar a que se perdeu? E, se conseguir encontrá-la, garanto que ele ficará mais contente com aquela ovelha do que com as noventa e nove que não se perderam." (Mateus 18.12-13)

Quem é a pessoa que você ama de maneira mais intensa, protetora e desesperada aqui na terra? O que faria por ela? Saiba que isso é apenas uma fração, quase imensurável, daquilo que Deus faria por você. Dedique algum tempo para agradecer ao Senhor pelo seu grande amor.

5 DE JANEIRO

PROCRASTINAÇÃO

Eu não quero chegar atrasada; acho que vou só amanhã.
Estou um pouco cansada.
Provavelmente não conseguiria fazer o meu melhor hoje, de qualquer maneira.
Não estou me sentindo muito criativa agora. Faço isso amanhã de manhã.

Com que frequência as circunstâncias são ideais? Com que regularidade achamos que devemos esperar até que as condições sejam perfeitas?

Vamos hoje, agora mesmo, escolher seguir o conselho das Escrituras e decidir que é melhor estar alguns minutos atrasada do que ausente. Reconheçamos o nosso cansaço e façamos o nosso melhor, apesar da fadiga. Vamos parar de esperar por uma explosão de criatividade para começar os nossos projetos e então ver o que acontece. Vamos honrar a Deus — e nos surpreender ao mesmo tempo.

"Quem fica observando o vento não plantará, e quem fica olhando para as nuvens não colherá." (Eclesiastes 11.4)

O que você está esperando?

6 DE JANEIRO

COMPAIXÃO

Os publicitários conhecem os seus segredos. Eles sabem que a imagem de um filhotinho perdido, de uma criança faminta ou de uma mãe de luto aciona algo no fundo do seu coração feminino, despertando um forte desejo de fazer alguma coisa — qualquer coisa. Eles estão contando com isso.

Quando aceitamos a Cristo e ele nos deu o Espírito Santo, tomamos consciência do coração do Senhor. Nós nos tornamos conscientes, especificamente, daquilo que machuca o coração de Deus. Quanto mais sintonia temos com ele, mais essas coisas tocam o nosso coração.

Jesus foi bem claro: "Cuide das minhas ovelhas", ele ordenou. As suas ações diziam o mesmo; ele alimentou-os aos milhares. Chorou pelas irmãs de Lázaro em sua dor. Ele chorou por aqueles que não o reconheceram. Derramou lágrimas por nós. Ele assumiu a nossa carga de pecado, todo o seu peso, para que pudéssemos viver e conhecer o seu coração.

"Levem os fardos pesados uns dos outros e, assim, cumpram a lei de Cristo." (Gálatas 6.2)

O que machuca o seu coração? Você sofre ao ver uma criança órfã, uma mãe sem-teto, um animal abandonado? Como você pode usar essa compaixão para ser obediente a Cristo?

7 DE JANEIRO

CRESCIMENTO

Lembra-se de quando percebeu que você havia parado de crescer? A sua altura seria aquela, e o seu número de sapato também não mudaria mais. Esse segundo fato foi bastante emocionante para muitas de nós; não ouviríamos mais de nossas mães: "É muito dinheiro para gastar em sapatos que perderá em poucos meses." E, assim, começamos a colecioná-los.

Pouco tempo depois que os nossos ossos param de crescer, nós nos damos conta de que o verdadeiro crescimento está apenas se iniciando. Quando nos tornamos adultas, as nossas amizades se aprofundam ou se desfazem à medida que passamos a descobrir quem somos. Não importa qual seja a nossa idade atualmente, a maioria de nós ainda está descobrindo isso. E o crescimento em Cristo é um processo que nunca tem fim.

"Não que eu já tenha obtido tudo isso ou tenha sido aperfeiçoado, mas prossigo para alcançá-lo, pois para isso também fui alcançado por Cristo Jesus." (Filipenses 3.12)

Como ter consciência de que Deus quer ajudá-la a alcançar o seu melhor a inspira a tentar realizar isso este ano?

8 DE JANEIRO

O SISTEMA DA AMIZADE

As mulheres gostam de fazer as coisas juntas. Os homens implicam conosco por causa disso, mas é realmente mais legal ir ao banheiro — ou à lanchonete, ao shopping, ao cinema ou a um jogo de basquete das crianças — acompanhada por outra mulher. Isso não significa que seja ruim fazer as coisas sozinha; só que a maioria delas é mais divertido com uma companhia. Nós acompanhamos nossas amigas quando elas pedem porque queremos fazer isso.

Como é maravilhoso saber que temos um companheiro constante no Espírito Santo! Uma vez que aceitamos o dom gratuito da salvação de Jesus, nunca mais estaremos sozinhas. Ele está ao nosso lado em todos os momentos — os bobos, os comuns e os assustadores. Quando esperamos aqueles resultados de exames, quando dirigimos sozinhas à noite ou quando caminhamos por um lugar desconhecido, nunca estamos sós. Ele está conosco por onde quer que andemos. E, como qualquer amigo de verdade, ele faz isso porque quer.

"Não fui eu que lhe ordenei? Seja forte e corajoso! Não se apavore, nem desanime, pois o SENHOR, o seu Deus, estará com você por onde você andar." (Josué 1.9)

Separe um tempo para ficar em silêncio e sentir a presença constante do Espírito de Deus. Agradeça a ele pela companhia.

9 DE JANEIRO

SEM PALAVRAS

Às vezes, tudo o que precisamos fazer para sermos heroínas é estarmos presentes. Nós adoramos falar, não é? Palavras de incentivo, palavras de consolo, palavras de aconselhamento. Mesmo se for do tipo quieta, você deve conhecer alguma mulher que gosta de falar.

No entanto, para determinadas situações, realmente não temos palavras. Quando alguém a quem amamos está sofrendo e nós não sabemos o que dizer, a nossa presença diz tudo. Saiba que, nesses momentos em que nos sentimos sem palavras, se Deus ocupa a posição central do nosso coração, ele tornará isso conhecido.

"Depois os três se assentaram no chão com ele, durante sete dias e sete noites. Ninguém lhe disse uma palavra, pois viam como era grande o seu sofrimento." (Jó 2.13)

Quão fácil ou difícil seria para você simplesmente ficar ao lado de alguém durante o seu momento de tristeza, sem tentar "consertar" as coisas? Você conhece alguma pessoa que se beneficiaria hoje da presença silenciosa e amorosa de alguém que a ama?

10 DE JANEIRO

SIGA A SETA

Decisões e mais decisões. Parece que não há uma semana sequer em que não precisemos tomar, pelo menos, uma resolução importante. Quer seja relacionada ao trabalho, a relacionamentos ou a algo aparentemente inocente, como decidir o que fazer em uma noite de sexta-feira. Não seria bom se tivéssemos uma seta para nos apontar a direção certa — especialmente quando corremos o risco de tomar uma decisão errada?

De acordo com a Palavra, é exatamente isso que temos. Quando realmente desejamos trilhar o caminho que Deus tem para nós e quando buscamos, com sinceridade, ouvir a sua voz, ele promete nos guiar na direção certa. O Espírito do Senhor sempre presente está ali, pronto para nos colocar de volta ao caminho toda vez que nos desviamos dele.

"Quer você se volte para a direita quer para a esquerda, uma voz atrás de você lhe dirá: 'Este é o caminho; siga-o.'" (Isaías 30.21)

Reflita sobre as decisões que estão diante de você neste momento. Em quem você busca direção? Coloque as suas opções perante Deus e fique atenta para ouvir a voz do Senhor.

11 DE JANEIRO

A ALEGRIA DA CERTEZA

Lemos ontem sobre ouvir a voz de Deus para nos guiar pelo caminho que ele escolheu para nossa vida. Talvez essa ideia não pareça muito agradável para você. E o livre-arbítrio? E se eu quiser me desviar um pouquinho do caminho? A ideia de simplesmente seguir cegamente alguém, até mesmo o próprio Deus, pode parecer um pouco assustadora. E se o caminho dele não for divertido?

Pode ter certeza de que você não está com os olhos vendados e de que Deus não a está empurrando para o caminho dele — ou para qualquer outro. Você só ouvirá a voz do Senhor se estiver prestando atenção, e a escolha de seguir a direção do Altíssimo é inteiramente sua. Mas que escolha maravilhosa ela é! Observe o Salmo 16:

"Tu me farás conhecer a vereda da vida, a alegria plena da tua presença, eterno prazer à tua direita." (Salmo 16.11)

Ele não nos diz simplesmente que caminho seguir, o Senhor nos mostra o caminho. E, melhor ainda, como Deus está conosco, a alegria e o prazer são nossos — para sempre. Descanse nessa maravilhosa certeza hoje e ore por coragem para seguir a direção do Altíssimo.

12 DE JANEIRO

VOCÊ É PERFEITA

Pare, volte e releia isso. Você é perfeita. Ao se olhar no espelho ou lembrar-se do seu dia, é fácil esquecer ou não acreditar nessas palavras. Não permita que isso aconteça. Uma ruga aqui, uma cicatriz ali, uma palavra grosseira ou um pensamento invejoso não podem mudar a forma como o Pai a vê. E é assim que ele deseja que você veja a si mesma também.

O dicionário usa mais de duzentas palavras para explicar o significado do termo *perfeito*, porém só precisamos saber disto: somos completas. Quando Cristo decidiu morrer na cruz pelos nossos pecados, ele levou todas as imperfeições daqueles que o amam. Jesus consumou aquilo que nós nunca seríamos capazes de fazer: ele nos tornou perfeitas.

"Porque, por meio de um único sacrifício, ele aperfeiçoou para sempre os que estão sendo santificados." (Hebreus 10.14)

Se possível, vá até o espelho onde você mais se olha. Fique de pé na frente dele e peça a Deus para mostrar o que ele vê quando olha para você. Não se concentre em suas imperfeições, mágoas, rancores — não se concentre em nenhum defeito visível. Veja a si mesma completa, exatamente como o Senhor quer que você seja. Enxergue-se como uma pessoa perfeita.

13 DE JANEIRO
CONFIANTES EM NOSSA INCOMPETÊNCIA

Ao levar o bebê recém-nascido do hospital para casa, dar a primeira grande palestra no trabalho, preparar a primeira ceia de Natal ou em outro momento de sua vida, você pensou: "Eu não faço ideia do que tenho de fazer. Eu não vou conseguir." Então, o que você fez? Provavelmente colocou um sorriso no rosto, mergulhou de cabeça e fez o que precisava ser feito da melhor maneira possível.

Quanto mais velhas ficamos, mais percebemos o quanto somos realmente impotentes. No entanto, também notamos, de uma maneira linda, que não há problema. Experimentamos uma liberdade maravilhosa quando admitimos as nossas deficiências e permitimos que o Pai seja a nossa força. Independentemente do que o Senhor nos peça, estamos confiantes em nossa incompetência. Podemos não ser capazes, mas Deus é mais do que qualificado para realizar os planos dele por nosso intermédio. Tudo o que precisamos fazer é engolir o nosso orgulho e deixar o Criador nos conduzir.

"Não que possamos reivindicar qualquer coisa com base em nossos próprios méritos, mas a nossa capacidade vem de Deus." (2Coríntios 3.5)

Que sonho ou chamado você seria capaz de realizar se assumisse a competência de Deus como se fosse sua?

14 DE JANEIRO
ESCOLHENDO BEM

Quão diferente seria a vida se você decidisse abandonar seu emprego hoje? Quer seja você uma CEO, garçonete ou professora de dança, a sua decisão seria notada. Vidas mudariam. O que aconteceria se simplesmente decidisse não levantar da cama amanhã? Até mesmo uma mudança na cor dos nossos cabelos tem o potencial para afetar a nossa trajetória. As nossas decisões são importantes — e não apenas aqui, na terra.

Deus está interessado nas suas escolhas. Ele tem planos e desejos para a sua vida, no entanto, você tem a palavra final, a liberdade de escolher. Quando se trata de coisas importantes, todo o céu aguarda a sua decisão.

> "Agora temam o SENHOR e sirvam-no com integridade e fidelidade. Joguem fora os deuses que os seus antepassados adoraram além do Eufrates e no Egito, e sirvam ao SENHOR. Se, porém, não agrada a vocês servir ao SENHOR, escolham hoje a quem irão servir [...] Mas, eu e a minha família serviremos ao SENHOR." (Josué 24.14-15)

Os anjos, provavelmente, não estão discutindo sobre o tom de ruivo que você deve experimentar nos cabelos em sua próxima visita ao salão, mas saiba que o céu está realmente interessado na forma como você escolhe conduzir a sua vida. Deus espera que você escolha a vida — que escolha o Senhor — todos os dias.

15 DE JANEIRO
CAMINHE COM SEGURANÇA

O que os saltos altos têm de especial? Todo álbum de fotos de família tem, pelo menos, uma foto de uma criança fofa tentando andar nos saltos da mamãe, e toda mulher se lembra da primeira vez que experimentou seu primeiro par de saltos, buscando se equilibrar neles. Como as mulheres fazem isso parecer tão fácil e elegante? A maioria de nós também guarda lembranças de um tropeço nada gracioso ou, até mesmo, de um tornozelo torcido; mesmo assim, de alguma maneira, o salto agulha mantém a sua popularidade. Quem nunca se apoiou no braço firme de um acompanhante com um sapato bem mais confortável?

Caminhar com Jesus é um pouco parecido com aprender a andar em saltos de dez centímetros. Algumas pessoas fazem parecer tão fácil, vivendo aparentemente sem pecado, enquanto nós nos sentimos inseguras e incertas, propensas a tropeçar a qualquer momento. E se dermos um passo errado? E se cairmos de cara no chão? (O pé de mais alguém está doendo?). Apoie-se no braço forte do Salvador; deixe que ele a estabilize e direcione os seus passos.

"Dirige os meus passos, conforme a tua palavra; não permitas que nenhum pecado me domine." (Salmo 119.133)

Em qual aspecto da sua caminhada você se sente mais firme e segura? E em qual se sente insegura? Compartilhe a sua confiança e as suas preocupações com o Salvador e convide-o para guiá-la nas duas situações.

16 DE JANEIRO

VOCÊ É AMADA

É bom ser amada, não é? Que sentimento pode se comparar quando sabemos que alguém correu pela chuva, cancelou um voo internacional, dirigiu a noite toda — por você? Mesmo que nunca tenhamos experimentado isso, podemos imaginar tais cenas em nosso coração. Ou então, sabemos que seríamos capazes de mover céu e terra por aquele a quem mais amamos. Quer seja marido, filho, pais, irmãos ou amigos, amar e ser profundamente amado talvez seja o melhor sentimento que existe.

A quantidade de amor que você já deu ou recebeu é uma mera amostra de como Jesus se sente em relação a nós. Você é mais estimada e amada do que pode imaginar. O único que pode, de fato, mover céus e terra faria isso em um piscar de olhos — por você.

"Pois estou convencido de que nem morte nem vida, nem anjos nem demônios, nem o presente nem o futuro, nem quaisquer poderes, nem altura nem profundidade, nem qualquer outra coisa na criação será capaz de nos separar do amor de Deus que está em Cristo Jesus, nosso Senhor."
(Romanos 8.38-39)

Deixe que essas palavras penetrem o seu espírito à medida que se dá conta de que não existe nada — absolutamente nada — que Jesus não faça por você.

17 DE JANEIRO

QUANDO O SEU CORAÇÃO ESTÁ PERTURBADO

Eu não tenho um minuto de paz. Soa familiar? Todas nós passamos por fases em que parece que toda situação esconde um novo desafio para a nossa serenidade, se é que conseguimos sentir um pouco de paz para começar. Por que é tão difícil encontrar paz neste mundo? Justamente porque a estamos procurando *neste mundo*.

Depois de sua ressurreição, antes de subir ao céu, Jesus deixou os seus discípulos com algo que eles nunca haviam tido antes: paz. Mais especificamente, ele deu aos discípulos a sua paz, um presente que não pertence a este mundo. Tudo aquilo que o mundo pode nos oferecer também pode ser tirado de nós. Qualquer segurança, felicidade ou alívio temporário para o sofrimento é apenas isso: provisório. Somente as coisas do céu são permanentes e não podem ser retiradas.

"Deixo a paz a vocês; a minha paz dou a vocês. Não a dou como o mundo a dá. Não se perturbe o seu coração, nem tenham medo." (João 14.27)

Jesus nos diz que não deixemos que o nosso coração se perturbe. Isso significa que temos escolha. Compartilhe com ele aquilo que ameaça a sua paz e, em seguida, lembre-se de que essas coisas não a dominam. Você pertence a Cristo e a paz dele é sua.

18 DE JANEIRO

OUVINDO DEUS

A melhor maneira de sabermos se alguma coisa é verdadeira é ouvindo com os próprios ouvidos — direto da fonte. Você acha que foi muito bem na entrevista, mas só acredita mesmo que conseguiu o emprego quando recebe a ligação. Sente que pode estar grávida, mas espera o resultado dos exames antes de contar para qualquer pessoa. O mesmo acontece com as notícias ruins, de preferência. Você ouve um boato a respeito da insensatez de uma amiga, mas escuta primeiro o seu lado da história, antes de acreditar em uma só palavra do que está sendo dito.

E quanto a Deus? Como podemos ouvi-lo? Como podemos discernir qual é a sua vontade para a nossa vida? Podemos não ter um número de telefone, mas temos o seu livro. Deus fala conosco por meio da sua Palavra. Portanto, se você está buscando confirmação, direção ou confiança, pegue sua Bíblia. Leia e escute.

"Consequentemente, a fé vem por se ouvir a mensagem, e a mensagem é ouvida mediante a palavra de Cristo."
(Romanos 10.17)

Com que frequência escuta Deus falar com você por intermédio das Escrituras? As suas conversas com o Senhor são tão frequentes e significativas quanto gostaria? Abra o seu coração para o Pai agora mesmo e ouça a resposta dele.

19 DE JANEIRO

ELE É FIEL

Qual é a coisa mais antiga que você? Por quanto tempo a tem e o quanto ela significa para você? Quer seja um anel de diamante muito antigo, um carro de vinte anos ou um cobertor de bebê caindo aos pedaços, provavelmente você sabe que essas coisas não durarão para sempre. E o seu relacionamento mais antigo? Há quantos anos está ao lado dessa pessoa, nos momentos bons e ruins? Uma das formas que usamos para decidir onde colocar a nossa fé é a longevidade. O passado é importante.

Reflita agora sobre o que Deus fez: o planeta onde vivemos. Os cientistas estimam que ele tenha 4,5 bilhões de anos, mais ou menos. Não importa se acreditamos que ele existe por todo esse tempo ou por apenas dez mil anos, trata-se de uma criação e tanto. Se procuramos em quem confiar, não encontraremos credenciais tão boas quanto essa.

"A tua fidelidade é constante por todas as gerações; estabeleceste a terra, que firme subsiste." (Salmo 119.90)

Em meio a cada tempestade, desastre, guerra e ataque do inimigo, o nosso planeta permanece firme. Reflita sobre tudo o que Deus criou e tudo o que o Altíssimo fez e compartilhe o que pensa sobre a sua fidelidade. Você a reconhece?

20 DE JANEIRO

PERMANEÇA FIEL

Recentemente, o vídeo de um cachorrinho branco entrando pelas portas automáticas de um hospital e correndo pelos corredores ficou famoso. A investigação revelou que o dono do cachorro estava internado naquela unidade de saúde para um tratamento de câncer. O animal fugiu do quintal de casa naquele dia e correu quase três quilômetros em direção ao hospital à procura do seu dono. Ninguém sabe ao certo como ele sabia aquele destino. Ele foi guiado pelo amor.

Deus deseja esse tipo de fidelidade da nossa parte. Ele quer que as filhas dele o busquem e o amem de todo o coração. Que nada nos impeça de corresponder à sua fidelidade para conosco! Até mesmo — ou, talvez, especialmente — se não soubermos aonde estamos indo, que possamos ser guiadas pelo amor para mostrar a nossa fidelidade ao Pai.

"Que o amor e a fidelidade jamais o abandonem; prenda-os ao redor do seu pescoço, escreva-os na tábua do seu coração." (Provérbios 3.3)

Você vê o quanto o Pai a ama? Ele deseja tanto a sua fidelidade que pediu que a escrevesse em seu coração. O que seria necessário para que você o buscasse dessa maneira, saindo da sua zona de conforto para segui-lo?

21 DE JANEIRO

ASSUMINDO OS NOSSOS PECADOS

Pense em uma ocasião em que você tenha negado, descaradamente, algo que fez. Talvez, quando criança, com o rosto completamente sujo de chocolate, você tenha jurado que não comeu aquele bolo. Talvez, mais recentemente, tenha mentido para uma amiga quando questionada sobre uma quebra de confiança; ou para o seu marido, sobre o preço verdadeiro daquela calça jeans.

Em primeiro lugar, não se martirize. Somos humanas e é difícil aceitar — e mais difícil ainda admitir — que decepcionamos alguém. Uma vez que é admitido o nosso erro, podemos seguir em frente. No entanto, não devemos pular essa primeira parte: é preciso admitir o nosso erro. Por quê? É o motivo pelo qual Jesus morreu por nós.

"Se afirmarmos que estamos sem pecado, enganamos a nós mesmos, e a verdade não está em nós. Se confessarmos os nossos pecados, ele é fiel e justo para perdoar os nossos pecados e nos purificar de toda injustiça. Se afirmarmos que não temos cometido pecado, fazemos de Deus um mentiroso, e a sua palavra não está em nós." (1João 1.8-10)

Somos pecadores. Esse é o motivo para a vida e morte de Jesus. Peça para que o Senhor mostre qualquer pecado que você esteja negando ou até mesmo do qual não tenha consciência para que possa confessá-lo — e, assim, ser liberta.

22 DE JANEIRO

ENTREGUE O SEU CORAÇÃO

Quando assistimos ao noticiário, descobrimos que determinado exército se rendeu ao inimigo. Que um fugitivo se rendeu à polícia, depois de um longo confronto. Talvez alguém próximo a você tenha se rendido ao vício. Como, então, depois de todos esses exemplos, podemos nos sentir bem ao nos render a Deus? Como mulheres, pode ser especialmente difícil nos permitirmos ficar vulneráveis. Render-se não significa derrota, desistência?

Significaria... se o Senhor fosse nosso inimigo. Mas uma vez que Deus é por nós, e não contra nós, a entrega significa algo completamente diferente. É liberdade. A entrega significa que nos rendemos ao Criador e que não tentamos resistir a ele — aceitando os seus planos e a sua perfeita vontade para nossa vida. Não precisamos mais nos esforçar quando entregamos nosso coração ao Senhor.

"Meu filho, dê-me o seu coração; mantenha os seus olhos em meus caminhos." (Provérbios 23.26)

Existe alguma área do seu coração que esteja encontrando dificuldade para entregar? Lembre-se de que os planos do Altíssimo são perfeitos e que ele deseja paz para a sua vida. O que está faltando para que você renda completamente o seu coração ao Senhor e pare de resistir a ele?

23 DE JANEIRO

FOME DE VERDADE

Quando foi a última vez que você exclamou "Estou faminta!" e "Estou satisfeita!"? Normalmente dizemos essas duas frases em uma única semana. Algumas vezes no início e no fim da mesma refeição. Ao observarmos o significado literal delas e o compararmos ao contexto maior de um mundo em que há pessoas realmente passando fome, percebemos que não estamos famintas de verdade se conseguimos nos sentir satisfeitas minutos depois. Provavelmente não temos sequer ideia do que significa estar faminta. O que, então, estamos querendo dizer?

Estamos reconhecendo, por meio do vazio que sentimos em nossa barriga, a existência de uma necessidade não satisfeita. Felizmente, para a maioria das mulheres que estão lendo estas palavras, essas necessidades físicas podem ser facilmente atendidas. Mas por que o vazio permanece tantas vezes? Porque este não é o nosso lar. Jesus é o nosso lar e, até que ele volte, a nossa fome — de uma forma ou de outra — permanecerá.

"Os pobres comerão até ficarem satisfeitos; aqueles que buscam o SENHOR o louvarão! Que vocês tenham vida longa!" (Salmo 22.26)

Na próxima vez que sentir fome, seja física ou emocional, volte-se para Jesus e agradeça a Cristo por lembrá-la de que ele é o único que realmente nos satisfaz.

24 DE JANEIRO

ESPERANÇA

O que diferencia a esperança de um desejo? Pense na loteria. As pessoas esperam ganhar ou desejam ganhar? E quanto a uma promoção, gravidez ou pedido de casamento? Tanto a esperança quanto o desejo contêm vontade, mas para o desejo é apenas isso. A esperança é mais profunda. Nela, a grande vontade de que aconteça algo bom está aliada a um motivo para acreditar na sua realização.

Vemos, então, como a esperança é essencial e por que ela é um dom tão lindo. O desejo sem a esperança é vazio. No entanto, juntos, eles trazem alegria, expectativa e paz. Quando colocamos a nossa esperança em Cristo, ele se torna a nossa razão para acreditar que coisas boas irão acontecer. Ele é a nossa esperança.

"Que o Deus da esperança os encha de toda alegria e paz, por sua confiança nele, para que vocês transbordem de esperança, pelo poder do Espírito Santo." (Romanos 15.13)

Permita que essa bênção de Romanos se derrame sobre você hoje à medida que o Espírito Santo a enche com esperança, alegria e paz. Acredite que coisas boas acontecerão — você tem um motivo maravilhoso para crer nisso.

25 DE JANEIRO

O VERDADEIRO

Isso é de verdade? Quer seja uma parte do corpo, cor de cabelo, bolsa ou joia, existe o verdadeiro e a imitação. Nenhuma dessas escolhas é inerentemente certa ou errada. O motivo pelo qual escolhemos o que escolhemos — e as áreas em que nos comprometemos — revela o nosso coração. E são estes que importam para Deus.

Não se engane: a mulher que evita usar maquiagem e não pinta o portão de casa há anos pode ser tão culpada de vaidade quanto aquela que não sai do quarto até que esteja impecável e que não se arruma sem a ajuda de uma equipe de oito pessoas.

"Quando chegaram, Samuel viu Eliabe e pensou: 'Com certeza é este que o SENHOR quer ungir'. O SENHOR, contudo, disse a Samuel: 'Não considere sua aparência nem sua altura, pois eu o rejeitei. O SENHOR não vê como o homem: o homem vê a aparência, mas o SENHOR vê o coração.'" (1Samuel 16.6-7)

Deus não se importa com a quantia que gasta em sapatos, com a quantidade de tempo que você passa em frente ao espelho ou com a beleza da sua casa. No entanto, ele se preocupa com o motivo pelo qual essas coisas são importantes — ou não — para você. Separe um tempo para examinar o seu coração com o Senhor hoje.

26 DE JANEIRO

ELE SENTE A NOSSA DOR

Quando alguém a quem amamos está sofrendo, a sua dor se torna nossa dor. Choramos abertamente com os nossos irmãos que perderam o emprego, com as nossas amigas de luto e com as nossas filhas decepcionadas. As lágrimas vêm com facilidade quando o nosso coração está entregue ao Espírito Santo, porque são as lágrimas do Senhor. Ele sofre quando nós sofremos.

No versículo mais curto da Bíblia, mas também um dos mais lindos, Jesus viu como os seus amigos queridos estavam sofrendo e foi às lágrimas. Ele sabia que estava prestes a acabar com a dor deles ressuscitando Lázaro, mas, naquele momento, a dor de seus amigos era a sua dor — e ela partiu o seu coração.

"Jesus chorou." (João 11.35)

Por que você acha que, no relato da história da morte e ressurreição de Lázaro (veja João 11.1-46), essas duas palavras estão separadas em um versículo próprio? Como você se sente afetada por elas? Você consegue imaginar Jesus chorando abertamente com Maria e Marta? Dedique um tempo para pensar sobre isso e compartilhe com o Senhor a sua resposta à grande compaixão dele.

27 DE JANEIRO

ALEGRE-SE HOJE

O inverno chegou no Hemisfério Norte, e mesmo que você more em um lugar que não esteja coberto de neve e frio, ainda é inverno. Não está tão quente lá fora, e não vemos tanta vida na natureza. Se você mora em um lugar onde é realmente frio durante esta estação, talvez esteja cansada das botas, dos gorros, dos cachecóis (tudo bem, talvez não dos cachecóis) e dos casacos grandes e largos. Ao olhar para o lado de fora, talvez não encontre motivos para se alegrar hoje.

No entanto, somos chamados a nos alegrar — hoje. Há dias em que vemos a criação de Deus em todos os lugares para onde olhamos e há dias em que isso não acontece. Esteja certa de que o Criador criou todas as coisas, e uma delas foi este dia. O dia de hoje é um presente do nosso Pai para nós. Isso, por si só, é motivo para comemoração, não acha?

> "Este é o dia que fez o Senhor; regozijemo-nos, e alegremo-nos nele." (Salmo 118.24, ACF)

Vamos observar o dia de hoje com mais força e mais vontade. Procure um pedacinho de céu azul, passeie de trenó à noite, acenda a lareira. Incline o seu coração ao Senhor e se alegre e se regozije hoje.

28 DE JANEIRO

NADA A TEMER

Um som de batida forte no meio da noite. Passos se aproximando de você em um estacionamento escuro. O toque do telefone às três horas da madrugada. Não importa o quão corajosas nos consideremos, algumas situações aceleram nosso coração. Já ouvimos, repetidas vezes, que não temos nada a temer se temos a Deus, mas sejamos honestas: algumas situações são assustadoras! Então, o que significa não ter nada a temer?

Lembremos as palavras de Davi no Salmo 56. Quando tivermos medo, e nós teremos, podemos entregar a nossa situação ao Senhor e permitir que ele nos livre de todo o medo. Observe que o salmista não diz que Deus mudará a situação, mas sim a maneira como reagimos a ela. Não temos nada a temer, não porque não enfrentamos situações assustadoras, mas porque o Criador apaga as nossas preocupações, substituindo-as por confiança.

"Mas eu, quando estiver com medo, confiarei em ti. Em Deus, cuja palavra eu louvo, em Deus eu confio, e não temerei. Que poderá fazer-me o simples mortal?" (Salmo 56.3-4)

Do que você tem medo? Já tentou, de verdade, se livrar desse medo? Se não, por quê? Converse com Deus sobre isso.

29 DE JANEIRO

PERDÃO

Parece que a maioria das famílias e muitos círculos de amizade possuem pelo menos duas pessoas que não se falam — há anos. Talvez você conheça alguém que está vivendo isso, ou, quem sabe, você mesma se encontra nessa situação. Algumas vezes o erro em si é, de fato, imperdoável: abuso, traição ou completo desprezo. Outras vezes, consideravelmente mais frequentes, as pessoas envolvidas admitem que a briga é boba e que não estão mais chateadas com aquilo, porém continuam aborrecidas umas com as outras.

O que ganhamos quando nos apegamos à amargura? Amargura. Quando nos recusamos a deixar a raiva de lado, o que encontramos em nossos punhos cerrados? Raiva. Embora um erro possa ser imperdoável, nenhuma pessoa é. Jesus provou isso quando morreu por todos nós. E eis um fato muitas vezes ignorado pelas pessoas, especialmente por aquelas que gostam de se agarrar à raiva: Deus não nos perdoa até que nos perdoemos uns aos outros. Ai.

"E quando estiverem orando, se tiverem alguma coisa contra alguém, perdoem-no, para que também o Pai celestial perdoe os seus pecados." (Marcos 11.25)

Incentivemos umas às outras — e a nós mesmas — a crer nas Escrituras. Vamos, juntas, abrir nossas mãos e entregar nossas mágoas, pedindo que o Pai nos encha com a sua paz.

30 DE JANEIRO

GRAÇA SOBRE GRAÇA

Sabe aqueles dias perfeitos? Quando o seu cabelo está maravilhoso, você consegue cumprir com êxito alguma tarefa (seja organizar uma planilha ou conseguir colocar os gêmeos para dormir na mesma hora), quando diz a coisa certa e alegra o dia de alguém e, depois de tudo isso, ainda chega em casa e o jantar já está pronto à sua espera. São coisas boas atrás de coisas boas. Bênção sobre bênção.

Ser filha do Deus Altíssimo faz com que nos sintamos abençoadas todos os dias, mesmo quando as nossas circunstâncias são comuns, ou até mesmo difíceis. O amor do Senhor é tão completo e a sua graça é tão ilimitada, que quando o Espírito Santo habita em nós até um pneu furado parece uma bênção. A nossa condição de filhas do Rei nos garante isso, precisamos apenas tomar posse.

"Todos recebemos da sua plenitude, graça sobre graça."
(João 1.16)

Você consegue ver a graça de Deus derramada sobre a sua vida hoje? Agradeça ao Senhor por ela.

31 DE JANEIRO

HONRA NA PUREZA

O que você pensa quando ouve a palavra "pureza"? Talvez imagine uma freira no convento — uma pessoa que se mantém completamente intocada pelas tentações do mundo —, uma criança inocente ou uma grande figura religiosa.

Muitas vezes, quando pensamos sobre pureza, imaginamos a falta de pecado explícito e gritante. No entanto, tanto a pureza quanto a impureza nascem no coração e se desenvolvem na mente muito antes de se manifestarem concretamente. A nossa pureza é medida não por aquilo que fazemos ou fizemos, mas nos lugares ocultos de nosso coração e nas divagações de nossa mente.

> *"O SENHOR me recompensou conforme a minha justiça, conforme a pureza das minhas mãos diante dos seus olhos." (Salmo 18.24)*

Se você já se perguntou se a sua pureza tem algum valor — se abster-se dos prazeres do pecado realmente vale a pena —, anime-se. Deus a recompensará conforme a sua justiça. Ele vê as intenções do seu coração e os pensamentos da sua mente. Ele sabe o quanto você deseja agradá-lo com a sua vida e a abençoará por isso. O Senhor é honrado na sua pureza, e essa honra é a recompensa mais importante de todas.

FEVEREIRO

"Vocês sairão em júbilo e serão conduzidos em paz; os montes e colinas irromperão em canto diante de vocês, e todas as árvores do campo baterão palmas."

(Isaías 55.12)

1 DE FEVEREIRO

O POÇO DA PACIÊNCIA

Sejamos honestas: não somos boas na arte da espera atualmente. No entanto, a realidade é que a espera é uma parte necessária da vida. Esperamos pelas pessoas, por acontecimentos, aguardamos até pela realização dos nossos desejos. Mas será que nos damos conta de que a espera também se aplica a nossa vida emocional? Nós nos agarramos à esperança de que podemos ser resgatadas de nosso coração aflito?

O rei Davi afirmou estar em um atoleiro de lama, provavelmente em mais um de seus momentos de desespero, talvez ao refletir sobre os seus pecados. Ele precisava ser resgatado, não necessariamente de seus inimigos, mas do seu estado de espírito. Davi afirma que esperou pacientemente, pois compreendia que talvez não fosse resgatado imediatamente. Ele também confiou que apenas Deus poderia salvá-lo.

"Coloquei toda minha esperança no SENHOR; ele se inclinou para mim e ouviu o meu grito de socorro." (Salmo 40.1)

Você sente como se as suas emoções estivessem em terreno escorregadio, ou que os seus pensamentos estão no atoleiro de lama? Está disposta a esperar pacientemente até que o grande Salvador a erga e coloque os seus pés em terra firme? Reserve um tempo hoje para pedir a ajuda de Deus, reconheça a necessidade da espera e confie no resgate do Senhor.

2 DE FEVEREIRO

PALAVRAS DE VIDA

Não demora muito para percebermos o poder da língua. Como mulheres, talvez esse seja o nosso dispositivo mais forte. Não há dúvidas de que somos boas em falar; a questão é: falamos bem?

As palavras que permitimos que saiam de nossa boca podem trazer grandes consequências. Uma vez que as pronunciamos, não podemos retirá-las. Não se trata apenas das palavras que escolhemos dizer, às vezes o problema é simplesmente dizê-las. Como está escrito nas Escrituras, uma pequena fagulha pode incendiar um bosque inteiro!

"Quando colocamos freios na boca dos cavalos para que eles nos obedeçam, podemos controlar o animal todo. Tomem também como exemplo os navios; embora sejam tão grandes e impelidos por fortes ventos, são dirigidos por um leme muito pequeno, conforme a vontade do piloto. Semelhantemente, a língua é um pequeno órgão do corpo, mas se vangloria de grandes coisas. Vejam como um grande bosque é incendiado por uma simples fagulha." (Tiago 3.3-5)

Peça perdão a Deus pelas ocasiões em que você causou um incêndio com uma simples fagulha. Permita que o Espírito Santo guie o seu coração e os seus pensamentos para que as suas palavras sejam verdadeiras, encorajadoras e cheias de vida.

3 DE FEVEREIRO

INOCÊNCIA MADURA

As crianças são fofas — exceto quando fazem pirraças em público, brigam com seus irmãos ou fazem caretas para o carro de trás. É claro que não esperamos que as crianças se comportem adequadamente em todas as situações; elas ainda estão crescendo e aprendendo. Seria, no entanto, absurdo se víssemos um adulto se jogar ao chão do supermercado fazendo pirraça ou berrando porque não quer ir embora! Esperamos que pessoas adultas pensem e ajam com maturidade, uma vez que já desenvolveram a sua compreensão e respeito pelos outros, assim como virtudes como o autocontrole.

A expectativa de Paulo em relação à igreja de Corinto era que eles fossem capazes de lidar com situações difíceis com maturidade, especialmente em seus relacionamentos com os outros cristãos. Havia, porém, uma exceção: o apóstolo esperava que a igreja fosse inocente como as crianças em assuntos que envolvessem o mal. Devemos ter muito cuidado a fim de rejeitarmos atitudes e pensamentos maus e devemos nos esforçar para amadurecer nas coisas de Deus.

"Irmãos, deixem de pensar como crianças. Com respeito ao mal, sejam crianças; mas, quanto ao modo de pensar, sejam adultos." (1Coríntios 14.20)

Você consegue imaginar alguma situação que possa enfrentar hoje que exigirá maturidade da sua parte? Seja encorajada neste momento pelo fato de estar amadurecendo, a cada dia, na compreensão de Deus e da sua Palavra. Seja confiante ao aplicar esse entendimento em sua vida.

4 DE FEVEREIRO

À LUZ DA RESSURREIÇÃO

Ao enfrentar um sofrimento implacável, Jó teve muitas oportunidades para considerar a morte. A sua dor era insuportável, ele não compreendia qual era o propósito de Deus para o seu sofrimento e não conseguia entender por que o Senhor não permitia que ele morresse. Ficou, durante algum tempo, quase sem esperanças.

Jó não possuía a vantagem de poder compreender a humanidade por intermédio da ressurreição de Cristo. Jesus nos mostrou que a morte foi vencida e que a vida será ressuscitada e restaurada. Jó havia visto um vislumbre dessa verdade na natureza. Ele sabia que quando as árvores são cortadas, elas brotam novamente. No entanto, não fez a ligação de que a natureza expõe o projeto de Deus para a humanidade.

"Para a árvore pelo menos há esperança: se é cortada, torna a brotar, e os seus renovos vingam. Suas raízes poderão envelhecer no solo e seu tronco morrer no chão; ainda assim, com o cheiro de água ela brotará e dará ramos como se fosse muda plantada. Mas o homem morre, e morto permanece; dá o último suspiro e deixa de existir." (Jó 14.7-10)

Leia novamente essa passagem sabendo que somos como a árvore. Existe esperança à luz da ressurreição de Cristo de que, mesmo experimentando sofrimento, voltaremos a brotar. Você pode viver com essa esperança hoje?

5 DE FEVEREIRO

RAÍZES MAIS PROFUNDAS

Os lírios são flores lindas, com pétalas grandes e pintadas, caules grossos e cores fortes. Ano após ano, podemos assistir ao surgimento de suas folhagens deslumbrantes e esperar pelas flores maravilhosas... para depois nos decepcionarmos quando elas não aparecem. Seria problema do solo? Os lírios são flores muito exigentes.

Esse é um grande exemplo da parábola de Jesus sobre o semeador. Algumas sementes caem em terreno pedregoso e, embora a Palavra de Deus seja recebida, não criam raízes firmes e murcham rapidamente ao primeiro sinal de dificuldades. As sementes que caem em boa terra, onde as raízes podem se aprofundar, não só sobrevivem como também dão fruto.

"E quanto à semente que caiu em boa terra, esse é o caso daquele que ouve a palavra e a entende, e dá uma colheita de cem, sessenta e trinta por um." (Mateus 13.23)

Você deseja mais profundidade em seu relacionamento com Jesus? Quer que as pessoas vejam a beleza de Deus por intermédio da sua vida? Ouça as palavras de Jesus e permita que elas penetrem profundamente em seu coração até que você as compreenda de verdade. Plante-se em solo fértil e observe a beleza que surgirá.

6 DE FEVEREIRO

CORAÇÃO E ALMA

Sabemos que o maior mandamento é amarmos ao Senhor, nosso Deus, de todo o coração, de toda a alma e de todo o entendimento. Dizer que amamos o Criador é fácil, mas como demonstramos isso?

O rei Josias foi um dos maiores exemplos do que significa amar a Deus de todo o coração no Velho Testamento. Quando o templo estava sendo restaurado, um sacerdote encontrou o livro da lei escondido nas paredes. Quando leu a lei, Josias se entristeceu e agiu imediatamente. Ele renovou sua aliança com o Senhor diante de todo o Israel. Ele destruiu todos os falsos ídolos, os santuários e os lugares altos associados a outros deuses.

"Nem antes nem depois de Josias houve um rei como ele, que se voltasse para o SENHOR de todo o coração, de toda a alma e de todas as suas forças, de acordo com toda a Lei de Moisés." (2Reis 23.25)

Nós nos entristecemos quando lemos as Escrituras e percebemos que estamos longe de cumprir os seus mandamentos? Estamos dispostas a assumir uma posição contra os ídolos de nossa cultura? Deus se agradou de Josias porque o seu coração se sensibilizou e ele se humilhou diante do Senhor. Dedique um tempo hoje para renovar o seu compromisso com o Criador e mostrar o seu amor por ele por meio da obediência à sua Palavra.

7 DE FEVEREIRO
DESEJO DE FAZER O QUE É BOM

Senhor, eu sei qual é a coisa certa a fazer, mas não tenho força para fazê-la. Nós, provavelmente, já nos sentimos assim mais vezes do que gostaríamos de admitir. Não gostamos de reconhecer que, às vezes, não temos capacidade de fazer a escolha certa.

Paulo entendia o conflito interno que enfrentamos quando fazemos a coisa certa. Quando nos tornamos nova criação em Cristo, passamos a ter o desejo de fazer as coisas certas; no entanto, por vivermos em um mundo caído, somos inerentemente egoístas. Em que direção devemos seguir? Podemos nos concentrar em nosso desejo de acertar ou em optar por algo que nos seja agradável. Quanto mais colocarmos nossa mente na direção correta, mais fácil será tomar a decisão acertada.

"Sei que nada de bom habita em mim, isto é, em minha carne. Porque tenho o desejo de fazer o que é bom, mas não consigo realizá-lo." (Romanos 7.18)

Acima de tudo, lembre-se de que é no poder de capacitação de Cristo que devemos confiar para tomar as decisões corretas. É por intermédio da sua graça que somos capazes de vencer. Você sabe qual é a coisa certa a fazer e, através da sua graça, tomará a decisão correta.

8 DE FEVEREIRO

CRIATURAS DE HÁBITO

Acordar. Fazer a cama. Se vestir. Tomar café. Nem sempre nessa ordem, mas sabemos que muitas pessoas fazem essas coisas todas as manhãs. Elas, muitas vezes, também roem as unhas, se irritam com facilidade e dormem muito tarde. É difícil quebrar os padrões. Somos, afinal de contas, criaturas de hábito e, infelizmente, nem todas essas rotinas são boas.

O que você faz quando percebe um padrão que não é positivo? Reconhece quando faz algo simplesmente porque se sente aceita, confortável ou no controle? Às vezes, não estamos sequer conscientes de nossos hábitos até tentarmos mudá-los.

A Palavra diz que, para estabelecermos o padrão certo, devemos renovar a nossa mente. Isso significa que precisamos, em primeiro lugar, reconhecer a necessidade de mudança para, então, transformarmos a nossa forma de pensar.

"Não se amoldem ao padrão deste mundo, mas transformem-se pela renovação da sua mente, para que sejam capazes de experimentar e comprovar a boa, agradável e perfeita vontade de Deus." (Romanos 12.2)

Você pode confiar em Deus hoje, entregando a ele os seus hábitos mundanos, para conhecer a sua boa, perfeita e agradável vontade?

9 DE FEVEREIRO

UM POR CENTO ERRADO

Existe uma história de um homem que estava discutindo com a esposa em seu primeiro ano de casamento. A discussão terminou com um deles saindo irritado do aposento. Quando orava para que a esposa percebesse que estava errada, o homem sentiu o Espírito Santo perguntar: "Onde você está errado nesta briga?" Embora estivesse convencido de que estava só um por cento errado, sentiu que deveria lidar com essa parcela e deixar os noventa e nove por cento da esposa com Deus.

É muito fácil encontrar erro nas outras pessoas. Nós, na maioria das vezes, não enxergamos as nossas próprias incorreções e fraquezas. Pode ser difícil desvendar os nossos pecados, especialmente nas situações em que temos certeza de que estamos certas!

> "Quem esconde os seus pecados não prospera, mas quem os confessa e os abandona encontra misericórdia. Como é feliz o homem constante no temor do SENHOR! Mas quem endurece o coração cairá na desgraça." (Provérbios 28.13-14)

Você teve alguma discussão recentemente e saiu convencida de que a outra pessoa estava errada? Reflita sobre a sua porcentagem de erro. Mesmo que seja pequena, confesse o seu erro e esteja pronta para perdoar os noventa e nove. Não deixe o seu coração endurecer. Permita que a misericórdia de Deus seja a sua força para perdoar.

10 DE FEVEREIRO
PARTES DO CORPO

O dente é uma parte tão pequena do corpo, mas quando ele começa a doer, pode incomodar bastante! O corpo humano é fascinante nesse aspecto. Deus criou todas as partes de nosso corpo para serem diferentes, porém interdependentes.

Como cristã, você faz parte do corpo de Cristo. Mais importante do que tentar distinguir que parte do corpo você representa, é reconhecer a relevância dos seus dons únicos para a saúde do corpo inteiro. Você foi criada para pertencer a algo maior do que você mesma.

"Assim como cada um de nós tem um corpo com muitos membros e esses membros não exercem todos a mesma função, assim também em Cristo nós, que somos muitos, formamos um corpo, e cada membro está ligado a todos os outros. Temos diferentes dons, de acordo com a graça que nos foi dada." (Romanos 12.4-6)

A Bíblia afirma que Deus deu dons diferentes a cada um de nós, mas não para o nosso ganho individual. O Senhor criou nossos dons para serem usados em harmonia com os talentos dos outros irmãos. Permita que o Criador mostre como você pode usar os seus dons para o bem de todo o corpo de Cristo.

11 DE FEVEREIRO

TARDIOS PARA FALAR

Às vezes você sente que ninguém a está ouvindo? É frustrante e desanimador quando sentimos que a pessoa com quem estamos conversando não está nos ouvindo de verdade.

Para algumas pessoas, ouvir é algo natural; para outras, trata-se de algo que precisa ser trabalhado. Escutar é uma arte. Começa com a intenção de ser tardio para falar. Reflita um pouco sobre o que as pessoas estão lhe dizendo. Tente entender o ponto de vista de sua interlocutora. Identifique se elas precisam apenas conversar. Espere até que elas peçam a sua opinião e pense se a sua resposta pode ser útil.

"Meus amados irmãos, tenham isto em mente: Sejam todos prontos para ouvir, tardios para falar e tardios para irar-se." (Tiago 1.19)

Você está disposta a ouvir o que os outros têm a dizer hoje? Pode ser uma repreensão delicada, um ótimo conselho ou uma palavra de incentivo. Seja o que for, permita que a graça de Deus esteja presente em suas conversas e ouça humildemente o que o Senhor quer lhe dizer.

12 DE FEVEREIRO

PENSE NO QUE É BOM

Você, às vezes, se pega pensando nas coisas negativas da vida? Mostramos indiferença quando alguém nos dá uma boa notícia, mas gastamos horas falando sobre brigas, preocupações e decepções. É bom falar sobre as coisas que não vão bem em nossa vida, mas isso pode nos fazer cair na armadilha de fixar nossa mente nas coisas erradas.

Paulo percebeu a necessidade de falar sobre isso na igreja de Filipos. Parece que havia pessoas arrogantes naquele lugar que permitiam que a discórdia tomasse conta. Reflita sobre o que acontece quando nos fixamos nas coisas negativas: surgem sentimentos de desespero, desânimo e falta de confiança em um Deus que é bom, verdadeiro e justo.

"Finalmente, irmãos, tudo o que for verdadeiro, tudo o que for nobre, tudo o que for correto, tudo o que for puro, tudo o que for amável, tudo o que for de boa fama, se houver algo de excelente ou digno de louvor, pensem nessas coisas." (Filipenses 4.8)

Você precisa pedir perdão por guardar muita coisa negativa no coração? É capaz de encontrar algo em sua vida e de outras pessoas que tenha alguma virtude ou que seja digna de elogio? Escolha pensar nas coisas verdadeiras, nobres, justas, puras e agradáveis e experimente, assim, a natureza refrescante de uma perspectiva positiva.

13 DE FEVEREIRO

CONFIE DE TODO O CORAÇÃO

A *confiança* pode ser difícil de ser colocada em ação, em grande parte porque a nossa experiência com as pessoas nos mostra que podemos nos decepcionar. As pessoas nos desapontam de diversas maneiras. Além disso, podemos até nos desiludir com nós mesmos.

Sabe aquela brincadeira da confiança, em que a pessoa deve fechar os olhos e se jogar para trás, nos braços de alguém que deve segurá-la? Existe risco nessa brincadeira e ela nem sempre dá certo. Nada pode ser completamente garantido nesta vida, não é? Bem, depende de onde você coloca a sua confiança.

> *"Confie no SENHOR de todo o seu coração e não se apoie em seu próprio entendimento; reconheça O SENHOR em todos os seus caminhos, e ele endireitará as suas veredas."* (Provérbios 3.5-6)

Deus nos protege, cuida de nós e se envolve em nossa vida. Quando reconhecemos que todas as coisas boas vêm dele, a nossa fé é fortalecida e somos capazes de confiar ainda mais no Senhor. Tente perceber como Deus endireita as suas veredas hoje e agradeça a ele por ser digno de confiança.

14 DE FEVEREIRO
DEUS É AMOR

Este "dia do amor" desperta muitos sentimentos — alguns positivos, outros, não. Ele pode ser empolgante para os que estão apaixonados, nostálgico para aqueles que já se apaixonaram, decepcionante para aqueles que ainda não encontraram o amor e triste para quem perdeu a pessoa amada.

Tire o conceito romântico desse dia e o amor ainda estará no centro do nosso ser. Nós o reconhecemos por intermédio dos nossos relacionamentos com familiares e amigos. O amor deve ser celebrado! Precisamos lembrar, porém, de onde vem o amor. Ele vem de Deus. E somente o Altíssimo é o verdadeiro exemplo de amor.

"Amados, amemos uns aos outros, pois o amor procede de Deus. Aquele que ama é nascido de Deus e conhece a Deus. Quem não ama não conhece a Deus, porque Deus é amor." (1João 4.7-8)

Qualquer que seja a sua situação amorosa hoje, lembre-se de que o Senhor é o único que é sempre fiel. Ele é o único que cumpre as suas promessas e sempre mostrará ao mundo o seu amor. E você? Consegue demonstrar o seu amor pelo Criador hoje?

15 DE FEVEREIRO

UM AMOR SEM MEDO

O nosso Deus é maravilhoso. Ele é todo-poderoso e santo. Quando nos comparamos a tal grandeza, podemos nos sentir desanimadas com nossa própria insignificância. Deus é o autor da vida e da morte e é ele quem determina a nossa eternidade!

Sabemos, no entanto, que Deus é amor, e por causa do seu amor o Senhor criou uma forma de nos aproximarmos dele com ousadia. Ele nos tornou justos e santos por intermédio da redenção de Cristo. Não temos mais medo do castigo de um Deus poderoso. O amor humano pode conter medo, pois não é perfeito. Pode trazer decepção, é passível de ser retirado e pode criar um desequilíbrio que destaque as nossas inseguranças.

"No amor não há medo; ao contrário o perfeito amor expulsa o medo, porque o medo supõe castigo. Aquele que tem medo não está aperfeiçoado no amor." (1João 4.18)

Você compara o amor que Deus tem por você com o amor terreno? Reconheça a sua dificuldade para aceitar o amor perfeito do Criador. Permita-se amar e ser amada, sem medo.

16 DE FEVEREIRO

PERFEITAS EM NOSSAS FRAQUEZAS

Você já fez um daqueles testes de personalidade para identificar os seus pontos fortes e fracos? Provavelmente sabe se é uma pessoa introvertida ou extrovertida, criativa, administrativa, boa para falar ou para escutar. Provavelmente você também conhece muito bem os seus pontos fracos. Talvez você seja uma pessoa crítica demais, insegura, desorganizada ou pouco carismática.

Paulo, no entanto, disse que preferia se gloriar nas suas fraquezas! O apóstolo sabia que eram as suas fraquezas que faziam com que ele confiasse no poder do Espírito Santo.

"Minha graça é suficiente para você, pois o meu poder se aperfeiçoa na fraqueza. Portanto, eu me gloriarei ainda mais alegremente em minhas fraquezas, para que o poder de Cristo repouse em mim." (2Coríntios 12.9)

Você talvez esteja enfrentando alguma situação preocupante, pois está fora da sua zona de conforto. Lembre-se de que Deus pode brilhar por seu intermédio se você reconhecer a sua total dependência do Espírito Santo. Na verdade, não nos gloriamos em nossas fraquezas, mas sim no poder de Cristo que é revelado por meio delas.

17 DE FEVEREIRO

INDÍCIOS DA CRIAÇÃO

Não é necessário pensar muito para nos maravilharmos com a criação. Quando observamos o céu estrelado, sentamos à beira da praia, fazemos uma trilha na floresta ou assistimos ao desabrochar de uma flor, estamos tendo encontros com a natureza. No entanto, muitas vezes, não dedicamos tempo para realmente perceber o quão incrível é a criação.

Deus escolheu revelar-se a nós de maneira profunda. Ele sabia que apreciaríamos a beleza da natureza que nos cerca. As qualidades invisíveis do Senhor tornaram-se visíveis a nós por meio da sua criação. E nós a descrevemos como linda, maravilhosa e perfeita. Este é o Criador.

"Pois desde a criação do mundo os atributos invisíveis de Deus, seu eterno poder e sua natureza divina, têm sido vistos claramente, sendo compreendidos por meio das coisas criadas, de forma que tais homens são indesculpáveis." (Romanos 1.20)

Olhe a sua volta e observe a criação de Deus hoje, refletindo sobre os atributos do Senhor representados por meio dela. Dedique tempo para meditar sobre a divindade e eterno poder do Altíssimo e agradeça ao Criador por dividir isso com você de maneira tão especial.

18 DE FEVEREIRO

AS RECOMPENSAS DA COMUNHÃO

Quando foi a última vez que você se sentiu espiritualmente renovada através de conversas e orações com outros cristãos? Às vezes, ir à igreja, estar em uma reunião de oração ou participar de estudo bíblico parece ser apenas mais um item em sua lista de afazeres.

O nosso Senhor é um Deus de relação. Ele sabe que precisamos uns dos outros e que a vida é melhor quando compartilhada. Como cristãs, é especialmente importante dividir nosso tempo com outros irmãos. Quando dedicamos momentos de nossa vida para orar, ler a Bíblia juntos e compartilhar nossos testemunhos, somos fortalecidas, encorajadas e renovadas.

"Pois onde se reunirem dois ou três em meu nome, ali eu estou no meio deles." (Mateus 18.20)

Você tem dado oportunidade para ser edificada por outros cristãos ou para ser usada na edificação daqueles que estão à sua volta? Lembre-se de que Deus promete estar presente quando você se reunir com outros irmãos em nome do Senhor. Vamos buscar a presença do Altíssimo de maneira ativa e, assim, experimentar as ricas recompensas da comunhão.

19 DE FEVEREIRO

QUANDO É DIFÍCIL SER RICO

Se ao menos eu tivesse mais dinheiro! Esse pensamento passa frequentemente por nossa mente e, apesar de termos mais do que o suficiente para viver, muitas vezes imaginamos o que poderíamos fazer se tivéssemos mais.

Qualquer que seja a sua situação financeira, provavelmente você tem o objetivo de acumular mais riqueza do que aquilo que possui agora. No entanto, já observou que a Bíblia parece enxergar as riquezas terrenas como um empecilho para o nosso relacionamento com Deus e com os irmãos?

"Se você quer ser perfeito, vá, venda os seus bens e dê o dinheiro aos pobres, e você terá um tesouro nos céus. Depois, venha e siga-me. Ouvindo isso, o jovem afastou-se triste, porque tinha muitas riquezas." (Mateus 19.21-22)

As riquezas são raramente aquilo que esperamos que sejam; quanto mais temos, mais temos a perder. Jesus queria que esse jovem rico tivesse um coração piedoso — um coração disposto a abrir mão de suas posses pelo Reino. Para fazer isso, ele precisaria abrir mão da vida com a qual estava acostumado. Antes de pedir que Deus a abençoe com riquezas, peça que o Senhor a presenteie com um coração generoso.

20 DE FEVEREIRO

ESTRELAS

Se alguma vez você já teve a oportunidade de estar em um lugar remoto em uma noite de céu limpo, sabe o que é olhar para cima e observar a magnífica exposição das estrelas. É uma visão deslumbrante, a qual nos faz lembrar a grandeza do nosso Deus.

Na Bíblia, muitas vezes, a humanidade é comparada com as estrelas. Isso nos faz lembrar quantas pessoas o Senhor criou. Ainda assim, o Criador nos diz que ele as guia e chama pelo nome. Se as estrelas são maravilhosas, então quão mais fascinante é aquele que as criou? Adoramos a um Deus que é capaz de nos conhecer pelo nome e saber exatamente quantas de nós ele criou.

"Ergam os olhos e olhem para as alturas. Quem criou tudo isso? Aquele que põe em marcha cada estrela do seu exército celestial, e a todas chama pelo nome. Tão grande é o seu poder e tão imensa a sua força, que nenhuma delas deixa de comparecer!" (Isaías 40.26)

Você está se sentindo insignificante no grande mundo de Deus hoje? Lembre-se de que o Altíssimo tem um plano perfeito para este mundo e que você faz parte desse plano. Erga seus olhos e saiba que ele conhece o seu nome e que não foi esquecida em seus planos.

21 DE FEVEREIRO

CONTENTE-SE

Ela tem um cabelo lindo, parece cheia de energia, está em boa forma e tem um marido apaixonado e filhos lindos. Canta maravilhosamente bem na igreja, é uma ótima cozinheira e nunca fala mal de ninguém. É inteligente, organizada e abre as portas de sua casa para um estudo bíblico semanal. É tudo o que não somos!

Gastamos muito do nosso tempo nos comparando com outras pessoas, e isso muitas vezes leva a um sentimento de inveja. Deus deseja que nos sintamos satisfeitas e não invejosas. Quando nos comparamos com os outros, escolhemos nos concentrar naquilo que não temos, em vez de nos alegrarmos com as coisas boas que o Criador nos deu.

"SENHOR, tu és a minha porção e o meu cálice; és tu que garantes o meu futuro. As divisas caíram para mim em lugares agradáveis: Tenho uma bela herança!" (Salmo 16.5-6)

Deus nos criou como somos e declarou que a sua criação é boa. Além disso, o Senhor ainda nos deu o presente de estar sempre próximo de nós. Saber que Jesus está sempre perto, o tempo todo, é realmente tudo o que precisamos. Esse é o contentamento de que a Bíblia fala. É capaz de perceber a presença de Deus com você hoje, permitindo que isso a encha de contentamento?

22 DE FEVEREIRO
MELHOR DO QUE RUBIS

Se fosse concedido a você receber aquilo que mais deseja, o que seria? Podemos responder melhor a essa pergunta se pensarmos em quem ou o que idolatramos. Gostaríamos de ter a vida de quem? Qual qualidade mais admiramos: beleza, inteligência, criatividade, reconhecimento ou amor?

O rei Salomão compreendeu o valor da sabedoria melhor do que ninguém. Quando Deus ofereceu a ele qualquer coisa que desejasse, Salomão pediu sabedoria. Ele poderia ter pedido fama, riqueza ou sucesso nos combates; em vez de tudo isso, clamou por sabedoria. Salomão buscou conhecimento e instrução em primeiro lugar e acabou sendo o rei mais sábio, rico, famoso e bem-sucedido que já existiu.

"Prefiram a minha instrução à prata, e o conhecimento ao ouro puro, pois a sabedoria é mais preciosa do que rubis; nada do que vocês possam desejar compara-se a ela." (Provérbios 8.10-11)

Prata, ouro e rubis são raros e preciosos. Eles são lindos, fortes e valiosos. Talvez você tenha ou esteja até usando joias com pedras ou metais preciosos. Lembre-se do valor superior da sabedoria e seja encorajada a buscar a compreensão divina acima de todas as coisas.

23 DE FEVEREIRO

RESPOSTA

Você tem esperado por uma resposta em relação às suas circunstâncias? Talvez esteja orando pela conversão de um membro da família, por um relacionamento difícil, por sua situação financeira ou por sabedoria para tomar uma decisão importante. O jejum, muitas vezes, não está no topo da lista das coisas que você faz quando precisa de uma resposta, e não é difícil descobrir por que essa não é uma opção popular. Comer é um dos impulsos mais necessários e naturais — é necessário muito autocontrole e esforço pessoal para se abster de alimentos.

Reflita sobre o que a Bíblia diz a respeito do jejum e como ele é sempre atrelado à oração. Há certa humildade que acompanha o jejum; ele exige um coração sóbrio, reflexão e concentração. Coloca os nossos impulsos em uma posição de submissão e nos dá confiança em nosso autocontrole. E, o mais importante, parece deixar claro para o Senhor que não estamos de brincadeira — estamos prontos para receber a sua revelação e direção.

"Por isso me voltei para o Senhor Deus com orações e súplicas, em jejum, em pano de saco e coberto de cinza." (Daniel 9.3)

Você pode se comprometer a tornar o jejum uma disciplina espiritual em sua vida? Você pode conseguir as respostas que estava procurando e talvez até aquelas que não estava procurando!

24 DE FEVEREIRO

CURA POR INTERMÉDIO DE JESUS

É difícil entender como e quando Deus cura os seus filhos. Você orou recentemente por cura e não a recebeu? Conhece alguém que não está bem e não consegue se recuperar? Pode ser desanimador quando estamos doentes, ou quando vemos pessoas amadas sofrendo, sem melhorar.

A nossa fé não precisa ser grande, mas, por intermédio da nossa fé em Jesus, podemos reconhecer a nossa crença nos milagres que ele realizou. Cristo nos mostrou que aquilo que consideramos impossível não é impossível para Deus.

"Jesus foi por toda a Galileia, ensinando nas sinagogas deles, pregando as boas-novas do Reino e curando todas as enfermidades e doenças entre o povo." (Mateus 4.23)

Às vezes não recebemos a cura, mas precisamos confiar que Deus continua sendo fiel e misericordioso. Ele nos restaurará em perfeita saúde na eternidade. Talvez precisemos esperar pela cura e podemos nunca saber o porquê. Sejamos, no entanto, encorajadas hoje a crer no Senhor de milagres e orar com todas as nossas forças para que ele cure os enfermos.

25 DE FEVEREIRO

CONTROLE DE RAIVA

Você já sentiu tanta raiva que chegou a tremer? Às vezes podemos transbordar de raiva — em algumas situações por motivos justos, outras vezes, não. Qualquer que seja o motivo, a Bíblia fala sobre a necessidade de nos retirarmos por algum tempo para nos acalmarmos.

Deus não está muito preocupado com o fato de nos irritarmos. Ele compreende as emoções de sua criação. Contudo, nada de bom acontece quando reagimos com raiva. O salmista sabia que o pecado muitas vezes vinha como resultado da raiva. Felizmente, recebemos uma técnica bastante útil para nos ajudar a lidar com a nossa raiva.

"Quando vocês ficarem irados, não pequem; ao deitar-se reflitam nisso, e aquietem-se." (Salmo 4.4)

Quando se sentir irritada, vá para o seu quarto ou algum lugar tranquilo e acalme-se. Aquiete-se e escute o seu coração. Permita que Deus acalme o seu coração e fale com você no silêncio. A raiva pode até estar presente ainda, porém, se você se render à obra do Espírito Santo, pode ser impedida de pecar.

26 DE FEVEREIRO

ADORNO

As mulheres gostam de ficar bonitas. Isso geralmente significa vestir as roupas certas, ter o cabelo feito e os acessórios para combinar. Às vezes, estar com o cabelo bonito é a diferença entre ter um dia bom ou ruim! Precisamos admitir a nossa natureza superficial e reconhecer quando priorizamos a aparência exterior em detrimento da beleza interior.

A Bíblia não condena os adornos exteriores, porém ela nos aconselha a dar mais atenção ao "ser interior". Quem é a mulher que está dentro de você? Está fazendo o seu melhor para deixar bonita essa mulher interior? A beleza, para Deus, é ter um espírito dócil e tranquilo.

> "A beleza de vocês não deve estar nos enfeites exteriores, como cabelos trançados e joias de ouro ou roupas finas. Ao contrário, esteja no ser interior, que não perece, beleza demonstrada num espírito dócil e tranquilo, o que é de grande valor para Deus." (1Pedro 3.3-4)

Você pode dizer que age de maneira gentil com as outras pessoas? Precisa de um espírito dócil? Ao contrário da beleza exterior, essas qualidades melhoram com o tempo. Aprenda a se adornar com a beleza verdadeira e exiba, deliberadamente, a beleza interior, que é tão preciosa para Deus.

27 DE FEVEREIRO

PODADA

Dedique um tempo para refletir sobre um momento em que você sentiu que estava dando o seu melhor. Você consegue se lembrar de momentos em que usou os seus dons e talentos e foi capaz de testemunhar a influência positiva que teve nas pessoas ao seu redor? Pode ser que isso tenha acontecido recentemente, ou talvez você esteja lembrando de algo que ocorreu há muito tempo.

Jesus descreve a si mesmo como a videira. Se estivermos sendo nutridas por essa fonte, então produziremos fruto. Quando sentimos que não estamos sendo nutridas, talvez o Pai precise fazer uma poda — tanto para a saúde do ramo, quanto para a saúde de toda a videira.

> "Eu sou a videira verdadeira, e meu Pai é o agricultor. Todo ramo que, estando em mim, não dá fruto, ele corta; e todo que dá fruto ele poda, para que dê mais fruto ainda." (João 15.1-2)

Em vez de se desesperar por causa da poda, alegre-se, pois Deus viu os frutos produzidos por você e está permitindo um período de descanso para que sua vida possa florescer novamente. Dedique um tempo hoje para refletir sobre os seus dons. Entregue-os a Jesus e aguarde até que o Grande Agricultor os traga de volta à vida.

28 DE FEVEREIRO

SABEDORIA LOUCA

A nossa cultura atual valoriza a inteligência e uma mente instruída; os filósofos e os "grandes pensadores" estão entre os mais estimados. Pode ser fácil nos encontrarmos (ou nos perdermos!) em discussões sobre religião, política e filosofia. O problema da sabedoria mundana é que ela é gerada por si mesma; existe no contexto de uma mente finita, incapaz de compreender os mistérios de Deus.

Quando Jesus veio ao mundo, a quem ele mais aborreceu? Isso mesmo, aos escribas e aos fariseus — as pessoas mais cultas da época. Virou de cabeça para baixo os conceitos e hipóteses deles, frustrando a inteligência daqueles homens cultos! A sabedoria de Deus é para aqueles que são humildes o suficiente para aceitar os seus caminhos. É dessa forma que o Senhor torna tolas as pessoas sábias.

> "Pois está escrito: "Destruirei a sabedoria dos sábios e rejeitarei a inteligência dos inteligentes". Onde está o sábio? Onde está o erudito? Onde está o questionador desta era? Acaso não tornou Deus louca a sabedoria deste mundo?" (1Coríntios 1.19-20)

Na próxima vez que você for incapaz de responder a intimidações intelectuais, pergunte-se a si mesmo de onde vem a inteligência dessas pessoas. Confie na sabedoria de Jesus — ela é eterna e vivifica.

MARÇO

"Por isso não desanimamos. Embora exteriormente estejamos a desgastar-nos, interiormente estamos sendo renovados dia após dia, pois os nossos sofrimentos leves e momentâneos estão produzindo para nós uma glória eterna que pesa mais do que todos eles."

(2Coríntios 4.16-17)

1 DE MARÇO

AMOR SINCERO

Alguma vez você recebeu uma bondade que não merecia? Qual foi a sensação de receber amor quando merecia ódio? De receber uma segunda chance, quando merecia rejeição?

Agimos de maneira errada com as pessoas e elas farão o mesmo em relação a nós. Somos humanos. É exatamente por isso que o amor de Deus é a única solução perfeita para nós. O amor pode cobrir um milhão de erros. Quando escolhemos amor e bondade, em vez de raiva e vingança, os pecados que pareciam tão pesados, de repente, desaparecem. O amor é a presença de Jesus em nós e Cristo é o único antídoto verdadeiro contra o pecado.

"Sobretudo, amem-se sinceramente uns aos outros, porque o amor perdoa muitíssimos pecados." (1Pedro 4.8)

O amor não é algo que está naturalmente em nós. A nossa humanidade grita dentro da gente, e a raiva e a fúria transbordam, mesmo sem serem convidadas conscientemente. Quando, porém, confiamos no Espírito de Deus para intervir em nossa vida e relacionamentos, o Altíssimo pode fazer com que a nossa resposta seja a bondade, e o amor, a nossa reação. Peça que o Criador a encha com o Seu Espírito e derrame amor em seu coração, para que você possa viver completamente na presença do Senhor.

2 DE MARÇO

NA LUZ

Todas as mulheres parecem concordar que os espelhos dos provadores de lojas são desagradáveis. Aquela iluminação fluorescente destaca todos os nossos defeitos. Admiraríamos muito mais o nosso reflexo à luz de uma charmosa fogueira ou de abajures com iluminação fraca. A luminosidade forte expõe todos os defeitos. Aquilo que estava escondido na escuridão se torna gritantemente óbvio na luz.

Deus deixa muito claro, ao longo das Escrituras, que o nosso pecado traz a morte. Quando estamos enraizados no pecado, é como se estivéssemos adormecidos. No entanto, quando trazemos o nosso pecado da escuridão para a luz, Cristo resplandece sobre nós e nos liberta da escravidão do pecado e da morte.

"Não participem das obras infrutíferas das trevas; antes, exponham-nas à luz. [...] Mas, tudo o que é exposto pela luz torna-se visível, pois a luz torna visíveis todas as coisas. Por isso é que foi dito: 'Desperta, ó tu que dormes, levanta-te dentre os mortos e Cristo resplandecerá sobre ti.'" (Efésios 5.11, 13-14)

Quanto mais escondemos o nosso pecado na escuridão, mais tempo passamos adormecidos e perdemos as coisas boas que Deus tem para nós. Liberte qualquer pecado secreto e oculto ao qual você possa estar se apegando hoje e aqueça-se na gloriosa luz de Cristo.

3 DE MARÇO

MIL GERAÇÕES

Como você pode confiar em Deus quando se sente traída por ele? Onde encontra forças para os momentos em que parece que o Criador do universo não a está vendo? Você sabe, no seu coração, que o Altíssimo tem o controle sobre todas as vidas, mas, ainda assim, o Senhor parece não ter o controle sobre a sua. Ele promete paz, mas a sua vida está caótica. Ele oferece alegria, mas tudo o que você consegue sentir é dor. Sonhos e objetivos transbordavam em seu coração, e depois foram tirados de você.

Deus é realmente fiel? Podemos confiar nossa vida ao Senhor? E o nosso coração? Sim! Ele mantém a sua aliança por mil gerações. Isso é, aproximadamente, vinte mil anos — um longo tempo para se manter fiel a alguém. O mesmo Deus que falou com Moisés e tirou os israelitas do cativeiro, mostrando todo o seu poder, prometeu fazer o mesmo por nós.

"Saibam, portanto, que o SENHOR, o seu Deus, é Deus; ele é o Deus fiel, que mantém a aliança e a bondade por mil gerações daqueles que o amam e obedecem aos seus mandamentos." (Deuteronômio 7.9)

O Deus que ressuscitou Lázaro está com você e tem o mesmo poder. O Todo-poderoso que amou a Davi em todos os seus pecados e falhas ama você do mesmo jeito. Descanse em sua aliança e confie que o Senhor cumprirá a sua palavra.

4 DE MARÇO

DEIXE-ME PRIMEIRO...

A obediência a Cristo é algo incrível e desafiador. Ouvir e obedecer à voz de Deus não é fácil. O Senhor pode pedir que façamos coisas que não fazem sentido e a sua agenda nem sempre é a mesma que a nossa.

Pode ser tentador desejarmos "organizar as coisas" primeiro, antes de obedecer a alguma ordem específica de Cristo. Temos os nossos planos e programações, então preferimos cumprir a nossa lista de afazeres antes de seguir em frente.

"A outro disse: 'Siga-me'. Mas o homem respondeu: 'Senhor, deixa-me ir primeiro sepultar meu pai'. Jesus lhe disse: 'Deixe que os mortos sepultem os seus próprios mortos; você, porém, vá e proclame o Reino de Deus'. Ainda outro disse: 'Vou seguir-te, Senhor, mas deixa-me primeiro voltar e despedir-me da minha família.' Jesus respondeu: 'Ninguém que põe a mão no arado e olha para trás é apto para o Reino de Deus.'" (Lucas 9.59-62)

Quando Deus fala com você e dá alguma ordem, em vez de dizer ao Senhor tudo o que precisa fazer primeiro, obedeça-lhe sem hesitar. O Criador não está interessado nas listas de afazeres deste mundo. Ele tem planos eternos e uma perspectiva eterna. Se você pudesse ver o que ele vê, nunca diria: "Deixe-me primeiro..."

5 DE MARÇO

ESTRESSE

Todas nós estamos bem familiarizadas com o estresse. Há muitas coisas em nossa vida que trazem preocupações, pressões e ansiedade. O mundo nos apresenta constantemente a coisas desconhecidas e problemas que roubam a nossa alegria e a nossa paz.

Quando entramos na presença de Deus e dedicamos tempo à sua palavra, conseguimos nos livrar do estresse e entregar os nossos problemas em suas mãos. O Senhor nos concede uma paz que nada neste mundo é capaz de oferecer. Ele deseja nos preparar para o seu reino eterno e, como resultado disso, a sua presença nos concede esperança e alegria duradoura, algo completamente oposto às coisas estressantes desta vida.

"Os que amam a tua lei desfrutam paz, e nada há que os faça tropeçar." (Salmo 119.165)

Passe um tempo na presença do Senhor hoje e permita que ele derrame paz em seu coração. Concentre-se na sua verdade e no seu poder, em vez de nos seus problemas e dificuldades. Deus pode tirar tudo o que está perturbando o seu coração hoje e trocar por uma paz que excede a sua compreensão.

6 DE MARÇO

A SABEDORIA DE SALOMÃO

Se você pudesse pedir qualquer coisa a Deus, o que seria? Dinheiro, felicidade, amor, sucesso... todas nós gostaríamos de receber essas coisas.

Salomão, um homem que, como sabemos, tinha apetite para o prazer, agarrou a sua oportunidade e pediu a melhor coisa que poderia ter: sabedoria. E Deus atendeu o seu pedido. Durante toda a vida, a coisa de que mais precisamos não é sabedoria? Sabedoria para saber o que fazer, como agir e compreender as coisas?

"Por isso Deus lhe disse: 'Já que você pediu isso e não uma vida longa nem riqueza, nem pediu a morte dos seus inimigos, mas discernimento para ministrar a justiça, farei o que você pediu.'" (1Reis 3.11-12)

Nós temos o mesmo privilégio de Salomão: pedir sabedoria ao Senhor, sabendo que ele atenderá o nosso pedido. Em que área da sua vida você precisa de sabedoria? Talvez precise tomar uma decisão muito importante, algo que afetará a sua vida para sempre. Deus afirma que aquilo de que você precisa — sabedoria — é seu. Você só precisa tomar posse. Peça que o Criador se manifeste em meio a qualquer que seja a situação confusa que você estiver enfrentando. Peça ao Altíssimo a mesma sabedoria que ele concedeu a Salomão.

7 DE MARÇO

COMPARAÇÃO

Na era das mídias sociais, a comparação se tornou mais comum a nós do que jamais foi. Quando todas as fotos que vemos das pessoas são editadas, passam por filtros de imagem e são, finalmente, postadas, caímos na ilusão de que aquelas vidas que vemos expostas ali são perfeitas. Acreditamos que os rostos que vemos sorridentes nas fotos estão sempre sorridentes e que aquelas casas perfeitas com lindas iluminações estão sempre organizadas e impecáveis.

O perigo dessas imagens filtradas é que nos comparamos com algo que não é sequer real. Não vemos a vida fora daquelas fotos. Não testemunhamos as bagunças, dificuldades e imperfeições que são parte inevitável da vida — mesmo daquelas que parecem perfeitas.

"Cada um examine os próprios atos, e então poderá orgulhar-se de si mesmo, sem se comparar com ninguém." (Gálatas 6.4)

Deus deseja que você esteja dedicada àquilo que ele tem para sua vida, sem se distrair ou se comparar com aquilo que as outras pessoas estão fazendo. Ao mergulhar de cabeça na sua própria existência, você estará dizendo sim à satisfação e avançando para maiores realizações e alegrias.

8 DE MARÇO
PERDA DE CONTROLE

120: o último número que ela viu marcar a agulha na máquina de costura. Em um instante, a máquina travou, o vidro quebrou, a pressão aumentou e ela sentiu a dor. Tudo o que conseguiu ver foi luz e escuridão — flashes e medo. Tudo o que ela ouvia era o silêncio. E tudo do que tinha certeza era que havia perdido o controle.

Você já passou por alguma situação em que sentiu que havia perdido completamente o controle? Um acidente de carro, um diagnóstico ou outra situação assustadora? Há momentos em nossa vida em que a nossa própria carne nos deixa na mão. Percebemos, em um piscar de olhos, que não estamos mais no controle — e isso nos apavora.

"O meu corpo e o meu coração poderão fraquejar, mas Deus é a força do meu coração e a minha herança para sempre." (Salmo 73.26)

Em momentos como esse, quando perdemos o controle e o medo se apodera de nós, existe uma coisa da qual podemos ter certeza: o Senhor é a nossa força; Deus nunca perde o controle. Quando a sua vida e o resultado dela são arrancados de suas mãos, eles ainda estarão seguros nas mãos do Criador. Ele é a nossa porção, é o nosso sustento, é o suficiente. Hoje, atire-se nas mãos daquele que jamais perderá o controle.

9 DE MARÇO

ESCOLHA CONSCIENTE

Você gostaria que alguém a amasse se essa pessoa não quisesse fazer isso? Se alguém fosse obrigado, ou até pago, para amá-la, mas você soubesse que esse amor não é sincero, se agradaria disso?

Podemos escolher de maneira consciente amar ou não a Deus. Ele não nos obrigará a amá-lo, nem nos forçará a seguir os seus caminhos. A nossa liberdade é o dom mais maravilhoso e temível que recebemos.

"Hoje invoco os céus e a terra como testemunhas contra vocês, de que coloquei diante de vocês a vida e a morte, a bênção e a maldição. Agora escolham a vida, para que vocês e os seus filhos vivam." (Deuteronômio 30.19)

Você deve fazer uma escolha que ninguém pode fazer em seu lugar. Vida ou morte, cabe a você. O Senhor deseja que escolha a vida, pois ele conhece as coisas maravilhosas que aguardam aqueles que aceitam o seu amor. Ele quer filhos que o amem e o adorem em espírito e em verdade. Ele não quer receber um amor falso, por isso permite que você escolha. O que você vai fazer com essa escolha hoje?

10 DE MARÇO

EM BUSCA DA PAZ

As mulheres são guiadas por suas emoções. Somos facilmente influenciadas pelos nossos sentimentos em muitas situações. E, apesar de existirem muitas coisas em que somos fortes, as nossas emoções muitas vezes nos fazem perder o controle.

Nós nos envolvemos emocionalmente com muita facilidade em discussões e situações estressantes. Somos naturalmente curiosas, logo temos muito interesse no que acontece na vida de outras pessoas. Muitas vezes a nossa curiosidade é fruto de uma fascinação sincera pelas pessoas e relacionamentos, mas, se não tomarmos cuidado, podemos ultrapassar o limite e partir para a fofoca e — por falta de um termo melhor — drama.

"Afaste-se do mal e faça o bem; busque a paz com perseverança." (Salmo 34.14)

Não devemos apenas desejar a paz, devemos buscá-la. Quando alguém vai até você para contar uma fofoca sobre algum amigo em comum, julgar essa pessoa trará paz para a sua vida ou a dela? Ou será que isso apenas piorará uma situação que já é problemática, trazendo estresse para você, que não tem nada com isso? Para buscar a paz, devemos nos afastar da tentação de fofocar, julgar e caluniar e, em vez disso, precisamos ser gentis, amorosas e atenciosas.

11 DE MARÇO
VULNERABILIDADE

Algumas das maiores e melhores mudanças em nossa vida vêm de momentos de vulnerabilidade: quando colocamos todas as cartas na mesa, por assim dizer, e mostramos a alguma pessoa o quanto ela significa para nós. Contudo, a vulnerabilidade possui um ingrediente fundamental: a humildade. E a humildade não é uma coisa fácil.

Às vezes não parece mais fácil fingir que nada aconteceu do que encarar o fato de que agimos de maneira errada e fomos injustas com alguém? Nem sempre é fácil nos humilharmos para resolver uma discussão — especialmente quando isso significa que devemos admitir os nossos erros.

"Mas ele nos concede graça maior. Por isso diz a Escritura: 'Deus se opõe aos orgulhosos, mas concede graça aos humildes.'" (Tiago 4.6)

Como você se comporta diante de conflitos? Evita se desculpar em prol das aparências? O seu orgulho a impede de colocar-se em uma posição de vulnerabilidade? Está disposta a se humilhar a fim de restaurar os seus relacionamentos? Deus promete favor e sabedoria aos humildes. O que você pode fazer hoje para se humilhar em prol da restauração de um relacionamento?

12 DE MARÇO

O PODER DA FÉ

Muitas vezes, quando entramos na presença de Deus, nos tornamos completamente conscientes das nossas imperfeições. Assim como Adão e Eva se sentiram depois de pecar, percebemos a nossa própria nudez e a realidade de que, diante de um Deus onisciente, não podemos esconder nada.

Nós nos preocupamos com as coisas em nossa vida que tememos não ser suficientes. Tememos não ser gentis, fiéis ou boas o bastante. Desejamos agradar a Deus com nossa vida, mas podemos perder facilmente o rumo quando nos concentramos em nossos defeitos.

"Que diz a Escritura? 'Abraão creu em Deus, e isso lhe foi creditado como justiça.'" (Romanos 4.3)

Deus não pede que sejamos perfeitas. Ele sabia que nunca seríamos capazes de alcançar a perfeição — e justamente por isso o Criador enviou Jesus. Deus deseja apenas que creiamos nele. A nossa fé no Senhor é creditada a nós como justiça — algo que nunca poderíamos conseguir por conta própria. Em vez de se concentrar em suas falhas quando estiver na presença de Deus, creia naquilo que ele diz sobre você. A sua fé não ficará sem crédito.

13 DE MARÇO

IMPOSSÍVEL

O que parece impossível para você hoje? Do que desistiu, se afastou ou passou a considerar absurdo? Quais sonhos deixou morrer simplesmente por sentir serem inalcançáveis?

Talvez os nossos sonhos, por mais distantes que pareçam, tenham sido colocados em nosso coração por um motivo. E talvez eles não se assemelhem exatamente àquilo que havíamos imaginado, mas quiçá se realizem de uma maneira diferente. Pode ser que aquelas coisas que parecem intransponíveis para nós possam ser facilmente superadas se simplesmente tivermos uma perspectiva diferente.

"Vejam, estou fazendo uma coisa nova! Ela já está surgindo! Vocês não a reconhecem? Até no deserto vou abrir um caminho e riachos no ermo." (Isaías 43.19)

Amada, você serve a um Deus que é poderoso o bastante para abrir um caminho e riachos no ermo. Ele é mais do que capaz de resolver as situações mais impossíveis e conceder sabedoria, direção e maneiras de superá-las. Confie no Senhor diante de suas circunstâncias impossíveis e na força dele para superar suas fraquezas.

14 DE MARÇO

AFIAR

Como cristãs, devemos prestar contas umas às outras a fim de cumprirmos o nosso chamado. No entanto, por melhor que isso soe, pode ser difícil nos sentirmos qualificadas a confrontar uma irmã que esteja vivendo em pecado.

A prestação de contas não é necessariamente fácil, mas é nossa responsabilidade. Devemos assumir uma postura imparcial quando se trata da saúde do corpo de Cristo. Contudo, antes de confrontar outro cristão que esteja vivendo em pecado, pergunte a si mesma se está sendo guiada pelo Espírito. Está ouvindo a direção do Espírito ou está simplesmente seguindo os seus próprios impulsos carnais?

"Assim como o ferro afia o ferro, o homem afia o seu companheiro." (Provérbios 27.17)

Para afiar o seu companheiro, fale com gentileza e doçura — lembrando-se da misericórdia que você mesma recebeu de Deus. Incentive o seu irmão ou irmã a se arrepender e voltar para o Senhor, oferecendo-se para caminhar ao seu lado na busca por justiça e restauração.

15 DE MARÇO

APROXIME-SE

Você já teve a impressão de não conseguir sentir Deus? Como se o tivesse perdido de alguma maneira? Às vezes não sabemos como voltar àquele tempo em que sentíamos fortemente a sua presença e ouvíamos claramente a sua voz.

Passamos por fases em que nos sentimos distantes do Senhor, mas a verdade maravilhosa é que o Altíssimo não foi a lugar nenhum. Ele está no mesmo lugar onde o encontramos pela primeira vez. Deus é imutável e inabalável. O seu desejo é estar sempre conosco e o Criador nunca vira as costas para os seus filhos.

"Aproximem-se de Deus, e ele se aproximará de vocês! Pecadores, limpem as mãos, e vocês, que têm a mente dividida, purifiquem o coração." (Tiago 4.8)

Deus não vai pressionar você. Ele não divide a sua glória, portanto, ele não competirá contra o mundo pelo seu coração. No entanto, se você, amada, se aproximar dele, o Criador a envolverá na doçura e no poder da sua presença. Receba o Senhor em sua vida hoje, acima de todos os outros amores.

16 DE MARÇO

O DOM QUE VOCÊ TEM

Todas nós temos algo que mais gostamos de fazer. Chamamos de passatempo, talento, paixão — o nosso nicho. É a descoberta mais especial quando encontramos algo que amamos e para o qual temos talento.

Deus nos criou com um conjunto de habilidades únicas. Ele nos abençoou com talentos que nos distinguem e complementam as outras pessoas. O Senhor nos deu esses dons para que nós, como corpo de Cristo, possamos cumprir os seus propósitos e promover o seu Reino.

"Cada um exerça o dom que recebeu para servir os outros, administrando fielmente a graça de Deus em suas múltiplas formas." (1Pedro 4.10)

Reflita por um momento sobre os dons únicos que o Criador lhe deu. Não seja modesta: o Senhor nos dá dons para termos confiança neles para a sua glória! Pense agora nos seus dons em relação direta com o Reino de Deus. Como você pode usar os seus dons para beneficiar a igreja, a comunidade e o mundo? Procure ser uma participante ativa no Reino do Senhor, usando as ferramentas que ele escolheu especificamente para você.

17 DE MARÇO

DONA DE SUA MENTE

Pensamos constantemente sobre o alimento de nosso corpo. Independentemente de comermos comidas saudáveis ou não, estamos, ao menos, conscientes sobre o que consumimos. É um princípio simples: o que colocamos para dentro será percebido do lado de fora. Sabemos que se nos alimentarmos constantemente de comidas industrializadas e doces, teremos pouca energia e uma saúde debilitada. Sabemos também que se tivermos uma alimentação balanceada, nos sentiremos bem, teremos uma aparência melhor e nos sentiremos dispostas.

Os nossos padrões de pensamento podem ser comparados com nossos hábitos alimentares. Quando preenchemos a nossa mente e o nosso coração com coisas que não são de Deus, os nossos pensamentos seguirão essa direção. Aquilo que pensamos determina as nossas ações e palavras. Quando meditamos nas Escrituras e preenchemos nossa mente com as coisas de Deus, os nossos pensamentos, palavras e ações são naturalmente cheios de vida, paz e verdade.

"Quem vive segundo a carne tem a mente voltada para o que a carne deseja; mas quem vive de acordo com o Espírito, tem a mente voltada para o que o Espírito deseja." (Romanos 8.5)

O que tem dominado a sua mente? A carne ou o Espírito Santo? Considere com cuidado aquilo que você coloca para dentro, pois será percebido do lado de fora.

18 DE MARÇO

DOR

A dor é uma coisa esquisita. Aparece nos lugares mais estranhos. Conforme o tempo vai passando, ela se torna parte de nossa vida de maneira sutil, de forma que sequer a percebemos no início. Quando sorrimos e sentimos alegria, mas ao mesmo tempo os nossos olhos se enchem de lágrimas, percebemos que a dor não está ausente nem em meio à felicidade.

Com o passar do tempo e da vida, precisamos aprender a lidar com todas as nossas diferentes emoções ao mesmo tempo. Podemos sorrir, gargalhar e parecer perfeitamente felizes, porém a dor ainda está presente, bem no fundo do coração. Não a esquecemos, mas também não a traímos quando estamos sorrindo.

"Este é o meu consolo no meu sofrimento: A tua promessa dá-me vida." (Salmo 119.50)

Como filha de Deus, você recebeu a promessa de uma esperança que tem o poder de ressuscitá-la mesmo nos momentos mais tristes. E apesar de sua dor ser real, profunda e às vezes até esmagadora, o seu Deus é forte e poderoso para tirá-la do poço mais fundo e — mesmo quando isso é difícil de imaginar — lhe dar alegria.

19 DE MARÇO

A CADA MANHÃ

Há muitos versículos na Bíblia que falam sobre as orações da manhã. O próprio Jesus nos deu o exemplo ao levantar cedo e se dirigir a um lugar tranquilo para orar e falar com o Pai. Existe algo nas manhãs que é muito valorizado por Deus. As manhãs simbolizam vida nova, esperança e novos começos — coisas que sabemos serem estimadas pelo Senhor.

Quando buscamos a Deus pela manhã, consagramos a ele os primeiros momentos do dia. Ao entrarmos em sua presença e nos colocarmos aos seus pés antes de qualquer outra coisa, nós o colocamos, literalmente, em primeiro lugar em nosso coração, alma e mente.

"Faze-me ouvir do teu amor leal pela manhã, pois em ti confio. Mostra-me o caminho que devo seguir, pois a ti elevo a minha alma." (Salmo 143.8)

Começar o dia desfrutando o amor do Pai é um privilégio maravilhoso. Quando nos sentamos aos seus pés e lemos a sua Palavra, ganhamos força, sabedoria, direção e perspectiva para o resto do dia. Entregue o seu dia ao Senhor. Encontre um lugar tranquilo para desfrutar a sua presença e ler as suas palavras de amor. Ouça o que o Senhor tem a dizer sobre o seu amor por você e viva nesse amor mesmo ao enfrentar os obstáculos do dia que está por vir.

20 DE MARÇO

DO INVERNO À PRIMAVERA

A primavera nos provoca, fazendo seus joguinhos de "esconde-esconde". Alguns dias agradáveis e ensolarados despertam os nossos sentidos para o frescor do ar, trazendo a promessa do fim do inverno. Caímos na cama depois de um dia de sol e diversão, para depois acordar e encontrar uma paisagem branca, cobrindo qualquer indício de calor. O sol da primavera se esconde por trás das nuvens de inverno, nos provocando, como se soubessem do nosso desejo pela luz que elas escondem. Quando o sol finalmente reaparece, somos instantaneamente banhadas pelo seu calor.

As nossa vida têm invernos, não é mesmo? Enfrentamos estações em que ficamos com frio e nos sentimos escondidas e presas. Nós nos sentimos enterradas debaixo da neve, longe da luz e do calor. No entanto, se observássemos mais atentamente, talvez pudéssemos ver, no movimento apressado das nuvens, o contorno dourado que traz a promessa da esperança. Mesmo que o inverno seja longo, quando o sol ressurgir, tudo terá valido a pena.

"Conheçamos o SENHOR; esforcemo-nos por conhecê-lo. Tão certo como nasce o sol, ele aparecerá; virá para nós como as chuvas de inverno, como as chuvas de primavera que regam a terra." (Oseias 6.3)

Talvez você esteja no meio de um dos invernos da vida. Lembre-se de que para todo inverno existe uma primavera. Para toda mulher existe um Deus poderoso. Quando buscá-lo, ele surgirá como o sol que aparece por trás das nuvens. Você só precisa esperar e estar atenta ao Criador.

21 DE MARÇO

NO TEMPO DE DEUS

O homem pode passar a vida inteira estudando Deus e nunca conseguir compreender as maneiras como o Criador opera: inesperada e imprevisivelmente, apesar das profecias dos homens, de forma sutil, porém grandiosa, apesar da teologia sobre o seu caráter.

Abraão recebeu a instrução de olhar para o céu; a sua descendência seria tão numerosa quanto as estrelas. Foram prometidos a ele o futuro da humanidade e um legado que abalaria a História. Abraão recebeu os seus sonhos em um momento impressionante das mãos do Deus Todo-poderoso. E depois o Senhor ficou em silêncio. Tudo o que Abraão tinha era uma mulher estéril e irônica e um céu cheio de estrelas, que representavam uma promessa impossível. No entanto, no seu tempo, da sua própria maneira, Deus agiu.

"Descanse no SENHOR e aguarde por ele com paciência; [...] os que esperam no SENHOR receberão a terra por herança." (Salmo 37.7-9)

Deus tem um cronograma. Você pode sentir que o Altíssimo se esqueceu da sua existência, ou que o Criador se calou ao longo dos anos. Mas Deus honrará as promessas feitas a você. Ele não se esquecerá de terminar a obra que começou. O Senhor tem um plano e o cumprirá. Seja fiel em meio à espera e ao silêncio. No tempo certo, da maneira certa, ele agirá.

22 DE MARÇO

RELACIONAMENTOS

Os seres humanos foram criados para o relacionamento; fomos programados para desejar e precisar das outras pessoas. Por causa dessa programação, as amizades são de vital importância para a nossa vida e para a nossa caminhada com Deus.

É um fato amplamente conhecido que as amizades nos colocam para cima, ou nos empurram para baixo. Da mesma forma, os amigos podem nos encorajar ou nos desencorajar na nossa busca por santidade. Se formos nos aconselhar com os nossos amigos para tomar as nossas decisões de vida, é importante que eles sejam do tipo que nos incentivam a seguir a Cristo, e não aos nossos próprios desejos.

"Aquele que anda com os sábios será cada vez mais sábio, mas o companheiro dos tolos acabará mal." (Provérbios 13.20)

Os seus amigos têm o poder de aproximá-lo ou afastá-lo de Deus. Cerque-se de pessoas que ecoam as palavras do Senhor, em vez de compartilhar os seus conselhos próprios. Avalie a sua própria vida e certifique-se de que você é o tipo de amiga que aproxima as pessoas de Cristo com a sua influência e os seus conselhos.

23 DE MARÇO

PERDÃO ESCANDALOSO

Existem poucas coisas piores do que ser injustiçado. Não é fácil quando se é magoado, principalmente por alguém próximo. O nosso íntimo clama por justiça. Essa é uma característica dada por Deus, cujo objetivo é nos chamar a ajudar os sofredores, as viúvas e os órfãos — é o nosso anseio pela religião verdadeira. Quando identificamos alguma injustiça, esse anseio desperta poderosamente. Sentimos dor, mágoa, confusão e pressão. E, mais do que todos esses sentimentos, percebemos a profunda necessidade de ver a justiça ser feita.

Esse é o escândalo do Evangelho. Essa é a própria essência do Jesus que seguimos. Se alguém errar com você, perdoe-lhe. Se errar novamente, perdoe-lhe novamente. *Mas, Senhor, ele está errado. Ele pecou. Ele me magoou profundamente.* A resposta de Deus será a mesma: "Perdoem, como eu lhes perdoei."

"Tomem cuidado. Se o seu irmão pecar, repreenda-o e, se ele se arrepender, perdoe-lhe. Se pecar contra você sete vezes no dia, e sete vezes voltar a você e disser: 'Estou arrependido', perdoe-lhe." (Lucas 17.3-4)

Amadas, recebemos grande perdão; devemos, portanto, oferecer grande amor. Não importa o quão difícil seja perdoar a alguém que a feriu hoje, lembre-se do quanto você mesma foi perdoada. Como poderemos oferecer menos misericórdia do que aquela que recebemos?

24 DE MARÇO

COMPLETAMENTE VIVAS

A vida cotidiana pode sugar a vida que existe dentro de nós. Em algum lugar entre o trânsito, a faxina e todas as tarefas diárias, podemos nos esquecer de viver.

O que significa estar realmente vivo em vez de simplesmente existir? Não apenas existir na vida, mas conhecê-la, compreendê-la, experimentá-la – vivê-la. Qual seria a sensação? Pular de paraquedas de um avião? Correr pela grama descalça com o sol no rosto? Dar à luz, com gritos de força e vida? Como seria se vivêssemos todos os momentos da vida com o espírito desses momentos emocionantes?

"Onde não há revelação divina, o povo se desvia; mas como é feliz quem obedece à lei!" (Provérbios 29.18)

Sem uma razão para viver, sem propósito, perecemos. Sucumbimos. Perdemos o estímulo e as esperanças. Passamos a simplesmente existir, em vez de viver plenamente. Precisamos renovar a nossa visão da vida diariamente. Abra sua mente e seu coração para a visão que Deus tem para você. Se o Criador colocou sonhos no seu coração que acabaram perdidos pelo caminho, confie que eles serão devolvidos a você. O Senhor soprou vida para que você a vivesse ao máximo.

25 DE MARÇO

NUNCA É TARDE DEMAIS

Você tem arrependimentos na vida e situações em que gostaria de poder voltar atrás? Coisas das quais não se orgulha? Fica acordada tarde da noite se lembrando dos erros que cometeu e se pergunta se é tarde demais para tentar consertá-los?

Quando Jesus estava na cruz, havia dois ladrões ao seu lado. Um deles, enquanto esperava pela morte, pediu a Jesus graça e uma segunda chance. Esse ladrão, minutos antes de morrer, recebeu perdão e vida eterna. Naquele mesmo dia, ele entrou no paraíso como um homem perdoado e limpo. À luz dessa história, como podemos dizer que é tarde demais para mudar alguma situação?

"Vejam! O braço do SENHOR não está tão encolhido que não possa salvar, e o seu ouvido tão surdo que não possa ouvir." (Isaías 59.1)

Se você sente que é tarde demais para mudar alguma situação de sua vida, lembre-se da história do ladrão na cruz. Sempre há esperança em Jesus. O Senhor a quem servimos é um Deus de segundas chances. Isso pode parecer clichê, mas não poderia ser mais verdadeiro. O seu amor não tem fim e a sua graça não tem limites. Nunca é tarde demais para segui-lo com sua vida.

26 DE MARÇO
RECONSTRUÍDA

Fomos criadas originalmente para carregar a marca do nosso Criador. Fomos projetadas para refletir a sua imagem e revelar a sua glória. A corrupção do pecado nos mascarou, disfarçando o nosso propósito inicial. Quando aceitamos a salvação e nos entregamos a Deus, o Senhor começa a nos reconstruir para voltarmos ao projeto inicial.

A santificação é um processo que pode ser doloroso, porém o seu resultado final é lindo. Deus esvazia o nosso coração das coisas que não podem nos satisfazer para dar espaço a ele – a única coisa que sempre satisfaz.

"O SENHOR lhe apareceu no passado, dizendo: Eu a amei com amor eterno; com amor leal a atraí. Eu a edificarei mais uma vez, ó virgem, Israel! Você será reconstruída! Mais uma vez você se enfeitará com guizos e sairá dançando com os que se alegram." (Jeremias 31.3-4)

Você pode sentir como se Deus tivesse jogado uma bola de demolição na sua vida, como se o Altíssimo tivesse apagado tudo o que você tinha – os seus desejos, interesses e sonhos. Mas não tema: ele a reconstruirá. O Senhor está criando uma obra-prima em sua vida que dará honra e glória ao Criador. Tudo aquilo que Deus tirar, ele vai restaurar para refletir a sua imagem e semelhança – o propósito da sua criação.

27 DE MARÇO

NOVA VIDA

Toda a raça humana está vivendo em um tempo emprestado. Vivemos nossa vida com o conhecimento inato de que nunca sabemos quando o nosso tempo acabará. A morte chega para todos.

Quando chegou para Jesus, a morte não teve a palavra final. E naquela morte – a que representou toda a humanidade – nasceu a maior forma de vida. A verdade do evangelho é que a morte de Cristo não foi simplesmente o fim da vida de um homem na cruz. Ela foi a morte que acabou, literalmente, com todas as outras mortes. Jesus morreu e assumiu toda a ira de um Deus justo sobre si para que não precisássemos mais cumprir a nossa sentença de morte. E a história não termina aí. A parte mais gloriosa de todas é a ressurreição: ele venceu a morte, exibindo todo o seu poder, a sua glória, vitória e graça.

"Portanto, fomos sepultados com ele na morte por meio do batismo, a fim de que, assim como Cristo foi ressuscitado dos mortos mediante a glória do Pai, também nós vivamos uma vida nova." (Romanos 6.4)

O objetivo do evangelho inteiro, resumido a uma única frase, seria este: Você pode ter uma nova vida. Uma existência que não se esgota, expira ou acaba. Essa verdade linda não é apenas um conceito agradável. Ela é a sua realidade como cristã. Ao aceitar a história consumada do evangelho, você passa a fazer parte do melhor final da existência. A vida é sua – uma vida gloriosa e poderosa.

28 DE MARÇO

A PROMESSA DO CÉU

Quando coisas terríveis acontecem neste mundo, as pessoas clamam a Deus em seu desespero. Perguntam por que o Senhor permitiu que aquilo acontecesse. Como aquele que está no controle de tudo pode ser bom se existe tanto sofrimento?

No entanto, ao observar o sistema do céu, percebemos que Deus nunca desejou que tivéssemos tristeza, dor ou morte. Todas essas coisas só existem por causa do pecado do homem. Quando o Reino dos céus for estabelecido na terra, viveremos como o Criador planejou. Tudo o que está errado será consertado e toda dor desaparecerá.

"Ele enxugará dos seus olhos toda lágrima. Não haverá mais morte, nem tristeza, nem choro, nem dor, pois a antiga ordem já passou." (Apocalipse 21.4)

Como filha de Deus, você sabe que qualquer dor que tenha nesta vida é temporária, pois em seu lar eterno não existirá sofrimento. Quando a dor e a tristeza deste mundo ameaçarem sobrecarregá-la, agarre-se à promessa do céu e à esperança de que um dia toda lágrima será enxugada dos seus olhos.

29 DE MARÇO

O QUE DEUS DESEJA

Como cristãos conscientes de que recebemos muitas bênçãos de Deus, desejamos retribuir de alguma maneira. Vemos pessoas ao nosso redor fazendo isso – aqueles que dedicam a vida para levar a mensagem do evangelho a lugares remotos, ou aqueles que financiam ministérios de assistência aos pobres. Sem dúvida, essas pessoas estão muito adiante de nós nessa retribuição a Deus.

Esses presentes são excelentes. Sair pelo mundo é cumprir a Grande Comissão, e sabemos como isso é importante para Cristo. E o dinheiro pode ajudar muito no avanço do Reino aqui na terra... mas é isso que Deus realmente deseja?

"Meu filho, dê-me o seu coração; mantenha os seus olhos em meus caminhos." (Provérbios 23.26)

Mais do que qualquer coisa extravagante que possamos querer oferecer a Deus, o Senhor quer aquilo que já possuímos: nós mesmos. Cristo não morreu na cruz para que pagássemos o dízimo fielmente em nossa igreja, ou para que vendêssemos tudo o que temos pelo seu nome. Ele morreu simplesmente para estar conosco, para que pudéssemos conhecê-lo e ter um relacionamento com ele. Ofereça-se a ele hoje.

30 DE MARÇO
RENOVAÇÃO

As chuvas de primavera renovam o solo; elas lavam a terra seca com vida e novo crescimento. O verde que elas deixam para trás é a prova do poder do seu refrigério. Assim como a chuva muda a terra na mudança das estações, Deus também muda a vida dos homens quando eles lhe entregam seu coração.

Nenhuma pessoa que tenha tido um encontro verdadeiro com a presença de Deus permanece a mesma. A entrega completa a Cristo é marcada de modo indelével no caráter da pessoa. Jesus nos aceita como somos, mas nunca nos deixa iguais. A sua missão é sempre recuperar as vidas destruídas pelo pecado e renová-las.

"Portanto, se alguém está em Cristo, é nova criação. As coisas antigas já passaram; eis que surgiram coisas novas!" (2Coríntios 5.17)

Deus ressuscita, reconstrói, recupera e renova. Ele pega aquilo que era, desfaz e faz algo completamente novo. A incrível esperança disso é que não precisamos tentar mudar sozinhas. Ele faz a obra milagrosa da mudança em nossa vida. Ele está fazendo algo novo – ele já começou!

31 DE MARÇO

QUAL É O VALOR DA SUA FÉ?

Como cristãos, somos chamados a ser os representantes de Cristo no mundo; somos a expressão visível de um Deus invisível. Para expressarmos o coração do Pai, precisamos conhecê-lo. O Senhor nos diz nas Escrituras que se preocupa profundamente com os "menores": os órfãos, as viúvas, os pobres, os necessitados.

Não podemos pregar Cristo a uma pessoa necessitada e deixá-la na mesma situação em que a encontramos. As nossas palavras não serão capazes de transmitir o amor do nosso Pai, a menos que sejam acompanhadas das ações que o tornam real para elas.

"De que adianta, meus irmãos, alguém dizer que tem fé, se não tem obras? Acaso a fé pode salvá-lo? Se um irmão ou irmã estiver necessitando de roupas e do alimento de cada dia e um de vocês lhe disser: 'Vá em paz, aqueça-se e alimente-se até satisfazer-se', sem porém lhe dar nada, de que adianta isso?" (Tiago 2.14-16)

Qual é o valor da sua fé? Até onde você está disposta a ir para expressar o amor de Deus a um mundo caído? Você se doará mesmo quando não for conveniente? É capaz de amar uma pessoa que não é digna do seu amor e doar a alguém que jamais poderá lhe retribuir? O preço pode parecer alto e o trabalho, insignificante, porém Deus vê o seu coração e tudo o que você faz e considera tudo como feito diretamente a ele.

ABRIL

"Como são felizes os que em ti encontram
sua força, e os que são peregrinos de coração!
Ao passarem pelo vale de Baca, fazem dele
um lugar de fontes; as chuvas de outono
também o enchem de cisternas.
Prosseguem o caminho de força em força,
até que cada um se apresente

a Deus em Sião."

(Salmo 84.5-7)

1 DE ABRIL
UM EXEMPLO BRILHANTE

Quando aceitamos o dom da salvação de Cristo, podemos ter certeza de que viveremos durante toda a eternidade com o nosso Pai no céu. Não há nada que possamos fazer para garantir um lugar para nós. Contudo, apesar de não ser um requisito para entrarmos pelos portões celestiais, uma vida de boas obras é algo que todo seguidor de Cristo deve buscar viver.

Como cristãos, somos uma extensão do Senhor durante a nossa vida na terra. Os incrédulos estão prontos para apontar a nossa hipocrisia — não podemos dar motivos para que eles façam isso.

"Assim brilhe a luz de vocês diante dos homens, para que vejam as suas boas obras e glorifiquem ao Pai de vocês, que está nos céus." (Mateus 5.16)

Seja um exemplo cheio de luz do amor de Deus, para que as pessoas vejam como é linda a vida com Cristo. O que mudou na sua vida? As pessoas podem ver que você ama Jesus por intermédio das suas escolhas?

2 DE ABRIL

RECLAMAÇÕES CONSTANTES

Às vezes, a tentação para reclamar ou brigar pode ser esmagadora. Reúna um grupo de mulheres em algum lugar e é possível perceber o aumento da tensão. "Ela fez isso e não é justo!" "Ele não ajuda como deveria!" "A minha vida é difícil por um milhão de motivos!" E a lista não tem fim.

As nossas queixas são muitas vezes válidas e verdadeiras, porém perdemos a alegria que o Senhor deseja para nós quando nos concentramos apenas nas coisas negativas.

"Façam tudo sem queixas nem discussões, para que venham a tornar-se puros e irrepreensíveis, filhos de Deus inculpáveis no meio de uma geração corrompida e depravada, na qual vocês brilham como estrelas no universo, retendo firmemente a palavra da vida. Assim, no dia de Cristo, eu me orgulharei de não ter corrido nem me esforçado inutilmente." (Filipenses 2.14-16)

Essa carta de Paulo aos filipenses foi escrita há milhares de anos, mas poderia ter sido composta hoje, facilmente. Vivemos ainda em uma geração perversa e caída. Vamos brilhar como as estrelas do céu! Vamos reter firme as Escrituras ao proclamar palavras de vida às pessoas ao nosso redor.

3 DE ABRIL

GUARDANDO UM SEGREDO

Todas já passamos por isso. Uma amiga se inclina e sussurra: "Você soube o que ela fez?", e alguma coisa dentro da gente deseja saber da fofoca. Ficar por dentro, espalhar a notícia. É quase como se tivéssemos sido projetadas para ser maldosas, espalhando os boatos sobre outras pessoas.

Na hora, pode até parecer agradável falar mal dos outros, pois isso nos faz sentir que não estamos sozinhas em nossos fracassos. Mas isso é uma mentira. Fomos criadas para edificarmos umas às outras. Devemos ser dignas de saber os segredos de uma amiga por sermos pessoas confiáveis, capazes de guardá-los.

"Quem muito fala trai a confidência, mas quem merece confiança guarda o segredo." (Provérbios 11.13)

Na próxima vez que se sentir tentada a compartilhar algo que não diz respeito a você, respire fundo e pare por um momento. Pergunte a si mesma se vale a pena trair a confiança de uma amiga e decepcioná-la. Em vez disso, seja o tipo de amiga que o Senhor deseja que você seja.

4 DE ABRIL

UMA SAÍDA

Todas nós enfrentamos tentações. Ninguém está isenta disso. De fofocas a gulas, pensamentos maldosos e assim por diante, lutamos contra as tentações de todas as maneiras.

A boa notícia é que servimos a um Deus que é fiel e que ama muito os seus filhos e filhas! A Bíblia diz que o Altíssimo não permitirá que enfrentemos tentações maiores do que possamos suportar. Quando nos voltamos ao Senhor em meio às nossas lutas, podemos encontrar uma saída.

"Não sobreveio a vocês tentação que não fosse comum aos homens. E Deus é fiel; ele não permitirá que vocês sejam tentados além do que podem suportar. Mas, quando forem tentados, ele mesmo providenciará um escape, para que o possam suportar." (1Coríntios 10.13)

Prepare-se para a luta em oração por proteção. Peça que o Senhor abra os seus olhos para ver possíveis pontos fracos, para que esteja preparada e enfrente as tentações de cabeça erguida. Embora a tentação venha em sua direção, esteja certa de que ela não irá vencê-la se confiar em Deus em tudo o que fizer.

5 DE ABRIL
ELE OUVE

Às vezes, pode parecer que Deus está distante: um homem ininteligível nos céus, que está tão acima de nós que não pode estar interessado em nossa vida cotidiana. Os nossos desejos e pedidos parecem tão pequenos em comparação à sua grandeza, que não parecem certos.

No entanto, ele é um Deus que ama os seus filhos. Ele quer que sejamos felizes e realizados. Quando nos aproximamos dele com os nossos desejos e necessidades, o Senhor nos ouve! Na próxima vez que você sentir que os seus pedidos são muito insignificantes para Deus, lembre-se de que ele está sempre nos ouvindo. Embora, talvez, ele não responda como você imaginava, está ao seu lado, pronto para ouvi-la.

"Esta é a confiança que temos ao nos aproximarmos de Deus: se pedirmos alguma coisa de acordo com a vontade de Deus, ele nos ouvirá. E se sabemos que ele nos ouve em tudo o que pedimos, sabemos que temos o que dele pedimos." (1João 5.14-15)

Permita ser preenchida pela presença de Deus hoje. Ele nos ama e quer o melhor para nós. Se pedirmos de acordo com a sua vontade, ele nos ouvirá.

6 DE ABRIL

UMA MUDANÇA DE CORAÇÃO

É fácil sentir compaixão por aqueles que sofrem. Vemos a injustiça — pessoas boas sofrendo com as pressões que a vida jogou sobre elas. Mas e quanto àquelas pessoas que não parecem ser tão "boas"? Aquelas para quem você olha e diz: "Bem, elas merecem sofrer por tudo o que fizeram." É difícil encontrar compaixão por elas em nosso coração, mas a Bíblia diz que devemos ter este sentimento mesmo assim!

O nosso Deus é bom com os perversos e ingratos; portanto, também devemos ser. Embora vá contra a nossa própria natureza fazer o bem àqueles que nos fizeram mal, é isso que é esperado de nós. Isso exige uma mudança de coração que só pode vir do Senhor.

> "Amem, porém, os seus inimigos, façam-lhes o bem e emprestem a eles, sem esperar receber nada de volta. Então, a recompensa que terão será grande e vocês serão filhos do Altíssimo, porque ele é bondoso para com os ingratos e maus. Sejam misericordiosos, assim como o Pai de vocês é misericordioso." (Lucas 6.35-36)

Ore por uma mudança em seu coração hoje! Peça ao Pai celestial que amoleça o seu coração em relação àqueles que lhe fizeram mal. Só assim você será capaz de amar de verdade os seus inimigos da maneira que Deus deseja.

7 DE ABRIL

COMPORTAMENTO INFANTIL

Muitas vezes é difícil obedecer a Deus. Mesmo como mulheres adultas, desejamos bater os pés e gritar: "Não!" Quando a vida coloca coisas difíceis em nosso caminho, queremos fugir. Temos ímpeto de ceder às nossas próprias vontades e ignorar o Criador.

Esse comportamento, porém, nos deixa incompletas. As Escrituras Sagradas dizem que a obediência nos faz completas em nosso relacionamento com o Senhor. Saberemos o que é o amor de verdade quando escolhermos ser obedientes. E não podemos afirmar que o conhecemos e amamos se não obedecemos à sua palavra.

"Mas, se alguém obedece à sua palavra, nele verdadeiramente o amor de Deus está aperfeiçoado. Desta forma sabemos que estamos nele: aquele que afirma que permanece nele deve andar como ele andou." (1João 2.5-6)

Quando a criança que existe em você ameaçar se manifestar e fazer escolhas em seu lugar, pare e ore. Aproxime-se mais do Senhor e peça a sua ajuda para ser obediente. Somente com a direção de Deus podemos ser completas e deixar a birra com as crianças.

8 DE ABRIL

DESPERTANDO O SOL

Abril é uma maravilhosa época do ano no hemisfério norte. A neve está derretendo, as flores desabrochando e a terra parece voltar à vida depois de um sono profundo.

Assim como apreciamos a beleza dessa estação, Deus também tem os olhos sensíveis à beleza. Ele é o maior pintor, aquele que cria lindas telas no mundo todo a cada manhã. Ele quer que todos nós sejamos abraçados pelo calor do sol para que possamos nos lembrar do seu carinho e amor por nós.

"Mas a sua voz ressoa por toda a terra, e as suas palavras, até os confins do mundo. Nos céus ele armou uma tenda para o sol, que é como um noivo que sai de seu aposento e se lança em sua carreira com a alegria de um herói. Sai de uma extremidade dos céus e faz o seu trajeto até a outra; nada escapa ao seu calor." (Salmo 19.4-6)

Olhe para cima! Vire o seu rosto para o sol. Deixe o seu calor vir sobre você. Deus está trabalhando em todas as coisas — até mesmo por meio do sol. Assim como a sua luz toca todos os cantos da terra, o Senhor está trabalhando em todas as áreas da sua vida. Permita que ele opere na sua vida hoje. Dedique algum tempo para reparar nas maneiras por intermédio das quais ele a toca com o seu caloroso abraço.

9 DE ABRIL

MAIS LINDO DE TODOS

Se existe algo que as mulheres apreciam, são coisas bonitas. Coisas brilhantes chamam facilmente a nossa atenção e tentamos nos cercar ao máximo de coisas bonitas. Existe muita beleza na natureza.

Não há problema algum em encontrar beleza em nosso mundo, porém se existe uma coisa que é mais bonita do que qualquer outra é o próprio Deus. O amor, a misericórdia, a graça e a compreensão do Senhor não são nada menos do que fascinantes.

"Uma coisa pedi ao SENHOR; é o que procuro: que eu possa viver na casa do SENHOR todos os dias da minha vida, para contemplar a bondade do SENHOR e buscar sua orientação no seu templo." (Salmo 27.4)

Não deixe a beleza do Criador escapar hoje. Busque-a. Ela pode ser encontrada! Você foi criada para desfrutar todas as coisas fascinantes, lindas e cativantes. Ceda a esse desejo e encontre-o em Deus! Depois de que experimentar isso, verá que não existe nada mais lindo do que o Senhor em seu amor.

10 DE ABRIL

LISTA

É muito fácil vivermos nosso dia a dia riscando os diversos itens das nossas listas de afazeres e cumprindo todas as nossas tarefas diárias. Às vezes, dedicar tempo ao Senhor se torna apenas mais um desses itens. Banheiros? Limpos. Compras? Feitas. Leitura bíblica? Feita.

No entanto, Deus deseja muito mais do nosso relacionamento com ele. O Criador é muito mais do que apenas uma pequena parte do seu dia, esquecida assim que você fecha sua Bíblia. Busque o Senhor — ele deseja ser encontrado! O Altíssimo quer mostrar tudo o que você pode ter quando deseja um relacionamento de verdade com ele.

"Vocês me procurarão e me acharão quando me procurarem de todo o coração." (Jeremias 29.13)

Você tem hesitado em seu relacionamento com o Senhor ou tem entregado todo o seu coração a ele? Não economize nada. Entregue-se inteiramente a Deus! Busque-o em todas as áreas da sua vida. O Criador está presente, onde quer que você procure, esperando e desejando se relacionar com você.

11 DE ABRIL

PERDENDO PARA VENCER

Egoísta. A palavra em si é feia. Ela traz à memória tudo aquilo que é desagradável. Não podemos negar que desejamos, antes de qualquer outra coisa, o melhor para nós nesta vida. E quanto ao melhor para os outros? Bem, isso é algo secundário.

E para a vida de um cristão? Aí é completamente diferente. A Bíblia diz claramente que não devemos nos colocar em primeiro lugar, mas, em vez disso, devemos dar a nossa vida pelos nossos irmãos. Se tentarmos nos agarrar aos nossos desejos egoístas, perderemos a nossa vida. Contudo, somos salvos quando tomamos a nossa cruz e seguimos a Cristo. Quando dizemos não à carne, dizemos sim a muito mais coisas.

"Então ele chamou a multidão e os discípulos e disse: Se alguém quiser acompanhar-me, negue-se a si mesmo, tome a sua cruz e siga-me. Pois quem quiser salvar a sua vida, a perderá; mas quem perder a sua vida por minha causa e pelo evangelho, a salvará." (Marcos 8.34-35)

Reflita sobre a sua vida hoje. Em que áreas você tem se envolvido demais consigo mesma? Entregue essas áreas ao Senhor e busque a vontade dele para a sua vida.

12 DE ABRIL

A TÁTICA DO INIMIGO

Quanto mais você mergulha em seu relacionamento com o Senhor, mais o inimigo tentará afastá-la do Criador. Quanto mais você procura ouvir a voz de Deus, mais o Diabo tentará sussurrar em seu ouvido. A última coisa que o inimigo quer é que você se aproxime do Altíssimo.

Você não é boa o bastante. Nada dá certo em sua vida. Está tomando todas as decisões erradas. Essas mentiras são tão repetidas em sua mente que passam a soar verdadeiras. De repente, você se pega acreditando em todas elas. Não é isso que o Senhor deseja para você! Deus deseja que você se alegre nele.

"Alegrem-se, porém, todos os que se refugiam em ti; cantem sempre de alegria! Estende sobre eles a tua proteção. Em ti exultem os que amam o teu nome." (Salmo 5.11)

Ore pedindo proteção contra as mentiras em que o inimigo quer que você acredite. Peça que o Senhor fale mais alto do que todas as palavras de engano. Ele quer se alegrar com você; o Criador quer o melhor para a sua vida. Confie nessa verdade hoje enquanto desfruta da sua presença.

13 DE ABRIL

NASCIDOS PARA O RELACIONAMENTO

Antes mesmo da criação da raça humana, já existia relacionamento. O Pai, o Filho e o Espírito Santo coexistiam em uma ligação de amor uns com os outros. Eles eram interdependentes e precisavam ter relação entre si. Eles foram o primeiro exemplo de parentesco.

Como fomos criados à imagem de Deus, somos feitos para nos relacionarmos uns com os outros. Desejamos isso. A Bíblia nos diz que não é bom estarmos sozinhos. Por que, então, muitas vezes nos sentimos tão sós? Podemos estar em um lugar cheio de pessoas e não sentir nenhuma ligação com elas.

"Então o SENHOR Deus declarou: 'Não é bom que o homem esteja só.'" (Gênesis 2.18)

Quando você se sentir solitária, reflita por um momento se tem erguido muros para evitar novas amizades. Será que você mesma não está impedindo o desenvolvimento de laços com outras pessoas? Ore para que o Senhor coloque em sua vida pessoas que sejam fonte de uma relação verdadeira. Busque maneiras de amadurecer esses relacionamentos hoje mesmo!

14 DE ABRIL

MOVENDO MONTANHAS

O texto de Mateus 17.20 nos diz que se tivermos fé do tamanho de um grão de mostarda podemos, literalmente, mover montanhas. Como nenhuma de nós está planejando mover o monte Kilimanjaro e colocá-lo em outro lugar, como podemos aplicar essa palavra à nossa própria vida? É claro que parece loucura o fato de podermos realizar grandes coisas com apenas um pouquinho de fé; no entanto, a Bíblia diz que é isso mesmo!

Como podemos dar um passo de fé? Isso é diferente para cada pessoa. Para alguns, o primeiro passo pode ser se entregar completamente à crença de que Cristo morreu pelos seus pecados. Para outros, pode ser sair de um emprego que não parece o ideal e dar um salto rumo ao desconhecido. Ou, ainda, para algumas pessoas isso significa abandonar algum relacionamento tóxico, sabendo que o Senhor estará lá para tomar conta delas.

"Sem fé é impossível agradar a Deus, pois quem dele se aproxima precisa crer que ele existe e que recompensa aqueles que o buscam." (Hebreus 11.6)

Busque a vontade do Altíssimo para a sua vida hoje. Que passo de fé ele deseja que você dê? Como está a sua vida? Dedique algum tempo para refletir sobre isso hoje — o Senhor quer recompensá-la pela sua fé!

15 DE ABRIL

RESTAURAÇÃO MANSA

É difícil ver alguém que amamos em uma espiral de escolhas ruins. Tudo o que há em nós deseja pedir que ela saia dessa situação, deseja sacudi-la e perguntar como não consegue ver que está fazendo coisas erradas.

Contudo, a Bíblia diz que devemos restaurá-la com mansidão. Com amor. A própria definição da palavra "restauração" é "reparar". Para consertar corretamente alguma coisa, é necessário dar suporte antes. Não podemos martelar um prego em um armário quebrado e esperar que ele se sustente. Isso pode até funcionar por algum tempo, mas se não forem cumpridos todos os passos necessários para que ele seja consertado, ele voltará a quebrar.

"Irmãos, se alguém for surpreendido em algum pecado, vocês, que são espirituais, deverão restaurá-lo com mansidão. Cuide-se, porém, cada um para que também não seja tentado." (Gálatas 6.1)

Você conhece alguém que precisa de restauração? Peça que o Criador lhe mostre como ajudar essa pessoa com mansidão. Ore para que o Senhor a proteja, para que não caia na mesma armadilha.

16 DE ABRIL

DEBAIXO DE SUAS ASAS

Em algum momento, todas nós somos magoadas. Sentimos uma dor que parece ser mais forte do que podemos suportar, uma dor que nos leva ao limite e nos deixa feridas e de coração partido. Às vezes, nos sentimos muito sozinhas em nossa dor.

Há alguém que está sempre conosco, pronto para nos consolar. Jesus não quer que vivamos em sofrimento. Ele quer nos oferecer refúgio. Podemos não saber por que estamos carregando algum fardo em particular. Muitas vezes parece injusto, mas precisamos saber que podemos buscá-lo em meio à dor e encontrar descanso.

"Ele o cobrirá com as suas penas, e sob as suas asas você encontrará refúgio; a fidelidade dele será o seu escudo protetor." (Salmo 91.4)

Entregue a sua dor a Deus. Clame ao Senhor. Ele quer lhe dar a sua paz. Deixe que o Altíssimo a coloque debaixo de suas asas e ofereça abrigo contra tudo o que a machuca. Mostre ao Criador as suas feridas e permita que ele a cure hoje. Descanse na verdade de que você nunca está sozinha.

17 DE ABRIL

PRIMEIRO EU

Qual é a primeira coisa que fazemos quando vemos uma foto nossa tirada em grupo? Olhamos para nós mesmas, não é? Reparamos bem para ver se o nosso cabelo está direito, se o nosso batom não está borrado e se saímos no ângulo certo.

Somos, para sermos francas, bastante egocêntricas. A primeira coisa em que pensamos é em nós mesmas. Mas o que aconteceria se escolhêssemos olhar primeiro para as outras pessoas da fotografia? E se admirássemos primeiro os outros na imagem? No contexto mais amplo da vida, será que estamos pensando em nós mesmas em primeiro lugar ou estamos colocando os outros antes de nós?

"Ninguém deve buscar o seu próprio bem, mas sim o dos outros." (1Coríntios 10.24)

O Senhor pede que coloquemos os outros em primeiro lugar. É muito fácil para nós satisfazermos as nossas necessidades antes de pensarmos nas outras pessoas. De que maneira você pode tentar colocar os outros em primeiro lugar hoje?

18 DE ABRIL

TEMOR OU MEDO?

Às vezes, pensamos em Deus como um ser cheio de fogo e enxofre, tristeza e melancolia. Aprendemos que devemos ter temor ao Senhor, e de repente o nosso Deus se torna assustador.

Existe uma diferença significativa entre um temor saudável e o medo. Apesar de normalmente associarmos as palavras temor e medo uma à outra, não possuem o mesmo significado. Temer a Deus significa respeitá-lo. Significa que o reverenciamos. Ele é, na verdade, um Deus de grande alegria. Quando buscamos estar completamente em sua presença, podemos encontrar essa alegria.

"Tu me farás conhecer a vereda da vida, a alegria plena da tua presença, eterno prazer à tua direita." (Salmo 16.11)

O nosso Pai deseja que você experimente da sua alegria! Eterno prazer? Vamos dizer sim a isso! Afaste qualquer noção antiga de medo ou apreensão que possa sentir por estar na presença do Senhor e escolha o caminho de vida que o Criador tem para você. O Altíssimo é uma fonte de grandes prazeres! Alegre-se nesta verdade hoje.

19 DE ABRIL

ARRUME A BAGUNÇA

A primavera é uma ótima estação para arrumar a bagunça e organizar a casa. Faz muito bem tirarmos um tempo para analisar tudo o que não usamos mais e nos livrarmos dessas coisas. Aquela pilha de roupas para ser doada é prova do nosso progresso.

Da mesma forma que as nossas casas precisam ser organizadas e termos de nos livrar de alguns itens que juntamos ao longo dos anos, a nossa alma também necessita de arrumação. Ao longo dos anos, acumulamos hábitos ruins, padrões negativos de pensamento e relíquias do nosso antigo estilo de vida, o qual não nos serve mais.

"Cria em mim um coração puro, ó Deus, e renova dentro de mim um espírito estável. Não me expulses da tua presença, nem tires de mim o teu Santo Espírito." (Salmo 51.10-11)

Está na hora de vasculhar o seu coração! A que você tem se agarrado que não se encaixa com o tipo de vida que deseja ter agora? Por que ainda não se livrou disso? Faça uma pilha com a sua bagunça espiritual. Dê uma última olhada e livre-se dela. O progresso é uma coisa linda!

20 DE ABRIL

LEVADA PELAS ONDAS

Não há nada como a sensação de passear de barco em um dia bonito. É incrivelmente relaxante recostar e sentir o suave balanço das ondas. Mas você já esteve em um barco durante uma tempestade? É tudo, menos relaxante. Na verdade, ser lançado para um lado e para o outro pelo vento e pelas grandes ondas é algo absolutamente assustador.

Devemos levar a sério a ilustração feita por Tiago sobre o que acontece quando duvidamos. Afinal, a sua geração sabia, com certeza, como era estar em alto-mar. Eles dependiam da pesca para grande parte de sua alimentação! E como não tinham a tecnologia e os equipamentos de hoje para salvá-los de uma tempestade, o perigo era realmente enorme.

"Peça-a, porém, com fé, sem duvidar, pois aquele que duvida é semelhante à onda do mar, levada e agitada pelo vento." (Tiago 1.6)

Ore por sabedoria! Mas, quando orar, certifique-se de que está pronta para recebê-la. Creia na palavra que o Senhor tem para você e não duvide. A sua própria vida depende disso.

21 DE ABRIL

ENTREGUE O CONTROLE

O telefone toca e, com isso, o seu coração dispara. É a notícia ruim que temia. A notícia que pode fazer você questionar tudo em que acredita. De repente, você está em meio a uma dificuldade. Por que o Senhor permitiria que coisas tão ruins acontecessem se ele realmente nos amasse?

A confiança é uma coisa complicada. Quando você confia plenamente em alguém, se entrega completamente a essa pessoa. E quando confiamos plenamente em Deus, permitimos que ele assuma as rédeas de nossa vida e entregamos ao Senhor todo o controle. Não estamos mais no lugar do motorista — passamos para o banco do passageiro. E, apesar de ser difícil, quando nos entregamos completamente, não precisamos mais temer o mal inevitável. O Senhor tem todo o controle em suas mãos.

> "Não temerá más notícias; seu coração está firme, confiante no SENHOR. O seu coração está seguro e nada temerá. No final, verá a derrota dos seus adversários." (Salmo 112.7-8)

Você entregou o controle de sua vida completamente a Deus ou é o tipo de passageiro que não consegue evitar dar direções durante o caminho? Entregue as suas preocupações e temores a ele hoje e permita que o Senhor carregue os seus fardos para você. Ele é forte o bastante para aguentar!

22 DE ABRIL
PRÊMIO DA GLÓRIA

Como cristãos, sabemos que somos filhos de Deus. A Bíblia confirma isso para nós, portanto, sabemos que é verdade. Como seus filhos, podemos descansar na certeza de que herdaremos tudo o que pertence ao Criador.

Embora isso não nos exima de enfrentar dificuldades, a boa notícia é que a Bíblia também nos diz que compartilharemos da sua glória. E essa é, de fato, uma excelente notícia. Glória não é simplesmente uma coisa agradável, como um dia ensolarado ou um delicioso pedaço de chocolate. É algo absolutamente maravilhoso. Beleza resplandecente e magnificência são apenas duas maneiras de descrevê-la.

"O próprio Espírito testemunha ao nosso espírito que somos filhos de Deus. Se somos filhos, então somos herdeiros; herdeiros de Deus e coerdeiros com Cristo, se de fato participamos dos seus sofrimentos, para que também participemos da sua glória." (Romanos 8.16-17)

Imagine o lugar mais bonito em que você já esteve ou o momento mais maravilhoso que já viveu. Eles não têm comparação com a glória do Senhor — e participaremos dela! Alegre-se nessa certeza hoje. Mesmo que experimente sofrimentos ao longo do caminho, compartilhar da glória de Deus é o melhor prêmio que poderia receber.

23 DE ABRIL

CLAME A ELE

Com muita frequência nos encontramos, mesmo em meio a nossa vida agitada, completamente sozinhas. Nós nos sentimos incompreendidas, nos isolamos em nosso mundo de dor, sentindo como se não houvesse ninguém a quem recorrer.

Há uma boa notícia! Existe alguém que sempre responde quando chamamos. Deus está esperando que clamemos a ele. O Senhor tem amor suficiente para nós — o bastante para qualquer um que deseje buscá-lo. Clamamos por misericórdia e o Altíssimo ouve o nosso clamor.

"Misericórdia, SENHOR, pois clamo a ti sem cessar. Alegra o coração do teu servo, pois a ti, SENHOR, elevo a minha alma. Tu és bondoso e perdoador, SENHOR, rico em graça para com todos os que te invocam. Escuta a minha oração, SENHOR; atenta para a minha súplica! No dia da minha angústia clamarei a ti, pois tu me responderás." (Salmo 86.3-7)

Independentemente do que esteja enfrentando, clame a ele hoje. A Bíblia diz que o Senhor é perdoador e bom. Deus deseja amá-la em meio à sua dor e acabar com o seu sofrimento. Ele responderá se você estiver disposta a pedir a sua ajuda.

24 DE ABRIL

VERDADEIRA ADORAÇÃO

Quando foi a última vez que você se entregou completamente em um tempo de adoração? Não simplesmente cantando os louvores na igreja ou apenas curvando a cabeça em oração, mas permitindo-se ser totalmente consumida pela presença do Senhor?

A verdadeira adoração é bastante diferente de simplesmente acompanhar uma canção. Servimos a um Deus maravilhoso e poderoso. O Senhor é digno de nossa maior devoção. Quando descobrimos o quanto ele é maravilhoso, nós percebemos que o Altíssimo é digno de todo o nosso louvor.

"No entanto, está chegando a hora, e de fato já chegou, em que os verdadeiros adoradores adorarão o Pai em espírito e em verdade. São estes os adoradores que o Pai procura. Deus é espírito, e é necessário que os seus adoradores o adorem em espírito e em verdade." (João 4.23-24)

Sejamos as adoradoras que o Pai procura! Dedique um tempo hoje para permitir que a poderosa presença do Senhor se derrame sobre você, preenchendo todo o seu ser. Deleite-se nesse tempo com o Criador, adorando-o da forma que lhe parecer adequada. Você descobrirá que ele é, de fato, digno de toda a sua adoração.

25 DE ABRIL

DIFICULDADE PARA ORAR

Você, às vezes, se senta para orar e não consegue encontrar as palavras certas para iniciar a oração? Tropeça em suas palavras e a sua mente fica vazia. Deseja ser obediente ao passar tempo com o Senhor, mas sequer sabe por onde começar.

A boa notícia é que Deus intervém em qualquer dificuldade, mesmo em nossa dificuldade para orar. Cuida de nós quando enfrentamos dor e sofrimento. Por que o Senhor não estaria presente quando desejamos conversar com ele? O Altíssimo nos dará as palavras certas para dizer quando não as encontrarmos. Na verdade, ele vai além disso e nos oferece uma comunicação que não pode ser expressada através de palavras!

"Portanto, ele é capaz de salvar definitivamente aqueles que, por meio dele, aproximam-se de Deus, pois vive sempre para interceder por eles." (Hebreus 7.25)

Quando estiver procurando a maneira certa para expressar a Deus o que deseja, saiba que ele intercederá por você, se o permitir. Passe um tempo em silêncio e deixe que o Altíssimo tome as rédeas para você hoje. Ele conhece o seu coração!

26 DE ABRIL

AS RAPOSAS

As raposas são conhecidas pelo seu ardil. São criaturinhas sorrateiras que caçam suas presas às escondidas, conhecidas pela sua capacidade de camuflagem. Elas se escondem enquanto caçam, para, então, pular em cima do alvo. Depois, enterram seus dentes na presa, sacudindo-a até que ela morra.

O nosso inimigo é muito ardiloso e usa os nossos pecados e tentações com essa mesma malícia. Os nossos pecados ficam escondidos no canto de nossa mente, onde sequer percebemos a sua presença, até que seja tarde demais. Percebemos quando já fomos pegos, e o nosso pecado nos sacode até desejarmos desistir e ceder.

"Apanhem para nós as raposas, as raposinhas que estragam as vinhas, pois as nossas vinhas estão floridas." (Cântico dos Cânticos 2.15)

Deus deseja que sejamos como vinhas floridas. Ele está pronto para pegar as raposas que possam vir a ser nossos predadores. Reflita se o pecado pode estar se escondendo em seu coração e o entregue ao Senhor para que ele possa impedir tribulações desnecessárias em sua vida.

27 DE ABRIL

DISCIPLINA DE TEMPO

A autodisciplina é algo difícil de conseguir, especialmente quando se trata de dedicar um tempo diário com o Senhor. É fácil encontrar uma desculpa para pular esse momento na presença de Deus. Você está com a agenda lotada. As manhãs são caóticas, mas as noites também são agitadas. Nunca há um momento conveniente para cumprir este compromisso da sua lista.

Quando experimentamos de verdade a Deus, da maneira que ele deseja, isso se torna muito mais do que apenas outro item em nossa lista de afazeres. Assim como uma pessoa que treina para uma maratona deve ter disciplina para correr regularmente, devemos nos exercitar a passar tempo com o nosso Pai. Quando isso se torna um hábito, também se torna a nossa maior alegria.

"Vocês não sabem que de todos os que correm no estádio, apenas um ganha o prêmio? Corram de tal modo que alcancem o prêmio. Todos os que competem nos jogos se submetem a um treinamento rigoroso, para obter uma coroa que logo perece; mas nós o fazemos para ganhar uma coroa que dura para sempre." (1Coríntios 9.24-25)

Estamos todas correndo essa corrida chamada vida. Não deixemos os nossos olhos desviarem do maior prêmio de todos: a coroa que durará para sempre.

28 DE ABRIL

CANÇÃO DE AMOR

Ah, as muitas maneiras em que pecamos! Cometemos muitos erros. Fazemos tantas escolhas ruins. A lista de fracassos é interminável.

Se nos arrependermos de verdade, não precisamos nos martirizar por causa dos erros que cometemos. Podemos pedir perdão e seguir em frente. A Bíblia diz que o Senhor tem grande prazer em nós! Quando Jesus morreu para nos salvar dos nossos pecados, não havia mais necessidade de repreensão. Ao contrário, o Altíssimo se alegra e canta sobre nós! Você consegue imaginar? O próprio Deus que nos salvou está tão feliz por isso que canta uma canção.

"O SENHOR, o seu Deus, está em seu meio, poderoso para salvar. Ele se regozijará em você; com o seu amor a renovará, ele se regozijará em você com brados de alegria." (Sofonias 3.17)

Ouça o coro que o Senhor faz para você. O simples fato de você existir lhe dá grande prazer. Arrependa-se dos seus pecados e alegre-se com Deus hoje! Ele deseja cantar com você.

29 DE ABRIL

ABENÇOADA

Quando Maria, que era virgem, recebeu a notícia de que teria um bebê — ninguém menos que o filho de Deus —, ela deve ter sentido muitas emoções diferentes. Se era minimamente parecida conosco, provavelmente sentiu um pouco de medo e ansiedade. Tenho certeza de que ela pensou sobre o que o seu futuro marido acharia dessa história. Como as mulheres ainda fazem hoje, ela correu até uma amiga de confiança, para quem poderia contar o seu segredo.

Qual foi a primeira coisa que a sua amiga e prima, Isabel, disse a ela? Que ela era abençoada. Ela acreditou que Deus cumpriria a sua palavra, e por causa disso recebeu favor divino. Maria não havia pedido o presente que receberia e teve de enfrentar muita dificuldade por causa dele. Contudo, creu que Deus era bom em meio a tudo aquilo.

"Feliz é aquela que creu que se cumprirá aquilo que o Senhor lhe disse!" (Lucas 1.45)

Você tem procurado pelas promessas de Deus em meio às suas tribulações? Creia que aquilo que o Senhor diz é verdade e você também encontrará bênçãos em sua própria vida.

30 DE ABRIL

EXTENSÃO DO AMOR DE DEUS

A carta que Paulo escreveu aos efésios foi uma poderosa oração que nasceu do seu desejo profundo de ver as pessoas vivendo uma vida que só poderia ser alcançada por meio de uma submissão total a Cristo. O apóstolo acreditava que todas as dificuldades valiam a pena, porque a recompensa era muito grande.

Essa carta poderia ter sido escrita a cada um de nós. Quando sentimos a presença de Jesus em nosso coração, podemos experimentar poder e amor verdadeiros.

"Por essa razão, ajoelho-me diante do Pai, do qual recebe o nome toda a família nos céus e na terra. Oro para que, com as suas gloriosas riquezas, ele os fortaleça no íntimo do seu ser com poder, por meio do seu Espírito, para que Cristo habite no coração de vocês mediante a fé; e oro para que, estando arraigados e alicerçados em amor, vocês possam, juntamente com todos os santos, compreender a largura, o comprimento, a altura e a profundidade, e conhecer o amor de Cristo que excede todo conhecimento, para que vocês sejam cheios de toda a plenitude de Deus." (Efésios 3.14-19)

Você já experimentou a largura, o comprimento, a altura e a profundidade do amor de Deus por você? Ele quer que você o sinta em toda a sua plenitude. Ore por isso hoje!

MAIO

"Como é feliz o povo que aprendeu a aclamar-te,
SENHOR, e que anda na luz da tua presença!
Sem cessar exultam no teu nome,
e alegram-se na tua retidão."

(Salmo 89.15-16)

1 DE MAIO
EXCESSO DE RAIVA

De onde vem o excesso de raiva? Ou a tendência para guardar rancor ou ignorar? Gritar, bufar, bater, ferver... a raiva começa em algum lugar profundo dentro de nós, onde nos sentimos ofendidos. Ou desrespeitados. Ou, talvez, maltratados.

Qualquer que seja a sua origem, a raiva é muito difícil de ser controlada, e o inimigo ataca a nossa carne fraca e o nosso ego ferido para nos destruir. A raiva orgulhosa é uma expressão de nossos desejos egoístas: *Como ele ousa dificultar a minha vida? Eles não deveriam ter me provocado!*

Somos chamadas, irmãs amadas, a viver no amor e na paz de Jesus Cristo e a dar testemunho de sua justiça:

"Mas tu, SENHOR, és Deus compassivo e misericordioso, muito paciente, rico em amor e em fidelidade." (Salmo 86.5)

Quando a raiva ameaçar superar a sua compaixão, lembre-se da devoção de Deus a você e do seu amor sem fim. Apesar do seu pecado, ele é longânimo e misericordioso. Se você entregar as suas mágoas ao Altíssimo e oferecer graça por meio do seu Espírito Santo, as chamas nocivas da raiva serão reduzidas a cinzas. A santa misericórdia do Senhor as apaga e limpa o seu coração, renovando a sua mente.

2 DE MAIO

PROTOCOLO REAL

Imagine entrar no Palácio de Buckingham sem ser percebida e impedida, sem bater na porta ou se anunciar e puxar uma cadeira ao lado de sua majestade, a rainha da Inglaterra. "Tive um dia muito difícil. Tudo deu errado e agora o meu carro está fazendo um barulho estranho. Você pode me ajudar?"

Essa imagem é quase absurda! Há um protocolo para visitar a realeza — muitas regras a serem seguidas, sem falar nos guardas armados que protegem o local. Existe, porém, um trono real do qual podemos nos aproximar sem medo ou protocolos. Lá não há guardas, pagamentos, fechaduras ou restrições. O seu ocupante é o Deus de toda a criação e ele está ansioso para ouvir sobre os altos e baixos do nosso dia.

"Assim, aproximemo-nos do trono da graça com toda a confiança, a fim de recebermos misericórdia e encontrarmos graça que nos ajude no momento da necessidade." (Hebreus 4.16)

Aproxime-se do trono, puxe uma cadeira e levante sua voz ao Altíssimo. Ele ama a sua companhia. De que você precisa? Peça a ele sem medo. Que dons o Criador deu a você? Agradeça ao Senhor pessoalmente. Que tipo de orientação está procurando? A sabedoria de Deus pode ser sua, se você desejar.

3 DE MAIO

PENSAMENTOS TÓXICOS

Às vezes, quando estamos dirigindo, alguns aborrecimentos podem dar origem a uma mentalidade arrogante: somos as únicas que estão a uma velocidade prudente, as únicas que usam a seta corretamente e que prestam atenção às leis de trânsito. Por que as outras pessoas não sabem o que fazer? Essas pequenas coisas podem progredir rapidamente e, de repente, perdemos o controle, por assim dizer.

Trata-se de orgulho. *Sei de todas as coisas e as outras pessoas precisam me alcançar.* Esse tipo de pensamento não é desagradável apenas para as pessoas à nossa volta, como também são tóxicos para a nossa alma. E ele se espalha rapidamente!

É melhor fixarmos nossa mente em Cristo e na sua reconciliação... e é melhor fazermos isso rápido, antes que comecemos a condenar nossos amigos e familiares também! Em Cristo, estamos todos fazendo o nosso melhor para chegar aonde precisamos. Não somos superiores a ninguém. Também não somos tão ruins, pois Deus nos criou e enviou o seu Filho Jesus para morrer por nós. Isso nos faz dignos.

"Justiça de Deus mediante a fé em Jesus Cristo para todos os que creem. Não há distinção, pois todos pecaram e estão destituídos da glória de Deus." (Romanos 3.22-23)

Reflita sobre isso hoje, quer esteja na estrada ou não. Ore para que você chegue em segurança a qualquer que seja o seu destino e para que seja agradável com as outras pessoas durante o trajeto.

4 DE MAIO
OUSE TER ESPERANÇA

Você sabe a *quem* pertence? O seu pai e a sua mãe a reivindicam como filha, com razão, mas você reconhece a Deus como aquele que também a chama de filha? Ele conhece todos os seus caminhos e o seu coração. Você é dele.

Como é difícil para nós entregar as nossas necessidades nas mãos do Pai! Ousamos ter esperança? Imagine ver uma criança morrer e sentir o desespero da sua falta, como aconteceu com o pai da menina da história de Lucas. Então Jesus afirma que ela está apenas dormindo! Tanto o pai da menina quanto o Senhor amavam aquela criança, e os dois podiam reivindicá-la como filha, no entanto, apenas Jesus tinha poder sobre o seu espírito e a sua vida. A sua filha ouviu a sua voz e obedeceu a sua ordem.

"Enquanto isso, todo o povo estava se lamentando e chorando por ela. 'Não chorem', disse Jesus. 'Ela não está morta, mas dorme.' Todos começaram a rir dele, pois sabiam que ela estava morta. Mas ele a tomou pela mão e disse: 'Menina, levante-se!' O espírito dela voltou, e ela se levantou imediatamente. Então Jesus lhes ordenou que lhe dessem de comer." (Lucas 8.52-55)

Deus é fiel às necessidades mais profundas do seu coração; o Senhor a conhece completamente! Para onde ele está dirigindo você hoje? Você é uma filha que precisa de cura? De esperança? Ouça a voz do Altíssimo e deixe seu espírito ser renovado!

5 DE MAIO

BEBA DO RIO

De vez em quando, durante as fortes chuvas da primavera, algumas casas são inundadas e seus donos precisam tentar diminuir o fluxo de água, para impedir que ela chegue até os seus porões. A água entra, tomando conta de tudo, e os donos tentam salvar o máximo de coisas que conseguem.

É uma época difícil, com certeza, e a paciência vai se acabando, enquanto a pilha de toalhas encharcadas aumenta. Lembre-se, contudo, das águas vivas que correm e trazem vida em abundância! Precisamos nos lembrar de beber dessa água em momentos como esse.

> "Como é precioso o teu amor, ó Deus! Os homens encontram refúgio à sombra das tuas asas. Eles se banqueteiam na fartura da tua casa; tu lhes dás de beber do teu rio de delícias. Pois em ti está a fonte da vida; graças à tua luz, vemos a luz." (Salmo 36.7-9)

É doloroso quando somos testadas, porém nosso coração é fortalecido e nossa sede é satisfeita. Você está na companhia de Jesus Cristo, que não veio para ser servido, mas para servir. Você consegue imaginar algum lugar melhor para estar? Deixe o seu amor transbordá-la de gratidão e louvor.

6 DE MAIO

ELE SEMPRE SE IMPORTA

Quando as portas do hospital se abrem e não sabemos que notícia receberemos, Deus é misericordioso. Quando o chefe nos chama para uma reunião e há uma possibilidade real de sermos demitidas, o Senhor é bom. Quando chegamos tarde da noite em casa e descobrimos que nossos objetos pessoais foram roubados ou destruídos, o Altíssimo se importa profundamente conosco.

Algumas pessoas veem Deus como alguém distante, vingativo ou castigador. Outras o veem como bondoso, carinhoso e atencioso. Às vezes, as circunstâncias são esmagadoras. O nosso nível de ansiedade aumenta e nos sentimos isoladas e sozinhas.

Não deixe a dúvida tomar conta de você; ele é um Deus que se importa profundamente, ama completamente e permanece fiel, sempre ao nosso lado em momentos difíceis. Embora as nossas dificuldades nos sobrecarreguem, o Criador é o consolo de que precisamos.

"Quando você atravessar as águas, eu estarei com você; quando você atravessar os rios, eles não o encobrirão. Quando você andar através do fogo, não se queimará; as chamas não o deixarão em brasas." (Isaías 43.2)

Você aceitará dar as mãos a ele e receber o seu consolo? Você se lembrará da sua fidelidade e acalmará seu coração? Ele está com você! Você não se afogará! As chamas não a consumirão! Agarre-se às promessas do Senhor, e as montanhas, por maiores que pareçam, desmoronarão aos seus pés.

7 DE MAIO
CAMINHO FIRME

Existe um desenho animado de uma família circense em que o filho deve levar o lixo para fora. O desenho segue, mostrando o complicado caminho que o menino deve fazer para chegar ao seu destino final. Ele salta de sofás, pula janelas, engatinha por baixo dos móveis, passa no meio dos irmãos — tudo isso para chegar até a lata de lixo do lado de fora da casa.

A nossa vida parece ser assim, às vezes: imprevisível, ilógica e inconsistente. Mudanças no trabalho, no casamento, na família ou na igreja podem fazer o caminho parecer irracional e confuso. Deus, porém, nos promete um caminho firme quando guardamos a sua aliança. Quando pensamos em nossa vida por nossa perspectiva humana limitada, o caminho parece tortuoso, mas a direção de Jesus Cristo é, de fato, firme!

"Todos os caminhos do SENHOR são amor e fidelidade para com os que cumprem os preceitos da sua aliança." (Salmo 25.10)

O seu caminho foi escolhido para você e os seus pés foram colocados sobre ele. Trata-se, verdadeiramente, de um caminho de amor e fidelidade. O Senhor fez uma aliança com você e você a cumpre quando confia nele. Pode ser desconfortável, às vezes, e você pode se perguntar por que a orientação do Senhor parece levá-la para as mais variadas e confusas direções, mas confie no Altíssimo! Os seus caminhos são perfeitos.

8 DE MAIO

TODO TALENTO É IMPORTANTE

Durante a Primeira Guerra Mundial, a Cruz Vermelha nos Estados Unidos convidou os americanos para ajudar as tropas de combate no exterior. Um de seus maiores sucessos foi uma campanha de costura chamada *Knit Your Bit (Tricote seu pouco)*, que exigia apenas agulhas de costura, lã e a habilidade para costurar. Ao final da guerra, os americanos haviam produzido 24 milhões de uniformes militares, incluindo blusas, forros para capacete e meias. Homens, mulheres, meninos e meninas contribuíram para isso. Nenhuma habilidade era pequena demais, nenhuma contribuição era insignificante para ajudar as tropas.

Da mesma maneira, as suas habilidades criativas são um presente para o Reino de Deus. A sua imaginação pode ser usada para a glória do Senhor! Você pode pensar que o Criador não está interessado em usar a sua criatividade. Mas os seus dons são uma bênção para as outras pessoas. Onde os seus talentos podem ser uma bênção? Conhece alguém que possa se beneficiar com a sua atenção? As suas humildes ofertas dão testemunho do amor de Deus!

"A todos esses deu capacidade para realizar todo tipo de obra como artesãos, projetistas, bordadores de linho fino e de fios de tecidos azul, roxo e vermelho, e como tecelões. Eram capazes de projetar e executar qualquer trabalho artesanal." (Êxodo 35.35)

Talvez você tenha o desejo, mas pense que não tem a habilidade. Faça aulas tutoriais para ajudá-la a desenvolver o seu desejo dado por Deus e a criatividade que já possui para algum talento que ele promete usar. Recebemos talentos para a glória do Senhor. Ore e reflita sobre como você pode usar os seus dons para os propósitos do Criador.

9 DE MAIO

UMA POSIÇÃO VANTAJOSA

Em tempos de guerra, os estrategistas se beneficiam de posições vantajosas em lugares elevados. Observar o campo de batalha do alto é a melhor forma de estabelecer estratégias para as tropas. Antes do uso de equipamentos de satélite e radares de detecção de calor, a visão era limitada ao solo, o que obrigava os estrategistas a usarem qualquer mapa ou espião a fim de que pudessem prever qualquer movimento inimigo e posicionar os seus homens.

Da mesma forma, a nossa vida se beneficia de uma posição elevada. Quando nos levantamos acima de nossas circunstâncias e deixamos de vê-las por intermédio de uma perspectiva ansiosa, dramática e sufocante, e passamos a enxergá-la pela perspectiva de Deus, as batalhas da vida se tornam menos intimidadoras e as promessas de eternidade se tornam claras e reais.

O Senhor tem planos para nossa vida, porém, às vezes, é difícil enxergá-los. As derrotas diárias da vida nos consomem e temos dificuldade para erguer nossa cabeça. Quando isso acontecer, podemos nos lembrar de seus pensamentos e caminhos mais altos e crer que ele nos guiará. Deus pode ver o campo de batalha inteiro, enquanto nós vemos apenas as explosões ao nosso redor.

"Do SENHOR vem o livramento. A tua bênção está sobre o teu povo." (Salmo 3.8)

Para você, o que significa confiar em Deus hoje em meio às suas batalhas? Pode confiar que ele a guiará até a vitória.

10 DE MAIO

PRESA PELO MEDO

Um piloto observa a luz vermelha. Uma mãe procura desesperadamente o seu filho pelos corredores. Um motorista olha pelo retrovisor e vê um caminhão se aproximando. Alguns medos nos paralisam. O coração acelera, as pupilas dilatam e as mãos suam.

Outros medos sobrecarregam a mente, causando ansiedade e insônia. Como as contas serão pagas este mês? Será que o médico trará más notícias? Às vezes, um membro da família precisa de ajuda, algum amigo está passando por um momento difícil e não podemos fazer nada para ajudá-lo.

Quando esses pensamentos inundam nossa mente, esquecemos as palavras de sabedoria e consolo de Deus. Se aprendermos a confiar verdadeiramente no Senhor, os nossos medos diminuirão e nosso coração se acalmará.

"Quando se deitar, não terá medo, e o seu sono será tranquilo. Não terá medo da calamidade repentina nem da ruína que atinge os ímpios, pois o SENHOR será a sua segurança e o impedirá de cair em armadilha." (Provérbios 3.24-26)

Quais medos estão prendendo-a hoje? Deixe o pânico se dissipar e faça de Deus o seu refúgio. Ele satisfaz todas as suas necessidades. Não tenha medo!

11 DE MAIO

BIRRAS

As birras são tão comuns aos adultos quanto às crianças; só a manifestação delas é diferente. As crianças não sabem como conter os gritos e pirraças, enquanto os adultos têm um comportamento mais contido. Contudo, a essência é a mesma, e as reações têm a mesma origem.

Tiago aborda diretamente a essência do pecado. Queremos o que queremos, porém, como não podemos ter, fazemos birra. É incrível como isso é algo simples! Observe uma criança e verá o que estou falando. Observe, entretanto, um adulto; pode ser mais difícil de perceber, porém a birra está dentro de todos nós.

Louve a Deus pela sua maravilhosa graça, que é estendida a nós justamente por isso. Vamos nos render ao perdão do Senhor e nos aproximar dele para receber a sua graça purificadora. Ela se derrama sobre nós e as nossas birras são perdoadas. Quando nos humilhamos, o Altíssimo promete nos exaltar. O que mais poderíamos desejar?

"De onde vêm as guerras e contendas que há entre vocês? Não vêm das paixões que guerreiam dentro de vocês? Vocês cobiçam coisas, e não as têm; matam e invejam, mas não conseguem obter o que desejam. Vocês vivem a lutar e a fazer guerras. Não têm, porque não pedem." (Tiago 4.1-2)

Você reconhece algumas reações suas que lembrem uma birra de criança? O perdão de Deus é maior do que tudo isso. Agradeça ao Senhor hoje pela sua graça e misericórdia. Ele ama quando você faz isso.

12 DE MAIO

VIDA NOVA

A primavera é uma época de renascimento e renovação, uma recompensa por termos sobrevivido ao longo e frio inverno. Algumas partes do mundo desfrutaram de coloridos jardins de primavera durante semanas. Em outras regiões, a neve fria ainda está derretendo e os primeiros ramos começam a tentar surgir no solo frio. Quer seja acima ou abaixo da superfície, a ressurreição está acontecendo ao nosso redor, nos recompensando com vida nova e vitalidade. A ressurreição é um renascimento da esperança, da luz que brilha em meio à escuridão.

Isaías 42.16 fala de uma promessa que não pode ser tirada de nós. Ele alcançou a sua glória e nós compartilharemos da sua recompensa: a morte não pode vencer ou roubar a nossa herança! Podemos, portanto, confiar e crer plenamente em Jesus Cristo, a nossa esperança. Não há nada mais magnífico e digno de nossas expectativas, pois ele criou uma maneira para que possamos compartilhar de sua glória!

"Conduzirei os cegos por caminhos que eles não conheceram, por veredas desconhecidas eu os guiarei; transformarei as trevas em luz diante deles e tornarei retos os lugares acidentados. Essas são as coisas que farei; não os abandonarei." (Isaías 42.16)

Deixe os pecados que a têm impedido de se derreter como a neve de inverno e permita que a sua força renovadora se derrame sobre a sua alma. Inspire-se neste novo começo. Hoje é um novo dia, cheio de promessa e vida. Receba a recompensa da salvação como um presente.

13 DE MAIO

FORMULÁRIO ACEITO

Os formulários são fundamentais para separar os candidatos promissores dos inadequados. Preencha e descubra se você está apta para receber este empréstimo, para se matricular na faculdade ou para fazer um cartão de crédito. Escrevemos as nossas maiores qualidades no papel, disfarçamos as nossas fraquezas e esperamos pela aprovação. Contudo, a rejeição é sempre uma possibilidade.

Com Deus, porém, a nossa aceitação já foi prometida. Precisamos apenas clamar ao seu Filho Jesus, que vem e toma o nosso lugar para que sejamos aprovados. Não existe problema de crédito, reprovação ou erro passado que não possa ser redimido por sua morte na cruz. Como somos cobertos pelo seu perdão misericordioso, não há nenhum pecado em nós. Somos aceitos por Deus como parte de sua família e somos redimidos pela sua graça para o seu Reino eterno.

"Porque Deus nos escolheu nele antes da criação do mundo, para sermos santos e irrepreensíveis em sua presença." (Efésios 1.4)

Você crê na sua aceitação? Fique firme na promessa de que não existe nada em sua história — nenhum pecado passado ou presente — que possa separá-la do amor de Deus. Lance tudo sobre ele e tenha fé; você é completamente aceita e abundantemente amada!

14 DE MAIO
AMAR COMO ELE AMA

Os maiores mandamentos de Deus são para amarmos a ele e ao próximo. Amar o Senhor pode ser algo fácil: afinal, ele é paciente e amoroso. No entanto, a segunda parte de seu mandamento pode ser difícil, pois significa amar vizinhos intrometidos no churrasco de domingo, primos arrogantes na ceia de Natal, caixas de supermercado grosseiros e convidados inconvenientes que não sabem a hora de ir embora.

Amar ao próximo só é possível quando amamos como o Senhor. Quando amamos apenas por intermédio de nossa própria natureza humana, o pecado nos atrapalha. A obediência ao mandamento de Deus para amarmos ao próximo começa pelo seu próprio amor. Quando nos damos conta de quão grande é o amor de Deus por nós — imerecido, interminável e incondicional —, nos constrangemos, pois sabemos que não o merecemos. Contudo, o Senhor nos ama assim mesmo, de maneira livre e abundante, e é isso que nos impulsiona a amar ao próximo.

"Nós amamos porque ele nos amou primeiro." (1João 4.19)

Representamos Jesus Cristo para o mundo por meio do amor. Quando conhecemos a largura, altura e profundidade do seu amor por nós, não temos escolha, a não ser derramá-lo sobre as pessoas. O intruso se torna bem-vindo; os arrogantes, pacíficos; a grosseria dá lugar à graça; e o inconveniente é ofuscado pela cruz e por tudo o que Jesus sofreu nela.

15 DE MAIO

GENEROSIDADE INESPERADA

Você para no *drive-thru*, faz o seu pedido — o café que a ajudará a começar o dia — e ouve do atendente: "O seu pedido foi pago pelo carro da frente." Essa generosidade inesperada faz nascer em você um enorme sentimento de gratidão, e seu dia fica cheio da presença de Deus. O instrumento dessa atitude generosa pode ter sido uma pessoa estranha, mas a sua inspiração é inconfundível.

Deus é o autor da generosidade, aquele que satisfaz todas as nossas necessidades. Veja tudo o que o Criador deu a Adão e Eva e o pouco que ele pediu em retorno! Eles viviam diariamente na presença do Senhor, desfrutando de um relacionamento verdadeiro com o Pai. *Apenas não comam o fruto desta árvore, caso contrário, morrerão.* Mesmo depois de desobedecerem, Deus ofereceu expiação para o seu pecado.

> "Por meio de quem obtivemos acesso pela fé a esta graça na qual agora estamos firmes; e nos gloriamos na esperança da glória de Deus." (Romanos 5.2)

Nós, assim como Adão e Eva, pecamos e merecemos a morte, porém Cristo é a nossa provisão! E como se a eternidade em seu Reino não fosse o bastante, ele continua a nos abençoar a cada dia, quer reconheçamos isso ou não. Algumas coisas, como o café de graça na lanchonete, são pequenas provisões. Outras são sutis ou completamente invisíveis. Ele, no entanto, está derramando amor de maneira generosa sobre você, a sua amada!

16 DE MAIO

UM CARVALHO FORTE E GRACIOSO

Quantos pensamentos atravessam a mente humana em uma hora? Em um dia? Durante toda a vida? Quantos desses pensamentos envolvem Deus — quem ele é e tudo o que ele fez pelos seus filhos? Reflita sobre os seus próprios pensamentos sobre a vida (listas de mercado, consultas no dentista, letras de músicas, chaves perdidas...) e os seus pensamentos sobre Deus — a sua majestade, santidade, consolo, criatividade — e coloque-os em uma balança. Provavelmente os pensamentos sobre a vida cotidiana pesam mais.

Esses detalhes temporários ofuscam o único consolo e a única promessa em que podemos confiar: o evangelho do nascimento, morte e ressurreição de Jesus e a sua ascensão para a nossa salvação eterna. Limpe qualquer outro pensamento e essa verdade permanecerá. Ela é de grande consolo para aqueles que sofrem com o fardo de seus pecados! Jesus veio para nos dar nova vida!

"E dar a todos os que choram em Sião uma bela coroa em vez de cinzas, o óleo da alegria em vez de pranto, e um manto de louvor em vez de espírito deprimido. Eles serão chamados carvalhos de justiça, plantio do SENHOR, para manifestação da sua glória." (Isaías 61.3)

Você não é um brotinho fraco, limitado por pouca luz e alimento escasso. Você é um carvalho forte e gracioso, resistente e apto, para a glória de Deus. Cinzas, prantos e fardos pesados são aliviados. O pensamento que mais deve pesar em nossa mente é este: você pertence ao Senhor. Deixe seus pensamentos ultrapassarem as insignificâncias da vida cotidiana para se alegrar nesta verdade: Deus oferece a você tudo de que precisa por intermédio de Jesus.

17 DE MAIO

CERTEZA DA ETERNIDADE

Em questão de dias, tudo foi destruído. Primeiro, os seus onze mil servos e cabeça de gado foram roubados, queimados ou mortos. Depois, os seus dez filhos morreram de uma só vez. Para piorar ainda mais a situação, a pele desse homem infeliz foi tomada por feridas dolorosas, que ele raspava com pedaços de cerâmica.

Como alguém poderia suportar uma tragédia tão grande? Na verdade, Jó chorou e se lamentou. Ele estava confuso, desesperado e fraco. Além de se sentir amaldiçoado e desesperado, foi provocado por seus amigos e sua esposa: "Desista de Deus; ele desistiu de você! Pare de esperar pela redenção do Altíssimo; ele, obviamente, se esqueceu de você!"

A fé de Jó foi enfraquecida por essa tribulação, mas ele se agarrou desesperadamente à única promessa capaz de sustentá-lo: independentemente do que pudesse acontecer em sua vida na Terra, nada poderia tirar a alegria que ele compartilharia com Deus na eternidade.

"Eu sei que o meu Redentor vive, e que no fim se levantará sobre a terra. E depois que o meu corpo estiver destruído e sem carne, verei a Deus. Eu o verei com os meus próprios olhos; eu mesmo, e não outro! Como anseia no meu peito o coração!" (Jó 19.25-27)

Tudo o que existe na terra é tesouro fugaz, um conforto momentâneo que pode ser perdido em um piscar de olhos, porém a garantia do nosso lugar em seu Reino eterno, quando entregamos nossa vida a Jesus Cristo, é indestrutível.

18 DE MAIO

SEGURANÇA GARANTIDA

Amontoados no porão do museu, os visitantes esperavam o furacão passar. As crianças choravam e dormiam, seus pais tinham expressões preocupadas e ansiosas. Os funcionários do museu carregavam, nervosos, radiocomunicadores e lanternas. As sirenes tocavam, os ventos uivavam e as profundezas daquele abrigo tremiam enquanto a enorme tempestade rugia do lado de fora.

Mesmo com todos os avanços da engenharia que foram implementados naquele lugar, a segurança daquelas pessoas não estava garantida. Será que poderíamos esperar que elas estivessem cantando de alegria? Alegrando-se naquele lugar de refúgio? Se elas tivessem consciência daquele que prometeu sempre nos proteger, os seus louvores ecoariam para além das paredes daquele porão!

Podemos nos alegrar à sombra da proteção de Deus. Ele é o único capaz de garantir a nossa segurança! A sua proteção se derrama sobre nós, mais forte do que qualquer abrigo antibombas que poderíamos projetar.

"O SENHOR o protegerá de todo o mal, protegerá a sua vida. O SENHOR protegerá a sua saída e a sua chegada, desde agora e para sempre." (Salmo 121.7-8)

Você se identifica com essa necessidade de proteção hoje? Imagine se deleitar em meio à tempestade, cantando enquanto as estruturas são destruídas, sabendo, em meio a tudo isso, que você está nas mãos poderosas de Deus.

19 DE MAIO

ESCOLHENDO COMPAIXÃO

Pense nos israelitas vagando pelo deserto: Deus os havia resgatado do cativeiro e seguia na frente deles, com uma coluna de fogo, satisfazendo todas as suas necessidades e os protegendo. O que eles ofereceram em troca? Reclamações.

Leia os salmos de Davi — um homem segundo o coração de Deus — e veja como ele entrega os seus fardos aos pés do Senhor, louvando a sua majestade e o seu poder. Mas o que Davi faz quando deseja aquilo que ele não pode ter? Rouba, mata e mente.

Paulo, que entregou a sua vida para pregar o evangelho que amava para todos, compartilhou a maravilhosa dádiva de Cristo com judeus e gentios. Contudo quem ele era antes de sua conversão? Um abominável assassino de cristãos.

"O SENHOR é compassivo e misericordioso, mui paciente e cheio de amor." (Salmo 103.8)

Deus ama os filhos dele, independentemente de seus pecados, de seu passado e de suas falhas. Não recebemos aquilo que merecemos; recebemos de acordo com o seu grande amor por nós. Será que podemos dizer o mesmo sobre aqueles à nossa volta? Somos compassivas, misericordiosas, pacientes e cheias de amor? Ou será que somos arrogantes, impacientes e irritadas?

20 DE MAIO

VENHA

Algumas pessoas dizem que o romantismo morreu. Não para Deus, o amante de nossa alma. Tudo o que ele deseja é estar com sua criação! Contudo, pode ser um pouco desconfortável ter o seu olhar constantemente sobre nós. Afinal, não somos nada especiais! Não somos rainhas da beleza, acadêmicos ou prodígios atléticos. Talvez não tenhamos talento para música, artesanato ou sejamos sequer organizadas. Quiçá a nossa casa esteja uma bagunça e precisemos de uma manicure.

Você se sente um pouco incomodada por causa desse olhar tão intenso sobre você? Tenho boas notícias: você é, de fato, a querida de Deus! E ele, realmente, quer tirá-la desse inverno rigoroso. A temporada de regar chegou ao fim e é tempo de, finalmente — *finalmente* —, alegrar-se na temporada de renovação.

"O meu amado falou e me disse: Levante-se, minha querida, minha bela, e venha comigo. Veja! O inverno passou; acabaram-se as chuvas e já se foram. Aparecem flores na terra, e chegou o tempo de cantar; já se ouve em nossa terra o arrulhar dos pombos." (Cântico dos Cânticos 2.10-12)

Por que você se sente desconfortável sob o olhar daquele que a ama mais do que alguém jamais seria capaz de amá-la? Chegou a hora. Ele está chamando você, independentemente do quão indigna possa se considerar. Você se levantará e seguirá o seu amado? Ele está esperando por você!

21 DE MAIO

ALEGRIA INFINITA

Reflita durante um tempo sobre o momento mais feliz da sua caminhada com Cristo. Lembre-se da alegria desse momento, da leveza e do prazer que sentiu em seu coração. Descanse nessa lembrança por um minuto e deixe aqueles sentimentos voltarem à sua alma. A alegria está voltando? Consegue sentir? Agora ouça esta verdade: a maneira como você se sentiu em relação a Deus em seu momento mais feliz, incrível, maravilhoso e glorioso, é como ele se sente em relação a você o *tempo inteiro*!

Que bênção gloriosa! A nossa alegria é uma extensão da alegria do Criador em relação a nós; ela é apenas mais uma das bênçãos que o Altíssimo derrama sobre nós. Quando nos damos conta da sua bondade e de que ele nos deu tudo que precisamos por meio de Jesus, podemos nos alegrar!

"Então Ana orou assim: 'Meu coração exulta no SENHOR; no SENHOR minha força é exaltada. Minha boca se exalta sobre os meus inimigos, pois me alegro em tua libertação. Não há ninguém santo como o SENHOR; não há outro além de ti; não há rocha alguma como o nosso Deus.'" (1Samuel 2.1-2)

A fase de sua maior alegria pode ser agora, basta se lembrar da força que o Senhor nos dá, do sofrimento por meio do qual fomos resgatadas e da rocha que é o nosso Deus. As suas bênçãos não dependem de como nos sentimos; sentimos alegria porque enxergamos as bênçãos graciosas e cheias de amor do Senhor. Eleve seus louvores a ele e cante músicas intermináveis.

22 DE MAIO

ESPERANDO PELO AMANHECER

O pecado e a tristeza da vida podem nos dar a sensação de que a noite não tem fim e que continuamos esperando pelo amanhecer da volta de Cristo. Na noite mais escura, às vezes, saber que ele voltará não ajuda, pois sabemos que esse será um dia desesperador.

A você, a sua filha amada, o Senhor oferece consolo. Não desanime. Ele virá por você! Pode ser difícil, pois parece que Deus está demorando muito, mas ele está preparando um lugar para você. Você não foi esquecida nessa noite longa; ele conhece a sua dor. Mantenha seus olhos nele! Em breve, você ouvirá a sua voz! O Altíssimo também está ansioso por esse momento.

"E os que o SENHOR resgatou voltarão. Entrarão em Sião com cantos de alegria; duradoura alegria coroará sua cabeça. Júbilo e alegria se apoderarão deles, e a tristeza e o suspiro fugirão." (Isaías 35.10)

Vivemos pela promessa do seu retorno. Essa promessa supera a nossa dor, a nossa ansiedade, o nosso desespero e os nossos limites. Tudo se torna suportável à luz da certeza de que veremos Jesus, o abraçaremos e contemplaremos a sua formosura. Seremos transformadas em noivas puras e imaculadas. Não há mais nada que possamos fazer, a não ser nos maravilharmos com nosso Senhor. Glorificá-lo. Crer nele. Amá-lo. Agradecer-lhe.

23 DE MAIO

ACEITANDO AS FRAQUEZAS

Às vezes, você se vê completamente consciente de suas fraquezas evidentes? Consciente de que, se deixada à própria sorte, não teria a menor chance de conseguir a salvação? Deveríamos encontrar grande alívio no fato de não sermos nada sem a salvação de Jesus.

Felizmente, Deus criou uma maneira para que pudéssemos nos unir a ele, apesar de nossa impaciência, egoísmo, raiva e orgulho. O Criador se importa profundamente conosco e nos sustenta, pacientemente, com seu amor firme e fiel. Esse amor, de forma surpreendente, vai além, abraçando e transformando as nossas fraquezas à medida que nos rendemos ao Senhor. A fraqueza não é algo que devemos temer ou ocultar; a debilidade submetida a Deus permite que o poder de Cristo opere em nós e por meio de nós.

Quando conhecemos as nossas fraquezas, nos tornamos mais conscientes do quanto precisamos da força de Deus. Quando nos colocamos em posição de humildade e pedimos que o Senhor seja forte onde somos fracas, ele sente prazer em nos ajudar. Não é preciso pedir duas vezes para que o príncipe salve a sua princesa.

"Humilhem-se diante do Senhor, e ele os exaltará." (Tiago 4.10)

Entregue suas fraquezas a Deus em oração para que, por meio dele, você possa ser forte. O seu amor transformador está esperando para restaurá-la graciosamente.

24 DE MAIO

CORO INFINITO

Alguns dias começam com louvores em nossos lábios e uma canção a Deus em nosso coração. A humildade nos cobre como um veludo, suave e delicado. A verdade do Criador se repete: "Deus é bom! Deus é bom! Eu estou livre!" Nenhuma escuridão do mundo é capaz de interromper esse coro.

Outros dias, porém, começam com nossa preguiça, quando desprezamos a oportunidade de buscá-lo pela manhã. O orgulho, então, se torna um companheiro sorrateiro, amargurado e feio, e nos perguntamos se seremos capazes de nos alegrar na presença de Deus novamente. Nós nos sentimos presas.

Talvez os altos e baixos já devessem ser familiares a nós a esta altura, mas será que algum dia seremos capazes de conviver, lado a lado, com uma vida santa e a nossa carne? Em um dia glorioso, a carne dará lugar à liberdade e não haverá "lado a lado". Apenas a santidade permanecerá. Isso trará louvores aos nossos lábios e uma canção ao nosso coração, o interminável coro da bondade do Senhor, a coberta de veludo para quando sentarmos diante do seu trono celestial.

"A própria natureza criada será libertada da escravidão da decadência em que se encontra, recebendo a gloriosa liberdade dos filhos de Deus." (Romanos 8.21)

Sabe o quanto Deus deseja que você descanse na presença dele? O Altíssimo a espera de maneira fiel e terna. Quando estiver em sua presença, não precisa se esconder. Pode ser exatamente quem você é. Há liberdade na presença do Senhor.

25 DE MAIO
UM AMIGO DIGNO

Deus a criou para ter um relacionamento com ele, assim como ele criou Adão e Eva. Ele se deleita na sua voz, na sua risada e nas suas ideias. Deseja ter comunhão com você assim como ele desejou ter com seu primeiro filho e sua primeira filha.

A amizade que Deus nos oferece é um presente de valor inestimável. Não existe ninguém como o Senhor; na verdade, não existe ninguém mais digno da sua amizade do que o Deus Todo-poderoso, o nosso Criador e Redentor. Treine o seu coração para recorrer sempre a ele em primeiro lugar com a sua dor, alegria, frustração e exultação. A amizade do Senhor nunca a decepcionará!

"Bendiga o SENHOR a minha alma! Não esqueça nenhuma de suas bênçãos! É ele que perdoa todos os seus pecados e cura todas as suas doenças, que resgata a sua vida da sepultura e o coroa de bondade e compaixão, que enche de bens a sua existência, de modo que a sua juventude se renova como a águia." (Salmo 103.2-5)

Quando a vida fica difícil, você corre em direção ao Senhor com suas frustrações? Quando se sente sobrecarregada com dor e tristeza, entrega esses sentimentos a ele? No calor da raiva ou frustração, busca a Deus para ser liberta? Ele é um amigo que oferece tudo isso a nós — e mais — em misericórdia e amor. Ele é digno da sua amizade.

26 DE MAIO

UM REI PODEROSO?

Quando Jesus, o tão esperado Messias, revelou a sua divindade à sua família, aos seus discípulos e à multidão, eles estavam esperando um rei poderoso que os livraria de seus opressores e estabeleceria seu Reino eterno. Contudo, receberam um servo humilde que se sentava à mesa com cobradores de impostos e que teve seus pés lavados pelas lágrimas de uma prostituta. Jesus não era exatamente como imaginavam que ele seria.

Cristo era melhor! Ele veio trazer salvação àqueles que estavam se afogando em um mar de pecado e doença; aos que eram excluídos e precisavam de redenção; àqueles que eram considerados indignos pelos líderes religiosos, mas cujo coração ansiava por uma redenção verdadeira. Ele veio para redimir o seu povo, mas não da maneira que eles esperavam.

"O Espírito do Senhor está sobre mim, porque ele me ungiu para pregar boas-novas aos pobres. Ele me enviou para proclamar liberdade aos presos e recuperação da vista aos cegos, para libertar os oprimidos e proclamar o ano da graça do Senhor." (Lucas 4.18-19)

Jesus nos livra das amarras do pecado e da opressão através de sua morte, ressurreição e do nosso arrependimento pela fé. O Espírito do Senhor está sobre você e ele a ungiu! Proclame essa boa-nova hoje; você foi liberta!

27 DE MAIO
SEMPRE PRESENTE

Em músicas famosas, comerciais de televisão e até por meio de amigos íntimos, ouvimos com frequência uma promessa que é raramente cumprida. *Eu estou aqui para o que você precisar; você pode contar sempre comigo.* A maioria de nós já ouviu essas promessas em algum momento da vida, e poucas delas, senão todas, foram cumpridas.

Em meio a nossas tribulações, procuramos aqueles que nos prometeram estar sempre presentes, porém eles não cumprem a sua promessa. Às vezes, sequer retornam nossas ligações. Mesmo a nossa melhor amiga, a irmã mais legal e os pais mais amorosos podem nos deixar na mão.

Contudo, há alguém com quem você sempre pode contar. Você pode dizer tudo a ele. Ele a ouve. Ele a envolverá em seus braços, acariciará o seu cabelo e dirá que tudo vai ficar bem. Ele é totalmente confiável.

"Este é o Deus cujo caminho é perfeito; a palavra do SENHOR é comprovadamente genuína. Ele é um escudo para todos os que nele se refugiam. Pois quem é Deus além do SENHOR? E quem é rocha senão o nosso Deus?" (Salmo 18.30-31)

Você foi decepcionada e magoada por alguém a quem ama? Confie naquele que é digno de confiança. Deus sempre estará presente quando você precisar.

28 DE MAIO
DEVOÇÃO ESMAGADORA

Deus, em seu grande poder e em sua fidelidade, nunca nos decepciona, nos deixa na mão ou nos abandona. O seu amor por nós permanece — independentemente de nossas circunstâncias ou fraquezas — forte e imutável. A devoção do Pai por seus filhos supera a de nossos próprios pais, que, apesar de parecer única, é apenas humana. O amor de Deus excede a nossa imaginação. Não tem limites, e nada pode mudar a devoção do Senhor.

Essa verdade é extremamente satisfatória; quando tal devoção é provada, o que mais poderia atrair o nosso olhar? Onde mais nossos olhos poderiam encontrar tamanha beleza e pureza, quanto encontram na face de Jesus? Incrédulos, reconhecemos que o olhar do Senhor está fixo em nós, nos enxergando como um prêmio digno e maravilhoso. Não podemos merecer, nem escapar de seu olhar. Somos falhos, mas o seu amor por nós é inabalável.

"Cantarei para sempre o amor do SENHOR; com minha boca anunciarei a tua fidelidade por todas as gerações. Sei que firme está o teu amor para sempre, e que firmaste nos céus a tua fidelidade." (Salmo 89.1-2)

Você tem consciência de que o Pai lhe é totalmente devoto? Você pode desfrutar do amor dele para sempre.

29 DE MAIO

VERDADEIRA SATISFAÇÃO

O estresse ameaça nos vencer e, às vezes, tudo o que queremos é nos esconder. Nós nos lembramos daquela barra de chocolate guardada na despensa e corremos para nos enterrar nos prazeres doces e temporários que podem nos trazer conforto e fazer o mundo desacelerar, mesmo que apenas por um momento.

O mesmo instinto pode surgir com Deus. Nós nos sentimos sobrecarregadas com o seu ministério, ou sentimos que não conseguiremos o seu perdão, que estamos afastadas da sua Palavra e que perdemos a noção de quem ele é. Em vez de corrermos em sua direção, nós nos escondemos dele e procuramos outras formas de satisfazer as nossas necessidades. Não podemos nos esconder do Criador e ele nos chama, em amor, para retornarmos a ele.

> "Minha pomba que está nas fendas da rocha, nos esconderijos, nas encostas dos montes, mostre-me seu rosto, deixe-me ouvir sua voz; pois a sua voz é suave e o seu rosto é lindo." (Cântico dos Cânticos 2.14)

Você não pode fugir do amor de Deus nem deveria tentar fazer isso. Ao contrário, deixe suas falsas seguranças nos esconderijos e nas despensas. Sinta o prazer da amizade do Senhor; o Altíssimo deseja ouvir a sua voz e ver a sua face, porque ele as considera doces e amáveis. Existe outra pessoa que possa satisfazê-la tão perfeitamente?

30 DE MAIO

VAGANDO PELO PÁTIO

Era uma vez, um pátio de uma terra distante no qual havia muitas crianças perdidas. Estavam todas muito sujas, vestidas com roupas esfarrapadas e famintas. Algumas delas tinham feridas abertas, enquanto outras tinham machucados e estavam mancando. Um homem andava entre elas e cuidava, gentilmente, de suas necessidades.

Perto desse pátio, havia um castelo majestoso, com bandeiras brilhantes. Os portões do castelo estavam abertos e dentro dele havia um banquete com comidas deliciosas, lareiras e vestes de veludo. Lá dentro, sentava-se o rei, com as crianças ao seu redor, limpas, alimentadas e sorridentes.

Duas crianças aproximaram-se da porta, sentindo o cheiro da comida e o calor do castelo. O homem que estava no pátio pegou as suas mãos e perguntou se elas gostariam de se juntar ao rei como seus filhos. Uma delas pulou de alegria e, sem hesitar, correu para dentro do castelo. A outra hesitou, observou suas roupas maltrapilhas e balançou a cabeça. Ela voltou e se juntou às outras crianças.

"Mas, quando chegou a plenitude do tempo, Deus enviou seu Filho, nascido de mulher, nascido debaixo da Lei, a fim de redimir os que estavam sob a Lei, para que recebêssemos a adoção de filhos." (Gálatas 4.4-5)

Filha, você tem vagado pelo pátio? Por que acredita que os seus pecados a tornam indignas do banquete de Deus? Você foi comprada por alto preço e foi adotada na família de Deus.

31 DE MAIO

O SOM DE UM SUSSURRO

Muitas vezes, tudo o que queremos é dar o nosso melhor a Deus. Nosso maior desejo é nos sacrificar pelo Senhor, não importa qual seja o preço. O que quase nunca percebemos é que, mais do que o sacrifício, as atitudes e dons, o Altíssimo quer o nosso coração.

Nós nos esforçamos para ouvir a Deus como um trovão; nós o buscamos na tempestade. No entanto, quando estamos em nosso limite, prostrados diante do Senhor, podemos ouvir a sua voz mansa e suave, aquela que só podemos ouvir quando nos quebrantamos e nos humilhamos.

"Então veio um vento fortíssimo que separou os montes e esmigalhou as rochas diante do Senhor, mas o SENHOR não estava no vento. Depois do vento houve um terremoto, mas o SENHOR não estava no terremoto. Depois do terremoto houve um fogo, mas o SENHOR não estava nele. E depois do fogo houve o murmúrio de uma brisa suave." (1Reis 19.11-12)

Conhecemos o caráter de Deus, mas, ainda assim, nós esperamos que ele aja de maneira diferente no dia a dia. Sabemos que ele deseja o nosso coração, porém tentamos oferecer mais do que isso ao Senhor, por temer que nosso coração não seja o suficiente. Deus fala conosco por meio de sussurros porque tudo o que importa para ele é o nosso coração.

JUNHO

"E Deus é poderoso para fazer que toda a graça lhes seja acrescentada, para que em todas as coisas, em todo o tempo, tendo tudo o que é necessário, vocês transbordem em toda boa obra."

(2Coríntios 9.8)

1 DE JUNHO

LEVANTANDO O VÉU

Mesmo depois de aceitarmos a Cristo como nosso Salvador, às vezes erguemos muros em nosso coração. Nós nos esforçamos para amá-lo com todo o nosso ser, mas muitas vezes não nos entregamos completamente a ele. É como se a nossa parte mais humana sentisse que podemos guardar uma área para nós, para nos proteger e sermos livres para fazer o que quisermos.

Contudo, a verdadeira liberdade só existe quando nos entregamos por completo. O Senhor quer levantar o véu que nos impede de ver todas as coisas maravilhosas que ele tem para nós.

"Mas quando alguém se converte ao Senhor, o véu é retirado. Ora, o Senhor é o Espírito e, onde está o Espírito do Senhor, ali há liberdade. E todos nós, que com a face descoberta contemplamos a glória do Senhor, segundo a sua imagem estamos sendo transformados com glória cada vez maior, a qual vem do Senhor, que é o Espírito." (2Coríntios 3.16-18)

Ore para que o seu véu seja retirado — para que qualquer parte do seu ser que esteja resistindo ao Senhor hoje seja entregue. Experimente a liberdade da sua glória!

2 DE JUNHO

ESPECIAL DE VERDADE

Todos nós queremos acreditar que somos especiais. A maioria de nós cresce ouvindo isso e é bom acreditar. Contudo, com o passar do tempo, olhamos à nossa volta e nos damos conta de que, na verdade, somos exatamente como as outras pessoas. Começamos, então, a duvidar e a perder a autoconfiança.

Muito antes de ser um brotinho no útero de sua mãe, você foi separada e considerada especial. Foi escolhida para ser propriedade especial de Deus e isso é algo maravilhoso.

"Vocês, porém, são geração eleita, sacerdócio real, nação santa, povo exclusivo de Deus, para anunciar as grandezas daquele que os chamou das trevas para a sua maravilhosa luz. Antes vocês nem sequer eram povo, mas agora são povo de Deus; não haviam recebido misericórdia, mas agora a receberam." (1Pedro 2.9-10)

Deus a considera especial. Deleite-se nessa verdade hoje. Ele está chamando você da escuridão para a sua maravilhosa luz. O Senhor a escolheu. Ele a ama. Ele a deseja. Confie nisso.

3 DE JUNHO

ELE ENTENDE AS TENTAÇÕES

Uma das coisas mais lindas a respeito do Deus a quem servimos é que ele entende perfeitamente tudo o que enfrentamos em todos os momentos. E como ele entende? Porque ele mesmo já passou por tudo isso.

Quando Jesus veio a Terra em forma humana, foi tentado pelas mesmas coisas que somos tentadas hoje. Quer seja luxúria, pensamentos maldosos ou raiva injustificada, ele precisou enfrentar essas coisas, assim como nós as enfrentamos.

"Portanto, visto que temos um grande sumo sacerdote que adentrou os céus, Jesus, o Filho de Deus, apeguemo-nos com toda a firmeza à fé que professamos, pois não temos um sumo sacerdote que não possa compadecer-se das nossas fraquezas, mas sim alguém que, como nós, passou por todo tipo de tentação, porém, sem pecado." (Hebreus 4.14-15)

Pode trazer a sua tentação e o seu pecado ao Senhor sem medo; ele sabe exatamente como você está se sentindo. Ele não é um Deus distante, no céu, incapaz de se identificar com você, com a sua vida. Ore para que o Altíssimo a proteja das tentações, exatamente como Jesus fez, e ele responderá!

4 DE JUNHO

DESCANSE TRANQUILA

Não importa onde você esteja, Deus está com você. Embora haja momentos em que desejamos nos esconder dele, por vergonha, ele está sempre presente. A coisa mais linda sobre a sua onipresença é que temos um companheiro firme e constante, sempre pronto a ajudar em momentos difíceis.

Não temos motivo para temer as coisas que podemos enfrentar nesta vida. Temos o melhor protetor de todos ao nosso lado! Você tem pedido a ajuda dele em tempos de necessidade e preocupação ou tem se voltado para dentro de si em busca de ajuda?

"Sempre tenho o SENHOR diante de mim. Com ele à minha direita, não serei abalado. Por isso o meu coração se alegra e no íntimo exulto; mesmo o meu corpo repousará tranquilo." (Salmo 16.8-9)

Permita que Deus seja o seu refúgio. Nada é grande ou pequeno demais para o Criador! Mesmo durante os momentos mais difíceis, você pode experimentar a verdadeira alegria, pois ele é o seu protetor. Lance sobre o Senhor as suas preocupações e angústias, pois ele é mais do que capaz de lidar com elas. Descanse segura no Todo-poderoso.

5 DE JUNHO

SACRIFÍCIO VIVO

Viver a vida que devemos viver, como cristãs, é bastante difícil. Somos chamadas a ser um reflexo de Jesus e isso pode parecer inatingível.

E de fato é se tentarmos fazer isso por conta própria. Só somos capazes de viver como devemos se fizermos isso com a ajuda do Espírito Santo. Está em nossa natureza tentarmos nos conformar ao padrão deste mundo. No entanto, podemos vencer essa tentação se tivermos Deus ao nosso lado.

"E todos nós, que com a face descoberta contemplamos a glória do Senhor, segundo a sua imagem estamos sendo transformados com glória cada vez maior, a qual vem do Senhor, que é o Espírito." (2Coríntios 3.18)

Você tem se conformado aos padrões deste mundo? Ore para que o Senhor a proteja disso hoje. Ofereça-se a ele como sacrifício vivo e Deus a honrará por isso!

6 DE JUNHO

A DEFINIÇÃO DE BONDADE

Bondade é uma característica tão importante para Deus que está listada como um dos frutos do Espírito — junto com outros muito bons: amor, alegria, paz, paciência, fidelidade, mansidão e domínio próprio. Mas o que a bondade realmente significa? Trata-se apenas de ser simpático com as pessoas? Ser gentil?

A verdadeira bondade é mais do que isso. É ser generoso e amável. É uma escolha que devemos fazer todos os dias. Escolhemos ser generosas com o nosso tempo e as nossas posses. Escolhemos colocar os outros em primeiro lugar. A Bíblia fala bastante sobre a bondade. Até mesmo Jó, em seu sofrimento, reconheceu como o Senhor foi generoso e atencioso com ele. Mesmo com tanto sofrimento, Jó conseguiu enxergar a bondade de Deus.

"Deste-me vida e foste bondoso para comigo, e na tua providência cuidaste do meu espírito." (Jó 10.12)

Você tem escolhido a bondade em sua vida cotidiana? Tem ido além da simpatia para demonstrar generosidade verdadeira? Procure oportunidades para ser generosa com as pessoas hoje. Ore para que Deus abra os seus olhos para ver as necessidades dos outros e lhe mostre como ser misericordiosa.

7 DE JUNHO

SEMPRE NA MODA

A moda vai e vem. Pode ser muito divertido ver o que há de novo nas lojas a cada nova estação, para encontrar peças que renovem o nosso guarda-roupa. Não há nada como a sensação de encontrar uma roupa ou acessório que nos faça sentir bonitas — aquela peça que sabíamos ser perfeita assim que a vimos na vitrine.

A moda é divertida, mas Deus pede que nos revistamos de algo infinitamente melhor do que o último *modelito* das passarelas. Ele deseja que nos vistamos todos os dias com algo que nos fará sentir melhor do que a nossa roupa ou acessório preferido. Devemos nos vestir com traços de caráter que imitem Jesus.

"Portanto, como povo escolhido de Deus, santo e amado, revistam-se de profunda compaixão, bondade, humildade, mansidão e paciência." (Colossenses 3.12)

O que você está vestindo hoje? Está revestida de compaixão? Cobriu-se com uma dose de humildade? Está usando a generosidade como vestimenta e a paciência como perfume? As tendências da moda vão e vêm, mas a bondade nunca sai de moda. Vista-a com orgulho!

8 DE JUNHO

A ORIGEM DA GLÓRIA

Quando conquistamos grandes coisas, pode ser fácil nos esquecermos de onde vem o nosso sucesso. *Eu me esforcei tanto*, dizemos a nós mesmas. *Eu fiz por merecer isso!* Nada há de errado em subirmos a escada do sucesso, porém, quando esquecemos de dar glória a Deus por todas as nossas realizações, perdemos de vista a própria vitória.

Em vez disso, devemos fazer todas as coisas para a glória do Senhor. É ele quem nos dá tudo o que temos. O Criador deseja que sejamos bem-sucedidas em nossos esforços, mas ele também quer que nos lembremos de onde vem esse sucesso. Devemos nos humilhar em meio aos nossos triunfos.

"Na tua majestade cavalga vitoriosamente pela verdade, pela misericórdia e pela justiça; que a tua mão direita realize feitos gloriosos." (Salmo 45.4)

Você já agradeceu ao Senhor por tudo o que conquistou? Em meio à batalha, dedique um tempo para louvar a Deus. Lute pela vitória, mas não deixe de glorificar ao Criador e permanecer humilde durante todo o tempo.

9 DE JUNHO

PROCLAMANDO A FÉ

Já teve medo do que os outros poderiam pensar quando descobrissem que você é cristã? Você se preocupa que as pessoas pensem que é esquisita se compartilhar sua fé? Já é difícil tentar se encaixar na sociedade, imagina com mais esse fator.

Esteja certa de que não há nada a temer! Deus nos deu o seu Espírito Santo para nos guiar em meio a conversas difíceis. Não seja tímida: ele a equipou com todo o talento necessário para compartilhar do seu amor com aqueles à sua volta. Algumas pessoas vão rir e outras caçoarão de sua fé. Contudo, o próprio Senhor nos conta, por meio de sua Palavra, que não temos nada a temer.

"Conscientes disso, oramos constantemente por vocês, para que o nosso Deus os faça dignos da vocação e, com poder, cumpra todo bom propósito e toda obra que procede da fé." (2Tessalonicenses 1.11)

Deixe de lado a timidez! Prepare-se para compartilhar a sua fé sem medo! Deus enviou o seu Santo Espírito para fortalecê-la quando você se sentir fraca. Tire proveito disso!

10 DE JUNHO
BOA COMPANHIA

Quando passamos muito tempo com alguém, começamos a agir de maneira parecida. Passamos a imitar o seu comportamento. Por isso, precisamos escolher nossas amizades com sabedoria.

Temos nos cercado de pessoas que seguem o exemplo de Cristo? Ou será que o nosso círculo de amizades faz aquilo que a sua carne deseja? Se alguém que não conhecesse o nosso coração observasse a nossa vida, ela veria Jesus?

"Irmãos, sigam unidos o meu exemplo e observem os que vivem de acordo com o padrão que apresentamos a vocês. Pois, como já disse repetidas vezes, e agora repito com lágrimas, há muitos que vivem como inimigos da cruz de Cristo. O destino deles é a perdição, o seu deus é o estômago e eles têm orgulho do que é vergonhoso; só pensam nas coisas terrenas. A nossa cidadania, porém, está nos céus, de onde esperamos ansiosamente o Salvador, o Senhor Jesus Cristo." (Filipenses 3.17-20)

Procure fazer amizades com pessoas que desejam viver como cristãos devem viver. Juntos, vocês podem fixar os olhos no prêmio da vida eterna.

11 DE JUNHO

MELODIA DE ADORAÇÃO

Você já ouviu a canção do seu coração louvando ao Senhor? Podem não existir palavras, refrão ou versos, mas, ainda assim, parece que o seu ser vai explodir com louvores de adoração. Você não é a única! O próprio céu louva ao Altíssimo dessa maneira!

A Bíblia diz que, sem palavras e nenhum som, os céus explodem com uma canção de adoração pela glória de Deus. Isso não é incrível? Consegue imaginar uma orquestra acima de você?

"Os céus declaram a glória de Deus; o firmamento proclama a obra das suas mãos. Um dia fala disso a outro dia; uma noite o revela a outra noite. Sem discurso nem palavras, não se ouve a sua voz. Mas a sua voz ressoa por toda a terra, e as suas palavras, até os confins do mundo. Nos céus ele armou uma tenda para o sol." (Salmo 19.1-4)

Cante a sua canção! Permita que o seu coração sinta as palavras, mesmo que não consiga formulá-las. Ofereça a Deus todos os seus louvores hoje. Ele merece! Deixe que o seu coração seja uma celebração do seu amor por Jesus Cristo. Entregue-se à melodia que existe dentro de você.

12 DE JUNHO

MAIOR PRIORIDADE

É muito fácil ficarmos presas aos desejos e vontades deste mundo. As coisas mais modernas e as últimas tendências despertam em nós a vontade de obter todas elas. Vemos um amigo com a mais nova tecnologia, e de repente aquilo que possuímos parece ultrapassado. Nossa amiga aparece para o lanche da tarde com um novo colar, comprado em uma loja famosa, e desejamos comprar um igual.

Não existe nada intrinsicamente errado em consumir e não estamos pecando ao fazer compras. O que importa é a prioridade que damos ao consumo, e não as compras em si. O que importa é a nossa intenção por trás delas.

> "Não amem o mundo nem o que nele há. Se alguém ama o mundo, o amor do Pai não está nele. Pois tudo o que há no mundo — a cobiça da carne, a cobiça dos olhos e a ostentação dos bens — não provém do Pai, mas do mundo." (1João 2.15-16)

Qual é a prioridade em sua vida? Você tem cobiçado o que o mundo tem a oferecer ou o desejo do seu coração é a presença do Senhor Jesus? Ore para que Deus a proteja dos desejos mundanos hoje.

13 DE JUNHO

LOUVE EM MEIO ÀS SUAS CIRCUNSTÂNCIAS

Quando a vida vai bem, é fácil louvarmos a Deus. "A minha vida está repleta de bênçãos", pensamos. "Ele é tão bom para mim!" Porém o que acontece quando a vida fica difícil? Continuamos glorificando ao Senhor quando enfrentamos dificuldades intermináveis?

Independentemente de nossas circunstâncias ou das situações, devemos continuar a oferecer a Deus os louvores que ele tanto merece. Uma vida vivida com Cristo não significa ausência de dor, desconforto e dificuldades. Quer dizer, no entanto, que podemos encontrar contentamento apesar de tudo, pois temos Jesus em nossa vida e podemos recorrer a ele.

"Não estou dizendo isso porque esteja necessitado, pois aprendi a adaptar-me a toda e qualquer circunstância. Sei o que é passar necessidade e sei o que é ter fartura. Aprendi o segredo de viver contente em toda e qualquer situação, seja bem alimentado, seja com fome, tendo muito, ou passando necessidade. Tudo posso naquele que me fortalece." (Filipenses 4.11-13)

Ore por contentamento hoje, qualquer que seja a sua circunstância. Não existe crise em que o Senhor se recuse a nos ajudar. Você pode todas as coisas com Deus ao seu lado!

14 DE JUNHO

TUDO DE SI

Os fariseus estavam sempre tentando encontrar uma falha em Jesus. Tudo o que eles queriam era encontrar um motivo para culpar Cristo — um motivo para levá-lo a julgamento ou livrar-se dele. Portanto, quando perguntaram ao Senhor qual era o maior de todos os mandamentos, esperavam que ele desse a resposta errada.

No entanto, como de costume, Jesus deu a resposta perfeita. Ah, como ela foi perfeita! Quando amamos a Deus de todo o nosso coração, tudo se encaixa no lugar certo. Os outros mandamentos se tornam fáceis de serem cumpridos! Não podemos amá-lo verdadeiramente e falhar em outras áreas importantes.

"Ao ouvirem dizer que Jesus havia deixado os saduceus sem resposta, os fariseus se reuniram. Um deles, perito na lei, o pôs à prova com esta pergunta: 'Mestre, qual é o maior mandamento da Lei?' Respondeu Jesus: 'Ame o Senhor, o seu Deus de todo o seu coração, de toda a sua alma e de todo o seu entendimento'. Este é o primeiro e maior mandamento." (Mateus 22.34-38)

Você já se entregou completamente a ele? Ama o Senhor, seu Deus, de todo o seu coração, de toda a sua alma e de todo o seu entendimento? Derrube todas as suas barreiras e entregue-se completamente a Jesus!

15 DE JUNHO

O FILHO ANTES DO SOL

Quando você encontra tempo para orar? Mesmo que tenhamos intenção e paixão pela oração, as nossas atividades diárias muitas vezes assumem prioridade em nossa vida. Dizem que a oração pode ser feita a qualquer momento, e é claro que isso é verdade, mas é especial quando separamos um tempo específico para dedicar ao Senhor.

Já percebeu que esses tempos dedicados à presença de Deus são exemplificados pelo próprio Jesus? Vemos na Bíblia que o Senhor acordava antes do nascer do sol para orar em um lugar tranquilo. Não sabemos sempre sobre o que Cristo orava. Todavia, não é o conteúdo das suas orações que importa; o que interessa é a sua disposição de manter um relacionamento com o Pai e buscar a sua vontade. Não existe momento melhor para fazermos isso do que no início do dia.

> "De madrugada, quando ainda estava escuro, Jesus levantou-se, saiu de casa e foi para um lugar deserto, onde ficou orando." (Marcos 1.35)

Em vez de tentar encaixar a oração em seu dia a dia corrido, ore antes que ele fique agitado, para que você possa lidar com as pressões da vida. Você conseguiria dedicar um tempo a Deus em suas manhãs? Consegue encontrar um lugar tranquilo para ouvir a voz do Senhor? Siga o exemplo de Jesus e encontre tempo e espaço para esperar no Pai.

16 DE JUNHO

AJUDA NECESSÁRIA

Socorro! Nem sempre verbalizamos essa palavra, mas certamente a sentimos, provavelmente com mais frequência do que percebemos. O que você faz em tempos de necessidade? Em quem confia para ajudá-la nos momentos difíceis?

Jesus pediu ao Pai que nos enviasse um consolador, alguém que estaria sempre conosco e que é sempre verdadeiro. Ele é o Espírito Santo e esse é o papel dele em nossa vida. Jesus prometeu que o Espírito da verdade habitaria em nós quando o recebêssemos por intermédio de nossa fé nele.

"E eu pedirei ao Pai, e ele dará a vocês outro Conselheiro para estar com vocês para sempre, o Espírito da verdade. O mundo não pode recebê-lo, porque não o vê nem o conhece. Mas vocês o conhecem, pois ele vive com vocês e estará em vocês." (João 14.16-17)

Você está enfrentando uma situação difícil hoje? Tem dificuldade para ser obediente ao Senhor? Está ansiosa por algum motivo? O mundo pode achar que tem respostas, mas ele não conhece o Espírito. O Espírito está dentro de você em todos os momentos e só fala a verdade. Peça, portanto, a sua ajuda hoje e prepare-se para recebê-la!

17 DE JUNHO

UMA LUZ PARA O FIM

Sempre fez parte do plano de Deus trazer salvação para toda a sua criação. Sabemos que o povo de Israel é o escolhido, mas precisamos lembrar que o Senhor deseja que a sua mensagem alcance os confins da terra.

Jesus não limitou o ministério dele ao povo judeu e aos cristãos do seu tempo. Ele estendeu o seu ministério aos gentios e a todos os "fora da lei" dos escribas e fariseus.

"Ele diz: 'Para você é coisa pequena demais ser meu servo para restaurar as tribos de Jacó e trazer de volta aqueles de Israel que eu guardei. Também farei de você uma luz para os gentios, para que você leve a minha salvação até os confins da terra.'" (Isaías 49.6)

Deus não quer que o guardemos para nós mesmas. Deseja que sejamos luz e que brilhemos para que todos vejam que a salvação pode chegar aos confins da terra. Você está disposta a ser essa luz por Cristo hoje?

18 DE JUNHO
FAÇA SUA RECLAMAÇÃO

A vida não é justa. Pense nos jogos, corridas e até nas escolas. Alguém sempre alcança o primeiro lugar e há sempre perdedores. Podemos influenciar alguns resultados, mas há, no entanto, muitas coisas que estão fora de nosso controle. Não podemos garantir que estaremos sempre protegidos dos problemas desta vida.

O que, então, devemos fazer quando sentimos vontade de reclamar sobre nossos infortúnios? Muitas vezes sentimos que não temos direito de nos queixar a Deus — a Bíblia diz que devemos ser gratos em todas as situações, não é? Bem, é verdade, mas o Senhor pode lidar com nossas queixas e dúvidas, assim como Davi fez nos salmos.

"Em alta voz clamo ao SENHOR; elevo a minha voz ao SENHOR, suplicando misericórdia. Derramo diante dele o meu lamento; a ele apresento a minha angústia." (Salmo 142.1-2)

É saudável discutir os nossos problemas com Deus. Usar nossa voz é importante para revelarmos o que estamos sentindo em nosso coração. Você sente vontade de compartilhar as suas queixas hoje? Em vez de compartilhar seus queixumes com as pessoas, derrame-as diante do Senhor. Ele é compreensivo e misericordioso e promete estar conosco em todos os momentos.

19 DE JUNHO

BONDADE INFALÍVEL

Lembra-se da primeira vez em você que falhou? Talvez tenha sido em uma prova na escola, uma dieta, uma entrevista de emprego ou até mesmo em um relacionamento. É difícil admitirmos as falhas, especialmente em uma cultura que valoriza o sucesso e a aparência exterior. Ouvimos muito que o sucesso vem depois de muitos erros, mas só ouvimos isso de pessoas muito bem-sucedidas!

Quando Josué estava com "idade avançada", lembrou aos israelitas tudo o que o Senhor havia feito por eles. Apesar de eles terem sido infiéis a Deus muitas vezes, o Altíssimo permaneceu fiel e eles se transformaram em uma nação que ninguém poderia resistir.

"Agora estou prestes a ir pelo caminho de toda a terra. Vocês sabem, lá no fundo do coração e da alma, que nenhuma das boas promessas que o SENHOR, o seu Deus, lhes fez deixou de cumprir-se. Todas se cumpriram; nenhuma delas falhou." (Josué 23.14)

Deus tinha um plano e um propósito para a nação de Israel e, através do poder e da misericórdia do Senhor, o Altíssimo se certificou de que esses planos fossem cumpridos. Da mesma forma, o Criador tem um plano para a sua vida e, embora você possa falhar, ele não falhará. Aproveite a oportunidade hoje de submeter seu coração à vontade do Senhor. Saiba que os planos de Deus para a sua vida nunca falharão.

20 DE JUNHO

PASSOS ORDENADOS

Se você já andou de mãos dadas com uma criança pequena, sabe que elas dependem totalmente de você para manter o equilíbrio. Se elas tropeçarem, você pode, facilmente, segurá-las. O simples segurar de mãos mostra a confiança de que a criança não cairá de rosto no chão.

Da mesma maneira, quando entregamos nossos caminhos a Deus, estamos, basicamente, dando as mãos ao Senhor. O Altíssimo se alegra quando caminhamos com ele. Mesmo quando tropeçamos, o Criador endireita os nossos caminhos e nos dá confiança para continuar caminhando.

"Eu o instruirei e o ensinarei no caminho que você deve seguir; eu o aconselharei e cuidarei de você." (Salmo 32.8)

Você se sente como se tivesse tropeçado ultimamente ou está insegura em sua caminhada com Deus? Tenha confiança de que o Senhor se alegra em seu compromisso com ele. Dê a mão a Jesus, continue caminhando e confie que ele não permitirá que você caia.

21 DE JUNHO

HONRE SEUS PAIS

Já se sentiu como se seus pais não soubessem o que estavam fazendo ao criarem você? Bem, é claro que eles não sabiam — aprenderam ao longo do tempo!

Nem todas nós tivemos uma infância boa, e muitas de nós nos agarramos a ressentimentos sobre a forma como fomos criadas. No entanto, Deus ordenou que honrássemos os nossos pais, quer mereçam ou não.

"Honra teu pai e tua mãe, como te ordenou o SENHOR, o teu Deus, para que tenhas longa vida e tudo te vá bem na terra que o SENHOR, o teu Deus, te dá." (Deuteronômio 5.16)

De que maneira você pode honrar seu pai e sua mãe hoje? Quer seus pais estejam vivos ou não, pode ser grata pelas coisas boas que eles deram a você e também pode ter misericórdia pelas suas falhas. Lembre-se de que Deus deseja restaurar os relacionamentos. Permita que o Senhor derrame misericórdia e amor em seu coração em relação aos seus pais.

22 DE JUNHO
FONTES ETERNAS

Não valorizamos o fato de que quando ligamos a torneira, a água sai. Quando precisamos de algo para beber, podemos matar nossa sede sem dificuldades. Nos tempos de Jesus, porém, as pessoas — normalmente mulheres — precisavam buscar água no poço que, muitas vezes, ficava bem longe de suas casas. Era necessário um trabalho diário para satisfazer as necessidades das famílias.

Imagine, naquele tempo, receber a oferta de uma água que duraria para sempre. Foi isso que Jesus ofereceu à mulher no poço. Ela nunca mais precisaria enfrentar aquela viagem até o poço, debaixo do sol. Ela queria satisfazer essa necessidade. Jesus comparou a aspiração daquela mulher a um desejo espiritual: assim como o poço era uma fonte de vida física, Cristo era a fonte de vida eterna.

"Mas quem beber da água que eu lhe der nunca mais terá sede. Ao contrário, a água que eu lhe der se tornará nele uma fonte de água a jorrar para a vida eterna." (João 4.14)

Você recebeu Jesus como fonte de sua vida. Ele não apenas promete lhe oferecer água eterna, mas lhe diz que essa água será como uma fonte. Você é grata pela vida eterna que Cristo colocou dentro de você? Lembre-se de fazer do Senhor a sua fonte de vida hoje.

23 DE JUNHO

PROMESSAS DIVINAS

Quando Adão e Eva foram pegos em pecado, eles se envergonharam. Em vez de se arrependerem, tentaram se proteger e colocar a culpa em terceiros. Foi culpa da mulher, não foi? Ou foi culpa da serpente? Deus puniu a todos; a verdade é que todos eles foram responsáveis por suas escolhas.

A mentira existe desde o Jardim do Éden. Não agimos de maneira muito diferente de Adão e Eva quando tentamos esconder nossos erros. Criamos, rapidamente, desculpas para o que fizemos; ninguém gosta de sentir vergonha. Infelizmente, como sabemos que nos afastamos da verdade algumas vezes, não acreditamos nas outras pessoas também. Isso faz parte da natureza humana. Mas não diz respeito à natureza de Deus.

"Deus não é homem para que minta, nem filho de homem para que se arrependa. Acaso ele fala, e deixa de agir? Acaso promete, e deixa de cumprir?" (Números 23.19)

Deus é completamente divino; ele não pode mentir. O que o Senhor falou é verdade, podemos, portanto, acreditar que as promessas dele serão cumpridas. Você, às vezes, duvida da presença, da ajuda ou da bondade de Deus em sua vida? Dedique um tempo hoje para ler a Bíblia, crendo que ali estão escritas palavras de verdade que prevalecerão.

24 DE JUNHO

CONFUSA?

Às vezes, quando buscamos resposta para uma decisão, podemos receber tantas "palavras" que acabamos com mais dúvidas do que tínhamos no início! Alguma vez uma pessoa orou por você e você recebeu palavras que pareciam contradizer umas às outras? Já se sentiu confusa por não entender uma palavra ou por não saber se ela era de Deus?

A Bíblia nos conta que a igreja de Corinto estava enfrentando essa dificuldade. Por terem recebido o Espírito Santo, os santos estavam tão entusiasmados que compartilhavam todo tipo de profecia e revelação. Essa falta de ordem se tornou confusa para as pessoas, então Paulo incentivou os santos a falarem de maneira responsável.

"Pois Deus não é Deus de desordem, mas de paz. Como em todas as congregações dos santos." (1Coríntios 14.33)

Deus escolheu falar por intermédio do seu povo e isso vem com uma responsabilidade para declararmos a Palavra do Senhor de uma forma que produza paz, e não confusão. Se você está experimentando confusão em sua vida hoje, ore para que Deus lhe dê discernimento da verdade. Leia a sua Palavra e permita que a paz do Senhor a guie em todas as coisas.

25 DE JUNHO

DÊ UM PASSO DE FÉ

Deus nem sempre nos mostra o plano inteiro quando pede que façamos algo. Josué e os israelitas precisaram atravessar o rio Jordão, antes que pudessem entrar na Terra Prometida. Deus disse a Josué que separaria as águas para eles. Os sacerdotes, que guiavam o caminho com a arca, entraram na água primeiro. Lá estavam os sacerdotes — parcialmente imersos na água — esperando que o Senhor cumprisse o que havia prometido. Eles precisaram ter muita fé para entrar na água e esperar pelo milagre.

Às vezes, Deus faz com que entremos em um rio antes de separar as águas, porque a obra que ele pode fazer em nosso coração, por intermédio de um simples ato de fé, faz valer a pena qualquer medo que possamos sentir.

"E o SENHOR disse a Josué: 'Hoje começarei a exaltá-lo à vista de todo o Israel, para que saibam que estarei com você como estive com Moisés. Portanto, você é quem dará a seguinte ordem aos sacerdotes que carregam a arca da aliança: Quando chegarem às margens das águas do Jordão, parem junto ao rio.'" (Josué 3.7-8)

Se o Senhor nos mostrasse todas as etapas de seus planos, não precisaríamos ter fé. Deus sabe o que a nossa natureza humana é capaz de suportar e, à luz disso, ele não lhe contará aquilo que você não precisa saber. Deus não mente nem muda de ideia, e ele não se esquecerá do que prometeu a você. Se você é capaz de confiar nele para entrar na água, ele cumprirá a sua promessa e você pisará em terra firme.

26 DE JUNHO
A PALAVRA

Enfrentamos muita oposição em nossa busca diária por Cristo. Nós nos desviamos com bastante facilidade por causa das coisas deste mundo, das nossas lutas emocionais e da nossa batalha contra o pecado. Sem a verdade da Palavra viva e ativa de Deus, nós nos tornamos indefesos para sermos bem-sucedidos em nossa vida cristã.

A Palavra de Deus é a nossa melhor defesa contra a desesperança, o medo e o pecado — e, ao mesmo tempo, é a nossa melhor arma contra a tentação, as mentiras e o inimigo de nossas almas.

"Como pode o jovem manter pura a sua conduta? Vivendo de acordo com a tua palavra. Eu te busco de todo o coração; não permitas que eu me desvie dos teus mandamentos. Guardei no coração a tua palavra para não pecar contra ti." (Salmo 119.9-11)

Estabeleça uma meta de memorizar as Escrituras, as quais poderão ajudá-la em sua vida diária. Cole versículos em seu calendário, pendure passagens bíblicas em sua geladeira e emoldure textos da Bíblia em suas paredes. A Palavra de Deus é o livro mais útil, instrutivo e poderoso que existe. Devore-o, absorva-o, conheça-o e viva-o.

27 DE JUNHO

APROVAÇÃO

O que a motiva a ser espiritual? Tenta falar eloquentemente na igreja para que as pessoas se impressionem com você ou fala por meio de um amor sincero por Cristo e de um desejo de edificar a igreja? Levanta suas mãos em adoração para que os outros vejam a sua ligação com Cristo ou adora a Deus por causa do seu grande amor pelo seu Salvador?

As nossas palavras devem ser incentivadas por amor a Deus, caso contrário, elas não significam nada. O nosso louvor deve nascer a partir do nosso amor pelo Criador, ou então é apenas barulho.

"Acaso busco eu agora a aprovação dos homens ou a de Deus? Ou estou tentando agradar a homens? Se eu ainda estivesse procurando agradar a homens, não seria servo de Cristo." (Gálatas 1.10)

À medida que você serve e segue a Cristo, avalie constantemente o seu coração para descobrir se busca agradar aos homens ou a Deus. Paulo é bastante claro quando diz que quando tentamos agradar aos homens, não estamos servindo a Cristo. Mantenha os seus olhos e o seu coração fixos no Altíssimo, pois ele é o único digno do seu louvor.

28 DE JUNHO

ATAREFADA

A nossa vida é tão atribulada que muitas vezes temos dificuldades de encontrar tempo para dedicar a Jesus. Temos tantas coisas que demandam a nossa atenção, que pode ser difícil separar uma parte do nosso dia para Deus.

Deus, que existe desde a eternidade, não é limitado pelo tempo. E como ele não está preso ao tempo, este não o limita da mesma maneira que nos restringe. Quando separamos poucos minutos para estar em sua presença em meio a nossas agendas agitadas, o Criador nos encontra ali e compartilha grandes verdades conosco.

"Havia muita gente indo e vindo, ao ponto de eles não terem tempo para comer. Jesus lhes disse: 'Venham comigo para um lugar deserto e descansem um pouco.'" (Marcos 6.31)

Nos dias em que você sente que não tem tempo sequer para comer, peça a Deus que lhe conceda graça para encontrar alguns momentos para estar na presença dele. O Criador fala quando abrimos nosso coração à sua verdade — mesmo em meio à agitação do nosso dia a dia.

29 DE JUNHO

PALAVRA VIVA

Já percebeu Deus falando com você por intermédio de temas? Todas nós passamos por diferentes fases na vida, e o Criador fala ao nosso coração de acordo com elas. Algumas pessoas podem estar passando por uma fase em que precisam aprender a esperar, enquanto outras podem estar sendo instruídas a dar um passo de fé. Contudo, o Senhor é poderoso para falar com cada uma de nós — em qualquer fase — ao mesmo tempo e usando as mesmas palavras.

A Palavra de Deus é viva e ativa. Fala verdades ao coração de todas as pessoas. Duas pessoas podem interpretar coisas diferentes de uma mesma passagem bíblica, dependendo do que o Senhor está fazendo no coração delas. Pelo corpo de Cristo, podemos nos unir e compartilhar aquilo que Deus tem nos ensinado — multiplicando, assim, o nosso amadurecimento enquanto encorajamos uns aos outros.

"Pois a palavra de Deus é viva e eficaz, e mais afiada que qualquer espada de dois gumes; ela penetra até o ponto de dividir alma e espírito, juntas e medulas, e julga os pensamentos e intenções do coração." (Hebreus 4.12)

Nunca duvide do poder da Palavra de Deus. O seu Criador a conhece muito intimamente, pois foi ele quem a criou — e ele se preocupa o suficiente com você para falar diretamente ao seu coração por intermédio de sua Palavra Viva.

30 DE JUNHO

POR UM TEMPO COMO ESTE

Às vezes, é difícil nos sentirmos felizes na situação em que nos encontramos. Ao olharmos para o futuro, podemos sentir esperança e, facilmente, desejar estar em outro momento, diferente do que estamos vivendo agora.

Como Deus nos criou para desejarmos o céu, temos uma tendência inata de olhar para o futuro. Mas como podemos encontrar satisfação no presente, em vez de apenas almejarmos o que está por vir? Como podemos viver nossa vida da melhor maneira possível, quando temos um desejo profundo de estar em outro lugar?

Quando Ester descobriu o plano do rei para destruir os judeus, ela deve ter pensado que Deus havia cometido um erro ao permitir que ela se casasse com ele. Ester provavelmente tenha desejado que outra mulher tivesse sido escolhida para ser rainha. Contudo o Senhor a escolheu.

"Pois, se você ficar calada nesta hora, socorro e livramento surgirão de outra parte para os judeus, mas você e a família do seu pai morrerão. Quem sabe se não foi para um momento como este que você chegou à posição de rainha?" (Ester 4.14)

Você pode sentir que alguma situação em sua vida é impossível. Pode ambicionar viver outra fase da vida ou desejar que outra pessoa passe pelo que está passando neste momento. Mas Deus a escolheu e ele não comete erros. Ele a escolheu para você estar exatamente onde se encontra, a fim de cumprir a obra que ele separou para você neste lugar. Você foi escolhida para um momento como este.

JULHO

"Os preceitos do SENHOR são justos, e dão alegria ao coração. Os mandamentos do SENHOR são límpidos, e trazem luz aos olhos."

(Salmo 19.8)

1 DE JULHO

LIBERDADE DESCOMPLICADA

Complicamos demais a liberdade na vida cristã. Por meio de nossos legalismos, tentamos encontrar uma maneira de humanizar a obra redentora da cruz, simplesmente porque não conseguimos compreender o caráter sobrenatural de Deus.

Pode ser difícil compreendermos a graça completa oferecida no Calvário, porque somos incapazes de oferecer esse tipo de favor imerecido. No entanto, quando o Criador diz que esqueceu completamente os nossos pecados e nos fez novas criaturas, ele está falando a verdade. Deus é amor, e o amor não guarda rancor. Nada pode nos separar do seu amor. A salvação rasgou o véu que nos separava da santidade do Senhor. Essa obra não pode ser diminuída ou apagada por nada que fizermos.

"Como se fossem uma nuvem, varri para longe suas ofensas; como se fossem a neblina da manhã, os seus pecados. Volte para mim, pois eu o resgatei." (Isaías 44.22)

A liberdade é, realmente, simples assim. A beleza do Evangelho pode ser resumida neste único conceito — graça, embora não merecida, oferecida sem restrições. Aceite-a hoje. Viva debaixo da graça total, sem duvidar.

2 DE JULHO
CASTELOS DE AREIA

Você já esteve na praia e observou uma criança construir, incansavelmente, um castelo de areia? Elas passam horas aperfeiçoando a sua criação, construindo cuidadosamente cada parte do castelo e se afastando para admirar o seu trabalho. Mas elas não têm consciência das ondas do mar e não se dão conta de que, com o passar do dia, a sua obra-prima será levada pela maré. Todo o seu trabalho, concentração e orgulho irão embora com o varrer das ondas.

Quais castelos estamos construindo em nossa vida que podem, a qualquer momento, ser desfeitos? Precisamos ver o contexto mais amplo e saber o que é duradouro e o que não é. Existem reinos temporários e um único reino que durará para sempre. Precisamos analisar em qual deles estamos investindo.

"Não acumulem para vocês tesouros na terra, onde a traça e a ferrugem destroem, e onde os ladrões arrombam e furtam. Mas acumulem para vocês tesouros nos céus, onde a traça e a ferrugem não destroem, e onde os ladrões não arrombam nem furtam. Pois onde estiver o seu tesouro, aí também estará o seu coração." (Mateus 6.19-21)

Se o seu trabalho e o seu coração estiverem investidos em uma visão celestial, então eles ainda terão importância mesmo quando você não estiver mais aqui. Dedique seu tempo para investir na alma eterna das pessoas, no avanço do Reino de Deus e na verdade eterna do evangelho. Nessas coisas você encontrará propósito e um tesouro que dura para sempre.

3 DE JULHO

RISCO

A maioria das coisas boas da vida envolve algum risco. Podemos admitir que, provavelmente, já cometemos muitos erros bobos na vida, mas também já tomamos decisões certas. Alguns dos riscos que assumimos terminam em desastre, enquanto outros, em sucesso total.

Uma coisa que todos os riscos têm em comum é que eles nos ensinam alguma coisa. Nunca saímos as mesmas pessoas. Embora tomar uma decisão arriscada seja algo assustador, descobrimos a nossa própria coragem nessas situações.

Confiar em Deus exige fé, o que é um risco; mas assumir riscos é necessário quando desejamos seguir ao Senhor de todo o coração. Com certeza é mais fácil apenas observar. Voar abaixo do radar. Ter uma vida segura. No entanto, quando permitimos que o medo nos impeça de assumir riscos, perdemos oportunidades maravilhosas na vida.

"O SENHOR é a minha força e o meu escudo; nele o meu coração confia, e dele recebo ajuda. Meu coração exulta de alegria, e com o meu cântico lhe darei graças." (Salmo 28.7)

Às vezes precisamos simplesmente pular e esquecer que podemos nos machucar. É necessário deixar de lado o que a nossa consciência nos diz e confiar no que Deus está dizendo. O tipo de risco necessário para a nossa fé em Deus é o que possui a maior recompensa.

4 DE JULHO

DÊ-ME LIBERDADE

Na liberdade não há obrigações. Liberdade é viver livre de dívidas, restrições e amarras.

A nossa obrigação para com os pecados que cometemos é satisfazer a justiça. A nossa alma não pode ser liberta sem que nos livremos de nossa dívida com o pecado, e o preço exigido pela nossa alma é a morte. Quando a nossa dívida foi paga pela morte de Jesus, a forma mais verdadeira de liberdade foi declarada sobre nossa alma. As nossas correntes foram quebradas e nossa liberdade, concedida. Quando Jesus retornou ao céu, ele deixou o seu Espírito conosco, pois onde o seu Espírito está, há liberdade. (veja 2Coríntios 3.17)

"Mas agora que vocês foram libertados do pecado e se tornaram escravos de Deus, o fruto que colhem leva à santidade, e o seu fim é a vida eterna." (Romanos 6.22)

Existe uma liberdade à sua espera que desafiará qualquer noção pré-concebida que você possa ter sobre o que significa ser livre. Há liberdade na presença do Espírito de Deus, como em nenhum outro lugar. O Criador deseja que você abandone o pecado e entre na vida de liberdade que ele tem para você. Deixe suas obrigações aos pés do Senhor — ele já cuidou delas.

5 DE JULHO

MILAGRES

A Bíblia está cheia de histórias sobre poder, cura e ressurreição. Desejamos ter estado lá quando o fogo de Deus desceu sobre o sacrifício de Elias, ou quando Lázaro saiu do túmulo — um homem morto voltando à vida.

Deus deixa claro que os milagres não acabam quando a Bíblia termina. O seu poder não é limitado pelo tempo e ele é tão onipotente hoje quanto era no passado — o que, então, mudou? Por que sentimos como se acontecessem menos milagres hoje? Deus diz que as obras que ele realizará através de seus seguidores serão maiores do que aquelas que Jesus realizou através de seus discípulos. Contudo, essas obras serão realizadas *naqueles que creem*. O poder de Deus não pode ser limitado, mas a demonstração desse poder pode ser diminuída pela nossa falta de fé.

"Digo-lhes a verdade: Aquele que crê em mim fará também as obras que tenho realizado. Fará coisas ainda maiores do que estas, porque eu estou indo para o Pai." (João 14.12)

Deus não mente. Ele nos diz que, quando cremos nele, podemos realizar milagres. Creia no Senhor para fazer alguma coisa hoje. Não acredite na mentira de que o poder dele não se manifesta mais atualmente; não duvide da capacidade divina de fazer um milagre em sua vida. Creia no Senhor para realizar algo grande e peça que ele lhe dê fé, sabendo que ele pode todas as coisas.

6 DE JULHO
PALAVRAS DE CURA

As palavras nos afetam profundamente. É incrível como temos dificuldade para lembrar um número de telefone, mas somos capazes de recordar inúmeras palavras duras ditas anos atrás.

Ao longo de toda a Bíblia, Deus caracteriza uma pessoa sábia como alguém que diz poucas palavras. Talvez seja porque uma palavra dita sem pensar pode causar muito dano. Nenhuma de nós pode negar que as palavras têm muito poder. Podem deixar uma marca que não se apaga facilmente.

As nossas palavras trazem cura para as pessoas ao nosso redor? Não podemos subestimar o poder das nossas palavras. O versículo a seguir nos faz lembrar que as palavras de sabedoria trazem cura.

"Há palavras que ferem como espada, mas a língua dos sábios traz a cura." (Provérbios 12.18)

Se você disse palavras que não deveria ter proferido, você tem a oportunidade de trazer cura com palavras sábias. Se você foi magoada por declarações de alguém, busque as palavras mais sábias que já foram escritas — as Escrituras — para receber cura para as cicatrizes em seu coração.

7 DE JULHO
O PESO DA GRAÇA

Quando ouvimos a notícia de um assassino que matou alguém a sangue frio, nosso coração dispara dentro do peito. Ficamos iradas e indignadas com tamanha injustiça e esperamos para ouvir qual será o castigo.

E se o juiz largasse o martelo e declarasse que o assassino não seria condenado? Que, em vez disso, seria protegido por aquele tribunal? Sofreria apenas algumas consequências e, então, seria posto em liberdade sob a proteção do governo. Isso não seria justo, seria?

"Disse Caim ao SENHOR: 'Meu castigo é maior do que posso suportar. Hoje me expulsas desta terra, e terei que me esconder da tua face; serei um fugitivo errante pelo mundo, e qualquer que me encontrar me matará'. Mas o SENHOR lhe respondeu: 'Não será assim; se alguém matar Caim, sofrerá sete vezes a vingança'. E o SENHOR colocou em Caim um sinal, para que ninguém que viesse a encontrá-lo o matasse." (Gênesis 4.13-15)

Caim ofereceu um sacrifício inaceitável a Deus, assassinou seu irmão inocente por inveja e mentiu sobre a morte dele. Apesar de o Criador ter sofrido pelo pecado de Caim, o Senhor lhe concedeu a sua extraordinária graça — graça em forma de um sinal indelével de proteção. Este é o peso da graça: uma graça tão grande e tão ampla, que até o mais terrível assassino é coberto pelo amor e pela misericórdia de Deus. Essa graça é sua hoje.

8 DE JULHO

VOZ NO DESERTO

João Batista era um homem radical, com fogo para preparar a terra para a vinda de Jesus. Não vivia para si mesmo e era alguém completamente quebrantado pela mensagem do Messias. Tinha sede pela eternidade e o intuito de glorificar a Deus.

Assim como João Batista era a voz no deserto, preparando o caminho para a primeira vinda de Jesus, somos, agora, a voz que clama para preparar o mundo para a sua segunda vinda.

"Vocês mesmos são testemunhas de que eu disse: Eu não sou o Cristo, mas sou aquele que foi enviado adiante dele. A noiva pertence ao noivo. O amigo que presta serviço ao noivo e que o atende e o ouve, enche-se de alegria quando ouve a voz do noivo. Esta é a minha alegria, que agora se completa." (João 3.28-29)

Para que Jesus Cristo pudesse ter o seu devido lugar no coração do povo, João Batista sabia que tinha de desaparecer. Você não pode salvar as pessoas para quem está pregando. Não pode salvá-las do pecado ou mantê-las no inferno. Só Jesus pode fazer isso. Mas você pode preparar o caminho em seu coração para a presença do Senhor. Não deixe a glória de Deus escondida! Mostre-a e faça-a conhecida, para que, quando Cristo vier, aqueles que a conhecerem saibam quem ele é por que você proclamou claramente sobre o seu caráter.

9 DE JULHO

BELEZA ESCONDIDA

A beleza tem um grande poder de influência na vida das mulheres. Somos constantemente bombardeadas com imagens e mensagens que tentam definir o que é a beleza. Mesmo quando temos confiança sobre quem somos, às vezes é difícil não ceder aos pensamentos sutis de que não somos boas o suficiente.

A horrível verdade sobre a beleza exterior é que não importa quanto tempo, atenção e investimento a ela dedicamos, ela acaba. A nossa aparência muda, inevitavelmente, com o passar do tempo, e a nossa beleza física se esvai.

Em um mundo onde ouvimos constantemente que devemos nos embelezar para sermos notadas, a ideia de embelezar nosso ser interior soa quase como uma fantasia. Contudo, o que realmente importa é a opinião do nosso Criador. Pode parecer clichê, mas quando nos afastamos de todas as distrações da mídia e das mentiras que ela conta, a verdade torna-se clara.

"Ao contrário, esteja no ser interior, que não perece, beleza demonstrada num espírito dócil e tranquilo, o que é de grande valor para Deus." (1Pedro 3.4)

Você foi criada para alegrar o coração de Deus. Não há nada que o alegre mais do que um coração voltado ao nosso Salvador e vestido com a beleza imperecível de um espírito dócil e tranquilo, de onde flua doçura e bondade.

10 DE JULHO

BRINCANDO DE FAZ DE CONTA

Todas nós já brincamos bastante de faz de conta quando éramos crianças, rodopiando pela sala com um vestido de princesa ou correndo pelo jardim fantasiando com uma história que criamos em nossa mente. A maioria das meninas provavelmente passou noites de verão caçando vagalumes e sonhos ou brincando de esconde-esconde. A nossa juventude sonhadora levava as nossas imaginações nas mais loucas aventuras e o nosso coração acelerava com as criações de nossa alma.

Fingir que somos outra pessoa, ou que estamos em outro lugar, começa cedo durante nossa infância e continua a fazer parte de nós, mais sutilmente, à medida que amadurecemos. Nós ainda permitimos que a imaginação nos transporte para outros lugares e circunstâncias diversas. De alguma maneira, é mais fácil para nós abraçarmos o encanto dos "e se" do que a realidade do "que é".

"Descobri que não há nada melhor para o homem do que ser feliz e praticar o bem enquanto vive. Descobri também que poder comer, beber e ser recompensado pelo seu trabalho é um presente de Deus." (Eclesiastes 3.12-13)

Isso não poderia ter sido escrito de maneira mais clara. Não há nada melhor do que estar satisfeito com a própria vida. A sua vida é feita do agora. Cada momento que você vive, cada suspiro que dá, faz parte deste exato segundo. Encontrar a felicidade em sua própria vida é encontrar a melhor coisa. E encontrar satisfação em seu trabalho é um presente de Deus. Valorize a sua vida! Esteja satisfeita com o momento em que está vivendo. Satisfação é viver cada dia como se fosse um sonho.

11 DE JULHO

ARMÁRIO DE TEMPEROS

Qualquer pessoa que goste de cozinhar tem um armário de temperos — aquele espaço onde todas as especiarias ficam guardadas, perto do fogão. Alguns temperos são usados regularmente: alho, sal e pimenta. Há também outros temperos que talvez sejam utilizados com menos frequência: cardamomo, estragão e erva-doce. Apesar de tais temperos acumularem poeira no fundo do armário de temperos, nós, mesmo assim, contamos com eles para ressaltar os sabores certos em algumas receitas.

A vida é muito parecida com esse armário de temperos. Guardamos as nossas experiências como especiarias: algumas fazem muito sentido — como o sal e a pimenta — e nós as usamos frequentemente, reconhecendo, claramente, a utilidade delas. Outras experiências são mais sutis e não declaradas; às vezes passamos anos sem entender por que as vivemos. Contudo, em um determinado momento, a receita da nossa vida precisa de um pouco de açafrão. Então, de repente, tudo faz sentido. Aquela experiência que tivemos — aquela que pensamos ter vivido por acidente — será a única relevante para aquele momento específico.

"Sabemos que Deus age em todas as coisas para o bem daqueles que o amam, dos que foram chamados de acordo com o seu propósito." (Romanos 8.28)

Talvez exista uma fase de sua vida que você não entende bem. Pode olhar para essa experiência e enxergar apenas fracasso e desperdício. Quando não conseguir entender por que algo aconteceu, lembre-se de que Deus age *em todas as coisas* para o seu bem, pois o Senhor a ama.

12 DE JULHO
ENTREGA

Entrega é oferecer a outra pessoa aquilo que se possui, sem reservas. Quando entregamos alguma coisa, perdemos nossa posse e nossos direitos sobre ela. Como é uma vida completamente entregue a Cristo? É quando não guardamos nada de Deus e nos rendemos inteiramente a ele.

A entrega total a um Deus santo não pode ser fingida. O Criador, que é onisciente, não pode ser enganado por palavras eloquentes e falso compromisso. A entrega completa a ele deve ser sincera e verdadeira.

"Da mesma forma, qualquer de vocês que não renunciar a tudo o que possui não pode ser meu discípulo." (Lucas 14.33)

Ser discípulo de Cristo exige uma entrega total e completa de tudo o que temos e somos. Ele não pede que abramos mão de nada que ele não daria a nós. Quando abriu mão de sua glória e dos direitos do seu trono celestial, ele lhe entregou mais do que você jamais será capaz de entregar por ele. Jesus nunca disse que esta vida seria simples ou inexpressiva. Contudo, o Senhor prometeu que a recompensa seria grande.

13 DE JULHO

IDOLATRIA

É fácil imaginarmos a idolatria como algo distante, caracterizado por pessoas com trajes estranhos curvando-se diante de esculturas de ídolos. A idolatria, no entanto, não se limita a ídolos físicos: é extrema devoção a algo ou alguém.

Podemos ser consumidas por admiração a muitas coisas. A idolatria pode ter diversas formas em nossa vida. Os ídolos são as coisas que estão em primeiro lugar em nosso coração — lugar que deveria pertencer somente a Deus.

"Não se desviem, para seguir ídolos inúteis, que de nada valem nem podem livrá-los, pois são inúteis." (1Samuel 12.21)

Os ídolos — sejam eles dinheiro, uma pessoa, uma carreira ou um sonho — não podem nos libertar. Somente o Deus do universo, que nos salvou com seu grande amor, é digno de nossa admiração extrema. Somente o Criador merece o nosso amor e a nossa reverência. Outras coisas que podemos ser tentadas a admirar não serão capazes de nos dar um retorno. Examine o seu coração e faça as perguntas difíceis que devem ser feitas. Deus ocupa, exclusivamente, o trono do seu coração? Ou há outras coisas que foram tomando o lugar do Senhor como objeto de extrema paixão e admiração?

14 DE JULHO
TENTAÇÃO

Quando você se aproxima de Deus para pedir ajuda a fim de resistir à tentação, ou para pedir perdão por algum pecado, sente-se envergonhada? Tem a sensação como se Deus não pudesse entender como você caiu naquele pecado mais uma vez?

Sabemos que Jesus sofreu tentações quando esteve aqui na terra, porém nós também sabemos que o Senhor nunca pecou. Mas como Cristo experimentou a tentação, ele tem muita compaixão quando lutamos contra o desejo de pecar.

"Grande é o nosso Soberano e tremendo é o seu poder; é impossível medir o seu entendimento." (Salmo 147.5)

Jesus entende a sua tentação para pecar, porque ele foi tentado da mesma maneira! Você tem um advogado em Cristo — que entende como é difícil resistir a tentações, pois ele mesmo as enfrentou. Pode ter confiança ao se aproximar de Deus para pedir perdão. Ele oferece misericórdia e graça livremente àqueles que as buscam.

15 DE JULHO

O PLANO

Todas nós gostamos de ter um mapa para cada parte da estrada. Como cristãs, passamos muito tempo buscando a "vontade de Deus".

Muitas vezes, quando se trata da vontade divina, podemos, honestamente, perder o objetivo. Procuramos aquilo que Deus deseja que façamos, mas deixamos de prestar atenção a sua natureza. O Criador sabe o que está fazendo. Na maioria das vezes ele não nos conta o que fará, apenas nos mostra quem ele é.

"Pela fé Abraão, quando chamado, obedeceu e dirigiu-se a um lugar que mais tarde receberia como herança, embora não soubesse para onde estava indo." (Hebreus 11.8)

Não saberemos sempre para onde Deus está nos guiando. Contudo, o desejo do Criador é que *o* conheçamos. Não que saibamos quais são todos os detalhes do seu plano, ou a história de outra pessoa. Ele só quer que você conheça o seu caráter e natureza. Quanto mais perto de Deus você estiver, mais ele se alegrará em você. E não é esse o nosso desejo, que o Senhor se alegre com a nossa vida? Apenas quando habitamos em Jesus ele pode realizar a sua perfeita vontade em nós. Coloque-se diante dele hoje e livre-se de suas perguntas e do desejo de conhecer os planos do Senhor. Simplesmente coloque-se diante de Deus com o desejo de conhecê-lo. Ele não a deixará na mão.

16 DE JULHO
COBRINDO OFENSAS

Quando uma amiga próxima faz algo que nos ofende, o nosso orgulho pode fazer com que busquemos confirmação com alguém totalmente de fora da situação. Sentimos necessidade de processar a nossa dor, portanto, buscamos um ouvido amigo que possa confirmar nossos sentimentos.

No entanto, ao meditar sobre essa questão em pensamento e com nossas palavras, permitimos que a nossa raiva aumente. E quanto mais repetimos a ofensa aos nossos ouvintes, que só têm acesso à nossa versão da história, mais nos afastamos de qualquer reconciliação. Para que o amor prospere em nossos relacionamentos, devemos escolher o perdão, e não a ofensa. Precisamos abrir mão de qualquer direito que podemos pensar ter na situação e colocar o amor em primeiro lugar — pois o amor é de Deus.

"Aquele que cobre uma ofensa promove amor, mas quem a lança em rosto separa bons amigos." (Provérbios 17.9)

Na próxima vez que alguém a ofender, em vez de procurar outras pessoas com quem desabafar, corra para Deus e peça forças para perdoar. Escolha perdoar a ofensa e proteger a amizade, em vez de prolongar a dor ao compartilhá-la com outras pessoas.

17 DE JULHO

AMIZADE PROFUNDA

Pode ser frustrante quando nossa melhor amiga nos confronta sobre algo que precisamos mudar em nossa vida. Mesmo quando sabemos que ela está certa, nunca é fácil ouvir sobre nossas fraquezas.

Depois de passar por algo assim em relacionamentos profundos, é natural nos sentirmos mais atraídas a pessoas com quem temos relacionamentos mais superficiais. Gostamos da natureza tranquila dessas amizades, porque elas exigem menos trabalho.

As amizades superficiais podem parecer mais fáceis de serem mantidas do que ter de enfrentar a honestidade que vem com as relações mais profundas. Contudo, elas são mais atraentes simplesmente porque ainda não nos aprofundamos o suficiente para alcançar a vulnerabilidade. Se fizermos isso, encontraremos pessoas tão imperfeitas quanto qualquer outra.

"Quem fere por amor mostra lealdade, mas o inimigo multiplica beijos." (Provérbios 27.6)

Valorize os relacionamentos profundos em sua vida. Não é fácil encontrar alguém que conhece todos os nossos defeitos e permanece ao nosso lado. Aqueles que estão dispostos a dizer coisas difíceis para incentivá-la em sua caminhada com Deus são muito mais valiosos do que os amigos que só dizem aquilo que queremos ouvir.

18 DE JULHO

PERSPECTIVA ETERNA

Colocamos muita ênfase na necessidade de entender a vida. Nós nos concentramos tão facilmente no aqui e agora que perdemos de vista o fato de que a vida na terra é apenas um piscar de olhos quando comparada à eternidade.

Todos os nossos planos mudarão completamente quando passarmos a viver com uma perspectiva eterna. Quando compreendermos que as únicas coisas que durarão são as espirituais, nos daremos conta de que precisamos ajustar as nossas prioridades. O nosso valor eterno deve ser maior do que a nossa valorização terrena. Podemos estar entre as pessoas mais ricas aqui na terra, mas estar destinados à destruição eterna. Ou podemos viver com dificuldades financeiras nesta vida e sermos governadores de meio reino na próxima.

"Ele fez tudo apropriado ao seu tempo. Também pôs no coração do homem o anseio pela eternidade; mesmo assim ele não consegue compreender inteiramente o que Deus fez." (Eclesiastes 3.11)

Você tem a oportunidade única de determinar como viverá a sua vida eterna. Sirva bem a Deus em sua curta vida aqui na terra, para que possa viver eternamente em sua glória.

19 DE JULHO

A MAIOR HISTÓRIA DE AMOR

Pense na história de amor mais linda que já ouviu. Romeu e Julieta, talvez? Ou a história de alguém cujo amor parecia transcender todas as outras? O que acha mais bonito nessa história? A poesia, sussurrada em doces estrofes? Ou a linda imagem do casal? Ou seria o sacrifício, as coisas das quais eles abriram mão por causa do seu amor?

O amor não é fácil porque exige sacrifício. O verdadeiro amor exige que se entregue algo pelo bem do ser amado. Jesus entregou tudo por nós: sua vida, sua glória, sua divindade e seus direitos. Era a única pessoa capaz de condenar a raça humana inteira, e ele escolheu condenar a si mesmo. Não temos um amante que morreu em vão por uma história de amor que acabaria em tragédia. O nosso amante é vitorioso e forte.

"Deus tornou pecado por nós aquele que não tinha pecado, para que nele nos tornássemos justiça de Deus." (2Coríntios 5.21)

Jesus sabia que se não entregasse a sua vida, jamais poderia estar conosco. O seu amor por nós é tão profundo que ele não conseguiria viver a eternidade longe da gente. Você jamais ouvirá uma história de amor maior. Jesus deseja você com um fervor que o levou até a morte. Responda a esse amor hoje, permitindo que o seu coração seja cortejado em sua presença.

20 DE JULHO
CORAÇÕES TEIMOSOS

A teimosia é um atributo complicado. Às vezes, não há sequer abertura para conversa com uma pessoa teimosa. Ela tem a sua opinião própria sobre como as coisas devem ser feitas e normalmente não está disposta a ouvir conselhos.

Todos nós podemos ser um pouco teimosos vez ou outra. Infelizmente, essa teimosia é, algumas vezes, direcionada a Deus. Sentimos o seu Espírito nos aconselhando gentilmente, mas racionalizamos as coisas em vez de permitir que o Senhor guie o nosso coração. O Criador pode fazer mais em um mês a uma vida entregue a ele do que faria em anos com pessoas teimosas.

"Eu sou o SENHOR, o seu Deus, que o tirei da terra do Egito. Abra a sua boca, e eu o alimentarei. Mas o meu povo não quis ouvir-me; Israel não quis obedecer-me. Por isso os entreguei ao seu coração obstinado, para seguirem os seus próprios planos." (Salmo 81.10-12)

Existe alguma área em sua vida onde você esteja sendo teimosa em relação a Deus? Não se esqueça de tudo o que Jesus fez por você. Deus deseja encher a sua boca e usar a sua vida. Precisa estar aberta ao Altíssimo. Não hesite. Entregue-se completamente a ele e siga os seus conselhos.

21 DE JULHO

ESCOLHIDA E CHAMADA

Quando Deus pede que façamos algo, o nosso primeiro instinto é olhar ao redor e procurar alguém que poderia fazer melhor. Nós nos perguntamos por que o Senhor não escolheu aquela pessoa que — aos nossos olhos — é claramente mais qualificada do que nós.

Deus poderia ter escolhido qualquer pessoa para ser o seu porta-voz e líder para o incrível trabalho que fez para os israelitas. Ele, porém, escolheu Moisés. O Criador conhecia os pontos fortes e fracos de Moisés antes de chamá-lo. E mesmo assim o Senhor o escolheu.

"Disse, porém, Moisés ao SENHOR: 'Ó Senhor! Nunca tive facilidade para falar, nem no passado nem agora que falaste a teu servo. Não consigo falar bem!'" (Êxodo 4.10)

Às vezes você sente que Deus não deveria tê-lo escolhido para fazer alguma coisa? Acha que seria melhor se ele tivesse optado por alguém mais criativo, inteligente ou eloquente? Você pode não entender por que o Altíssimo a chamou para uma determinada tarefa, mas pode confiar que quando o Senhor nos chama para fazer alguma coisa, é porque ele sabe não apenas que somos capazes, mas que somos a única pessoa que ele quer para fazer isso.

22 DE JULHO

COISAS QUE VOCÊ NÃO CONHECE

"Se você está aí, Deus, me dê um sinal!" As pessoas clamaram isso aos céus muitas vezes ao longo dos anos. Queremos ver alguma coisa que nos mostre que o Senhor é real — e não apenas que ele é real, mas que Deus também é presente. Desejamos uma experiência que traga o céu para a terra e que dissipe todas as nossas dúvidas.

Deus é mais do que poderoso para nos enviar esses sinais milagrosos, como podemos ver acontecer diversas vezes ao longo da Bíblia e da história. Ele, porém, é muito mais do que uma experiência. Pensamos, erroneamente, que a prova é o ápice do seu poder. Outros deuses podem fazer milagres e proporcionar experiências, mas o único e verdadeiro Deus continua a mostrar o poder dele quando atravessamos o vale. Ele está presente até mesmo no vale da sombra da morte, onde os milagres não parecem existir. Esses outros deuses não têm nada a nos oferecer quando enfrentamos dificuldades.

"Assim diz o SENHOR que fez a terra, o SENHOR que a formou e a firmou; seu nome é SENHOR: Clame a mim e eu responderei e lhe direi coisas grandiosas e insondáveis que você não conhece." (Jeremias 33.2-3)

Deus nos mostrará coisas que sequer conhecemos! Nós o limitamos à nossa experiência e àquilo que conhecemos sobre o Criador e sobre a vida. Ele nos mostrará coisas grandes e poderosas! O Senhor não é limitado pelo tempo, espaço ou compreensão humana. Coloque a sua esperança e a sua fé no grande Deus "Eu sou".

23 DE JULHO

SUSTENTADA

Sempre existe um motivo para preocupação, não é? Quer seja saúde, dinheiro, relacionamentos ou simplesmente detalhes, há muitas incógnitas na vida que podem nos deixar apreensivas. Mas e se parássemos de nos preocupar? E se parássemos de questionar e decidíssemos sentir paz? E se pudéssemos confiar completamente que Deus cuida de nós e daqueles a quem amamos? O Senhor é a nossa rocha e aquele que nos sustenta.

As palavras do Salmo 3 podem nos trazer conforto e paz quando estamos com medo. Elas demonstram a graça de Deus: a proteção e segurança de suas mãos. O versículo, porém, vai além da paz e do consolo e fala sobre o poder do Altíssimo. Nós só acordamos pela manhã por causa do seu poder que nos sustenta. Quando confiamos e cremos neste Deus que possui o poder de vida e morte, o que temos a temer? A nossa vida está em suas mãos. Não podemos mudar esse fato. Devemos, portanto, descansar nele.

"Eu me deito e durmo, e torno a acordar, porque é o SENHOR que me sustém." (Salmo 3.5)

Haverá muitas incógnitas em sua vida. Haverá momentos em que sentirá que puxaram o seu tapete e que não há nada que possa fazer, a não ser se desesperar. Durante esses momentos que não podemos controlar, podemos confiar. Você pode descansar a sua alma, a sua mente e o seu corpo nas mãos daquele que tem o poder de sustentá-la.

24 DE JULHO

GENEROSIDADE

Existe necessidade em todos os lugares para onde olhamos. Famílias que precisam de casas, missionários que necessitam de apoio, abrigos que clamam por doações e organizações não governamentais que precisam de ajuda financeira. Como, porém, podemos atender a essas necessidades? Como podemos doar o bastante para fazer a diferença?

A generosidade pode ser uma coisa assustadora. Doar pode significar que nos faltará algo. As ofertas nos custam. Pensamos que precisamos ter menos para poder fazer mais. Contudo, na economia de Deus, aquele que oferta generosamente será ricamente reembolsado. Aquele que não hesita em doar herdará todas as coisas.

"Há quem dê generosamente, e vê aumentar suas riquezas; outros retêm o que deveriam dar, e caem na pobreza. O generoso prosperará; quem dá alívio aos outros, alívio receberá." (Provérbios 11.24-25)

Deus proverá em todas as suas necessidades, independentemente do quanto você oferta às outras pessoas. Ele não mede a riqueza da mesma maneira que nós. O Senhor não opera segundo o nosso sistema econômico. O Criador nos dá recompensas que durarão para sempre e riquezas que jamais acabarão.

25 DE JULHO
UNIDADE CRISTÃ

Nós, cristãos, temos a tendência a criar divisões na igreja. Nós nos separamos de acordo com diferenças doutrinárias, preferências de cultos e escolhas pessoais. Muitas vezes damos muita importância a coisas pequenas e perdemos de vista a poderosa visão de Jesus para a sua Igreja. Ao criar essas divisões nos voltamos contra os nossos companheiros e inibimos o nosso chamado como comunidade.

"Minha oração não é apenas por eles. Rogo também por aqueles que crerão em mim, por meio da mensagem deles, para que todos sejam um, Pai, como tu estás em mim e eu em ti. Que eles também estejam em nós, para que o mundo creia que tu me enviaste. Dei-lhes a glória que me deste, para que eles sejam um, assim como nós somos um: eu neles e tu em mim. Que eles sejam levados à plena unidade, para que o mundo saiba que tu me enviaste, e os amaste como igualmente me amaste." (João 17.20-23)

Esforce-se para andar em união com seus irmãos e irmãs em Cristo. Ande em amor com eles para que o mundo veja isso como uma prova de que Jesus vive em você. Dedique um tempo hoje para ler o restante de João 17 e permita que a vontade e a oração de Jesus pela igreja sejam iguais às suas.

26 DE JULHO

TROPEÇANDO NO ESCURO

Você já andou em um lugar completamente escuro? Esbarra nas coisas, as derruba e, muitas vezes, não consegue sequer saber exatamente onde está. Tudo fica confuso na escuridão. Sem a luz para nos guiar, não conseguimos ver para onde estamos indo e o que estamos encontrando no caminho.

Ao longo da Bíblia, muitas vezes Deus compara a vida em pecado com a escuridão. Quando mergulhamos no pecado, rejeitando a luz da verdade, não conseguimos ver o que está diante de nós. A escuridão embaça nossos pensamentos e nossa lógica e não somos sequer capazes de determinar quais pecados estão vindo em nossa direção. Ao permitir que mensagens pecaminosas entrem em nossa alma, por intermédio de diferentes meios, perdemos a capacidade de administrar a nossa vida.

"Nele estava a vida, e esta era a luz dos homens. A luz brilha nas trevas, e as trevas não a derrotaram." (João 1.4-5)

Quando a iniquidade começa a dominar a sua vida, você perde a capacidade de reconhecer o que a faz pecar. Esforce-se para manter a sua alma sensível à verdade. Mantenha-se na luz, por intermédio da Palavra de Deus.

27 DE JULHO

VITÓRIA

Você já assistiu àqueles filmes de batalha em que os homens do bem estão em enorme desvantagem quantitativa? Estremecemos ao ver o exército inimigo se aproximar com milhares de soldados e armas sofisticadas. Embora o exército do bem tenha boas intenções, sabemos que eles não têm muita chance. No entanto, quando tudo parece perdido, chega aquele momento em que, do nada, aparecem reforços, que renovam nossas esperanças, para ajudar o exército. De repente, eles vão de potenciais perdedores a grandes vitoriosos!

Estamos diariamente envolvidas em nossas próprias batalhas contra o pecado. Sozinhas, não temos a força necessária para vencer a luta. Entretanto, quando toda a esperança parece perdida, o nosso reforço — Jesus Cristo — aparece para nos fortalecer o suficiente para vencer a guerra contra o pecado.

"Mas graças a Deus, que nos dá a vitória por meio de nosso Senhor Jesus Cristo. Portanto, meus amados irmãos, mantenham-se firmes, e que nada os abale. Sejam sempre dedicados à obra do Senhor, pois vocês sabem que, no Senhor, o trabalho de vocês não será inútil." (1Coríntios 15.57-58)

Você pode passar por fases na vida que a fazem sentir como se o pecado a deixasse em uma posição de desvantagem. A tentação é grande e você sente que não tem a força necessária para suportá-la. Saiba, no entanto, que não precisa lutar sozinha. Você tem o poder de Deus ao seu lado e ele já venceu o pecado e a morte!

28 DE JULHO
GAROTAS MALVADAS

Garotas malvadas. Todas nós já as conhecemos, fomos elas ou fomos magoadas por elas. As mulheres não precisam pensar muito sobre a definição desse termo, pois fomos nós que o inventamos. Por algum motivo, pensamos que, ao fazer uma mulher se sentir inferior, nos sentiríamos superiores. Quando criticamos a sua aparência, personalidade ou situação financeira, temos a impressão de que nos sentiremos melhor quando a fizermos se sentir mal.

Ao nos envolvermos com o fenômeno das garotas malvadas, estamos, na verdade, impedindo nossa vida de experimentar a plenitude da nossa salvação. E se dermos um fim a essa vergonha? E se nós nos colocarmos em uma posição de vulnerabilidade umas com as outras, sendo compreensivas? E se escolhermos dizer palavras gentis em vez de expressões maldosas?

"Portanto, livrem-se de toda maldade e de todo engano, hipocrisia, inveja e toda espécie de maledicência. Como crianças recém-nascidas, desejem de coração o leite espiritual puro, para que por meio dele cresçam para a salvação, agora que provaram que o Senhor é bom." (1Pedro 2.1-3)

Sempre que você se sentir tentada a colocar outra mulher para baixo, tente edificá-la ao invés disso. Abandone o seu ciúme e sua inveja. Troque suas críticas pelos elogios e sua maldade, por bondade. Imagine o que isso pode fazer ao Corpo de Cristo!

29 DE JULHO

NOSSO ADVOGADO

Em Isaías lemos que, onde quer que coloquemos nossos pés, ouviremos uma voz dizendo: "Este é o caminho, ande por ele." Mas, muitas vezes, é difícil escutar essa voz — e ainda mais difícil distingui-la de todas as outras vozes em nossa vida.

Tropeçamos e caímos todos os dias. Não entendemos bem e acabamos tomando decisões erradas. Caímos no pecado, quando tudo o que buscávamos era a retidão, e nos sentimos culpadas mesmo sabendo que recebemos a graça de Deus. Devemos descansar no fato de que o nosso Senhor é misericordioso, que o Criador conhece a nossa natureza humana e que ele já resolveu essa questão.

"Meus filhinhos, escrevo-lhes estas coisas para que vocês não pequem. Se, porém, alguém pecar, temos um intercessor junto ao Pai, Jesus Cristo, o Justo." (1João 2.1)

Há um mediador entre você e Deus. Trata-se de alguém que a amou o suficiente para entregar tudo por você. Certamente um homem que a ama com tamanha intensidade também a ama o bastante para perdoar as suas imperfeições.

30 DE JULHO
O PRIMEIRO AMOR

"Como vocês dois se conheceram?", perguntamos, com os olhos arregalados, sabendo das memórias cheias de romance que ouviremos em seguida. Toda história de amor tem um início — um primeiro olhar, uma primeira palavra ou um primeiro pensamento —, até mesmo a própria criação do amor.

Como foi o início da sua história de amor com Deus? Existe alguma música da qual se lembra de ter ouvido e se apaixonado por ele? Talvez um versículo — uma palavra da própria boca do Senhor que tenha conquistado o seu coração. Ou talvez tenha relação com o momento que você estava vivendo quando conheceu o Salvador e o seu coração foi transformado. Perdemos com muita facilidade a paixão inicial do amor. Deus faz parte de nossa vida, como um fio de tapeçaria e, dessa forma, embora seja uma parte de nós, ele não é a substância total.

"Contra você, porém, tenho isto: você abandonou o seu primeiro amor." (Apocalipse 2.4)

Perscrute o seu coração hoje. Você abandonou a profundidade de amor que uma vez sentiu em relação ao Altíssimo? Desviou-se daquele lugar em que tudo o que desejava era ele e a sua presença? Dedique um tempo para analisar o seu coração hoje de tudo o que envolveu aquele momento quando você se apaixonou por Deus. Às vezes, precisamos nos lembrar de como nos apaixonamos para que possamos nos lembrar de que, de fato, estamos apaixonadas.

31 DE JULHO

PESSOAS DE VERDADE

Você já conheceu alguém que fala verdades todas as vezes que conversa com você? Pessoas assim parecem estar cheias da presença de Deus e percebemos, no instante em que elas começam a falar, que receberemos palavras inspiradas pelo Espírito Santo por intermédio delas. Essas pessoas ecoam o coração de Deus porque estudam a sua Palavra.

Se meditarmos sobre a verdade, seremos pessoas de verdade. Se lermos a Bíblia constantemente, a verdade fluirá de nós — juntamente com a alegria, a paz e a sabedoria. Mesmo durante as nossas conversas normais, diremos palavras tiradas diretamente das Escrituras Sagradas. É isso que Deus deseja. Ele quer que o seu louvor e as suas palavras estejam continuamente em nossos lábios — uma adoração constante quando falamos.

"Não deixe de falar as palavras deste Livro da Lei e de meditar nelas de dia e de noite, para que você cumpra fielmente tudo o que nele está escrito. Só então os seus caminhos prosperarão e você será bem-sucedido." (Josué 1.8)

Se você estiver constantemente na Palavra — inundando a sua alma, o seu espírito e a sua mente com o poder de Deus —, então o poder do Altíssimo será sentido quando você abrir sua boca para falar com as pessoas. A bondade, a misericórdia e a graça do Senhor fluirão de você, transformando-a em uma pessoa da verdade.

AGOSTO

"E quando Deus concede riquezas e bens a alguém e o capacita a desfrutá-los, a aceitar a sua sorte e a ser feliz em seu trabalho, isso é um presente de Deus. Raramente essa pessoa fica pensando na brevidade de sua vida, porque Deus o mantém ocupado com a alegria do coração."

(ECLESIASTES 5.19-20)

1 DE AGOSTO

PLANEJAMENTO

O mês de agosto cria um sentimento de ansiedade e expectativa. O verão no hemisfério norte está acabando, e com setembro, geralmente, vêm novos começos. Podemos sentir a emoção no ar quando observamos os ônibus escolares e se iniciam as novas temporadas dos esportes. Agosto pode ser uma ótima época para dar início a uma rotina.

Agosto pode significar que as suas manhãs precisarão começar meia hora mais cedo para dedicar algum tempo ao Senhor. Ou você pode separar alguns minutos durante a tarde para fazer caminhadas e orar. Ou pode iniciar uma reunião de oração com outras mulheres. Quando você dedica tempo para buscar a presença de Deus, conversar com ele se torna uma parte normal do seu dia — uma necessidade para que seu dia seja completo. E, ah, como ele se alegra quando estamos em sua presença!

> "Agora consagrem o coração e a alma para buscarem o SENHOR, o seu Deus. Comecem a construir o santuário de Deus, o SENHOR, para que vocês possam trazer a arca da aliança do SENHOR e os utensílios sagrados que pertencem a Deus para dentro do templo que será construído em honra ao nome do SENHOR." (1Crônicas 22.19)

Como seria uma rotina diferente para você? De que maneira você pode se esforçar mais para buscar a presença do Senhor?

2 DE AGOSTO

GRATIDÃO

Já reparou que quando estamos de férias parece que nosso coração fica mais leve? Que você se preocupa menos e fica mais agradecida? Quando cultivamos um coração grato, toda a nossa forma de ver a vida pode mudar. Quando somos agradecidas ao Senhor, passamos a ver a luz de Deus com muito mais clareza. Começamos a notar a presença dele em *toda parte*.

Um coração grato é aquele que se recusa a permitir a entrada do inimigo para nos enganar. De repente, as nossas circunstâncias não parecem mais tão terríveis, nem nossos problemas, tão grandes. Um coração cheio de gratidão glorifica a Deus e nos mantém centrados no Altíssimo. Assim como acontece quando estamos de férias, podemos ter essa perspectiva todos os dias — mesmo em meio às situações mais banais.

"Tudo o que fizerem, seja em palavra ou em ação, façam-no em nome do Senhor Jesus, dando por meio dele graças a Deus Pai." (Colossenses 3.17)

O que você pode fazer para começar a cultivar um coração grato? A gratidão nos mantém firmes em Cristo, em comunhão com ele, nos permitindo viver a vida abundante que o Senhor planejou para nós.

3 DE AGOSTO

CENTRAL DO CORAÇÃO

As mídias sociais: uma fuga, um presente, uma ferramenta de comunicação, um ladrão de alegria, um provocador de comparações, um comediante, fonte de entretenimento. As mídias sociais podem ser divertidas! Porém são capazes de se transformar também em um ídolo quando não as reconhecemos como tal. De repente, em vez de abrirmos as nossas Bíblias, pegamos nossos celulares para conferir o Facebook, postar fotos e atualizar nosso status em busca de atenção e aprovação das pessoas, em vez de procurar agradar o nosso Criador.

O desejo de Deus para nossa vida é que o escolhamos acima de todas as coisas. Ele deseja ser o centro, alguém a quem recorremos constantemente, a fim de não nos desviarmos demais da presença dele. Em vez de buscar a aprovação das outras pessoas, vamos fixar os nossos olhos naquele que mais nos ama, cuja voz deveria ser a única a qual ouvimos.

"Portanto, já que vocês ressuscitaram com Cristo, procurem as coisas que são do alto, onde Cristo está assentado à direita de Deus. Mantenham o pensamento nas coisas do alto, e não nas coisas terrenas." (Colossenses 3.1-2)

Em que coisas você escolhe gastar a maior parte do seu tempo? Quais dessas escolhas poderiam ser eliminadas para tornar Jesus o seu centro? Em uma vida agitada e cheia de decisões, é importante sabermos que aquele a quem recorremos é a nossa melhor opção — buscar a Deus e viver a vida ao lado do nosso Senhor.

4 DE AGOSTO

A VOZ DO AMOR

Quando damos ouvidos a outras vozes, nós nos cansamos e somos desencorajadas rapidamente. As expectativas dos outros sobre como devemos viver, agir e ser são, muitas vezes, inalcançáveis. Existe apenas uma voz que importa, a voz de Deus, e ela pode vir de diversas formas.

O Senhor nos diz que somos amadas, valorizadas e estimadas. Somos suas filhas amadas, lindas criações suas. É essa voz que importa. É a ela que devemos recorrer quando sentimos que não somos boas o bastante.

"Todo aquele que o Pai me der virá a mim, e quem vier a mim eu jamais rejeitarei." (João 6.37)

A que vozes você costuma dar ouvidos? Consegue ignorá-las e se concentrar apenas na única voz importante? Ele irá encorajá-la e a lembrará de que você é boa o bastante. Nada que possa fazer — ou deixar de fazer — servirá de motivo para que o Senhor a ame mais ou menos. Absorva essa verdade, para que possa abafar todas as outras vozes.

5 DE AGOSTO
ASSUMINDO RISCOS

Surgirão oportunidades que podem parecer surpresas para nós. Podemos, de repente, ser apresentadas a situações aparentemente assustadoras. Encaramos essas coisas como uma chance porque vemos algum benefício nelas. Compreendemos que elas podem ser tanto presentes em nossa vida quanto uma possível dificuldade ou transição.

Enfrentar o desconhecido exige coragem, e esta nem sempre está disponível. Por intermédio do poder da oração e depois de pesar o lado positivo e negativo das oportunidades, com sorte chegamos ao ponto em que o nosso coração sente a paz que procuramos. Isso torna a tarefa de aceitar a chance de maneira muito mais fácil.

"A tua palavra é lâmpada que ilumina os meus passos e luz que clareia o meu caminho." (Salmo 119.105)

Você já assumiu algum risco e foi agradavelmente surpreendida pelo resultado? Já entregou seu coração completamente a Deus? Continua não sentindo coragem para tomar determinada decisão, mas pode confiar na paz que sente em seu coração. Isso por si só requer coragem. Essa oportunidade pode ser uma das maiores surpresas da sua vida; é algo maravilhoso e assustador, porém perfeito para você.

6 DE AGOSTO
QUEBRE TODAS AS CORRENTES

Há uma chance para recomeçarmos — todos os dias se for preciso. Do interior de nosso ser, podemos ser transformadas e o nosso coração, renovado. Somos capazes, basicamente, de sermos refeitas com a ajuda, a cura e a natureza transformadora de Cristo! Jesus morreu na cruz para nos dar uma vida livre das amarras do pecado, da falta de esperança e de qualquer corrente que queira nos prender. Em Cristo, somos livres.

Precisamos ouvir a verdade da promessa de Deus e, assim, interromper o ciclo de desesperança, derrota e escravidão ao pecado. Tudo o que precisamos fazer é nos ajoelhar e orar.

"Deus fez isso para que os homens o buscassem e talvez, tateando, pudessem encontrá-lo, embora não esteja longe de cada um de nós." (Atos 17.27)

Há alguma área de sua vida em que precise receber libertação? Espere até que a voz de Deus penetre nas partes mais profundas e tristes do seu ser. O Senhor quer cuidar de você. Ele está buscando o seu coração.

7 DE AGOSTO

POR FÉ OU PELO QUE VEMOS?

Às vezes, pedimos muito a Deus. *Senhor, eu quero esta casa. Senhor, este é o emprego dos meus sonhos. Estou completamente pronta para ganhar um marido.* E, assim, ficamos na expectativa. Esperamos que Deus faça o impossível, que ele realize os desejos do nosso coração. Pois se o Senhor os realizar então realmente ele é todo-poderoso. Se o Altíssimo nos responder, então significa que ouviu o nosso clamor e que ele nos ama.

Isso é viver pelo que vemos.

Em 2Coríntios, lemos que vivemos pela fé e não pelo que vemos. Frequentemente duvidamos de Deus. Viver pela fé é abrir mão de qualquer controle que pensamos ter e sentar no banco do passageiro, ansiosas para descobrir para onde Deus nos levará.

"Portanto, temos sempre confiança e sabemos que, enquanto estamos no corpo, estamos longe do Senhor. Porque vivemos por fé, e não pelo que vemos." (2Coríntios 5.6-7)

Você tem vivido pela fé ou pelo que vê? De que maneira você pode abrir mão de antigos desejos e começar a viver pela fé? Os desejos de Deus para sua vida são maravilhosos! Ele quer apenas o melhor para você e pede somente que tenha fé.

8 DE AGOSTO

EM SECRETO

Valorize as coisas secretas. Grande parte de nossa vida é vivida para os outros. Grande parte. Seja por exigências do emprego, para manter nossos relacionamentos ou por causa de trabalhos voluntários, dedicamos muito da nossa energia às outras pessoas.

Deus deseja o nosso tempo. O Senhor quer nosso tempo por nós e por ele. Talvez, para isso, seja preciso encontrar um lugar tranquilo para buscar a presença dele. Podemos até fugir de casa com a nossa Bíblia e o nosso caderno de anotações por um tempinho. Independentemente de como fizermos isso, o nosso Pai celestial estará vendo. *Ele nos vê!* Que dádiva maravilhosa e fiel nós temos: ele nos vê em secreto e nos encontra onde quer que estejamos.

"E quando vocês orarem, não sejam como os hipócritas. Eles gostam de ficar orando em pé nas sinagogas e nas esquinas, a fim de serem vistos pelos outros. Eu lhes asseguro que eles já receberam sua plena recompensa. Mas quando você orar, vá para seu quarto, feche a porta e ore a seu Pai, que está em secreto. Então seu Pai, que vê em secreto, o recompensará." (Mateus 6.5-6)

Tente ficar "escondida" para orar hoje. Em secreto, Deus recompensará o seu coração. Inclua esses encontros íntimos com o Senhor em sua rotina diária.

9 DE AGOSTO

GLORIOSO

As folhas mudam de verde para laranja e, depois, vermelho. A neve cai suavemente. Um nascer do sol com arco-íris. Um brotinho de planta nasce da terra. O cheiro da grama recém-cortada. O farfalhar das folhas nas árvores. O cheiro dos pinheiros na época do Natal. Nuvens brancas e cheias se movendo devagar. Os raios solares beijando a nossa face. É maravilhoso que o nosso Criador tenha feito tudo isso para ser apreciado por nós. É algo realmente glorioso.

No entanto, alguns dias passam sem que notemos qualquer uma dessas coisas. Esquecemos de desacelerar. Ignoramos este mundo incrivelmente lindo que o Senhor criou para explorarmos e desfrutarmos. É incrível o que uma caminhada com uma amiga, uma corrida pela mata ou a sensação de andar descalça na grama podem fazer para a nossa alma.

"Proclamarão o glorioso esplendor da tua majestade, e meditarei nas maravilhas que fazes." (Salmo 145.5)

Você costuma sair um pouco e apreciar tudo o que Deus criou? Na próxima vez em que se sentir um pouco ansiosa, desacelere, dê uma caminhada lá fora e absorva toda a presença do Senhor ao seu redor: na grama entre os seus dedos, no farfalhar das folhas nas árvores e nos raios de sol que beijam a sua face.

10 DE AGOSTO

VALE A PENA MANTER

Quando encontrar aquela mulher que passou a maior parte da vida ao seu lado — uma irmã, mãe ou melhor amiga —, não a deixe escapar de sua vida. Quando encontrar aquela mulher ao lado de quem a vida é fácil — sem julgamentos, vergonha ou medo de ser você mesma —, não a deixe fugir. Quando encontrar aquela mulher com quem pode rir e chorar durante a mesma conversa, não permita que ela vá embora.

É maravilhoso ter boas amigas. Elas nos entendem quando ninguém mais consegue nos compreender. São as pessoas a quem podemos recorrer em busca de conselhos a qualquer hora do dia. A Bíblia diz que os amigos incentivam e amam uns aos outros. Essas qualidades são uma grande bênção, especialmente quando encontradas naquela amiga com quem você pode conviver durante a sua vida cotidiana.

"O meu mandamento é este: Amem-se uns aos outros como eu os amei. Ninguém tem maior amor do que aquele que dá a sua vida pelos seus amigos. Vocês serão meus amigos, se fizerem o que eu ordeno." (João 15.12-14)

Você tem uma amiga que abençoa a sua vida frequentemente? Você é amiga dessa pessoa? Se você tem uma amizade mutuamente benéfica, não a deixe escapar. Se não tiver, comece a ser o tipo de amiga que você precisa e veja o que acontece.

11 DE AGOSTO
A LACUNA

Há dias em que acordamos mais lentas, com menos energia e positividade. Isso pode causar uma sensação de vazio, como se existisse uma lacuna a ser preenchida. Uma das coisas maravilhosas sobre o Deus a quem servimos é que nele podemos ser completas. Ele pode preencher essa lacuna. Quando nos colocamos na presença dele, a luz do Senhor se torna mais brilhante.

Nesses dias em particular busque a Deus independentemente de qualquer coisa. Busque a sua presença mesmo quando não sentir vontade de fazer isso. Apresente a sua desesperança e o seu vazio ao Altíssimo e ele a abençoará e preencherá a sua lacuna com calor, alegria, paz, cuidado e amor.

"Bem-aventurados os pobres em espírito, pois deles é o Reino dos céus. Bem-aventurados os que choram, pois serão consolados. Bem-aventurados os humildes, pois eles receberão a terra por herança. Bem-aventurados os que têm fome e sede de justiça, pois serão satisfeitos." (Mateus 5.3-6)

Você já viu o fruto da promessa do Criador em algum de seus dias difíceis? Quando passamos tempo com o Senhor Jesus e permitimos que ele fale conosco, podemos descansar com a certeza de que fomos transformadas e preenchidas pelo Altíssimo em nosso dia difícil. Ele é fiel e amoroso, independentemente de nossas circunstâncias ou emoções.

12 DE AGOSTO

CONFIE NAS PEQUENAS COISAS

Deus nos deu uma dádiva enorme com a sua natureza fiel. Ele nos promete coisas e cumpre as suas promessas, sem falhar.

Parece mais fácil confiar em Deus nos momentos maiores e desesperadores. Mas, e quanto aos momentos do dia a dia? Aquelas situações em que assumimos o controle e desejamos fazer tudo por conta própria? Nesses momentos, podemos buscá-lo sem restrições. Entregue-se, clame ao Senhor e peça que o Altíssimo a carregue em seus braços. Ele fará isso. Essas situações diárias que parecem tortas serão endireitadas. O Senhor a carregará, conforme prometeu.

"Os que conhecem o teu nome confiam em ti, pois tu, SENHOR, jamais abandonas os que te buscam." (Salmo 9.10)

Como é lindo o nosso Deus! Ele dará a você um caminho firme se realmente confiar nele. Em que área é mais difícil para você confiar em Deus? Pratique abrir mão dela. Confie no Senhor.

13 DE AGOSTO
PERSCRUTE O MEU CORAÇÃO, SENHOR

É fácil apontar os pecados dos outros e ignorar os nossos. Eles podem não ser tão óbvios, mas estão presentes, pois somos todos pecadores. Examine o seu coração e encontre a área que precisa ser podada. Aquele setor que, às vezes, parece sombrio. Existe esperança na escuridão; existe luz. Não importa o que tenha feito ou o que sinta, tudo isso pode ser vencido.

Entregue o seu coração ao Pai que nos criou e peça que o Criador ilumine onde há escuridão. Peça que o Senhor revele as suas fraquezas, ele pode torná-la forte. Você consegue: é filha do único e verdadeiro rei! Tem o melhor guerreiro ao seu lado, aquele que lança luz em todas as partes do seu ser.

"Mas agora, por um breve momento, o SENHOR, o nosso Deus, foi misericordioso, deixando-nos um remanescente e dando-nos um lugar seguro em seu santuário, e dessa maneira o nosso Deus ilumina os nossos olhos e nos dá um pequeno alívio em nossa escravidão." (Esdras 9.8)

Quais são as áreas da sua vida que precisam ser confessadas? Dedique algum tempo para refletir sobre elas em oração com Deus. Peça que o Altíssimo se revele a você.

14 DE AGOSTO

SEM LIMITES

Você tem dificuldade para descobrir onde se encaixa? Está tentando descobrir qual é o seu propósito? Sente que mudou e que o propósito que pensou que Deus tinha para você parece completamente diferente agora? Isso pode ser muito confuso, não é? Quando pensamos que o nosso desígnio não está claro, podemos facilmente deixar de enxergar a capacidade do Criador.

Amigas, o Senhor Deus não tem limites. Servimos a um Deus sem limites. Ele diz que nele todas as coisas são possíveis. Não é necessário ter confiança naquilo que pode fazer — apenas naquilo que o Altíssimo pode realizar por seu intermédio. Ele é capaz de fazer, literalmente, qualquer coisa, e os seus planos para a nossa vida são maravilhosos.

"Repetidas vezes puseram Deus à prova; irritaram o Santo de Israel. Não se lembravam da sua mão poderosa, do dia em que os redimiu do opressor." (Salmo 78.41-42)

O que você sente sobre o que é o seu propósito? Abra o seu coração e a sua mente a um Deus sem limites. Creia, do fundo do seu coração, na plenitude da ausência de limites do Senhor em relação à sua vida. Ore sobre isso, se comprometa e assista enquanto o Altíssimo cumpre o importante propósito que ele tem para a sua vida.

15 DE AGOSTO

UNIFICADAS EM UM SÓ CORPO

De um modo geral, as mulheres são seres de relacionamento. Desejamos intimidade, conversas pessoais, relacionamentos vulneráveis, verdadeiros e maduros. Ao mesmo tempo, às vezes somos nós mesmas que dificultamos a formação desse tipo de relacionamento. Julgamos, comparamos e nos mantemos na superfície para nos protegermos.

Existe um motivo para termos sido criadas dessa maneira. Deus não é ingênuo em relação às mulheres. Ele deseja um corpo unificado. Negros, vermelhos, amarelos, verdes, solteiros, casados, ricos, pobres... não existem barreiras de relacionamentos entre nós. Em vez de fazer suposições sobre as pessoas e tirar conclusões precipitadas, ame, seja confiável, estenda a mão, se entregue e tenha misericórdia em seu coração pelas pessoas. Podemos ser uma bênção uns para os outros.

"Irmãos, em nome de nosso Senhor Jesus Cristo suplico a todos vocês que concordem uns com os outros no que falam, para que não haja divisões entre vocês; antes, que todos estejam unidos num só pensamento e num só parecer." (1Coríntios 1.10)

Existe alguém importante para você com quem deseja ter um relacionamento mais profundo, mas a quem você esteja evitando? Existe alguma mulher a quem tenha julgado e que precisa de uma segunda chance? Arrisque-se. Convide-a para tomar um café.

16 DE AGOSTO

LIBERANDO BELEZA

Deus nos proporciona libertação para qualquer coisa que nos escravize. De verdade. O nosso Pai pode pegar qualquer erro que tenhamos cometido no passado e liberar a beleza desse erro. Não precisamos ser tão duras conosco. Não precisamos nos sentir presas ou acreditar que falhamos nos agarrando tanto ao passado a ponto de não percebermos a beleza da nossa circunstância atual.

Busque ao Senhor e deixe Jesus quebrar essa escravidão. Ele pode pegar a sua jornada e transformá-la em uma oportunidade para que você demonstre humildade e empatia pelas pessoas. Quando essas correntes forem quebradas, observe como você viverá com muito mais leveza.

"Portanto, também nós, uma vez que estamos rodeados por tão grande nuvem de testemunhas, livremo-nos de tudo o que nos atrapalha e do pecado que nos envolve, e corramos com perseverança a corrida que nos é proposta, tendo os olhos fitos em Jesus, autor e consumador da nossa fé. Ele, pela alegria que lhe fora proposta, suportou a cruz, desprezando a vergonha, e assentou-se à direita do trono de Deus." (Hebreus 12.1-2)

Quais são os erros que você cometeu no passado e tem dificuldade para esquecer? Tire alguns minutos para permitir que a sua promessa de redenção entre em seu coração. E, então, perdoe a si mesma.

17 DE AGOSTO

RAÍZES

Você já tentou cultivar uma planta em um vaso? Ela pode florescer se receber bastante água, se for colocada em um local com a temperatura e iluminação apropriadas e podada quando necessário. Ela normalmente cresce para cima, uma vez que os vasos impedem que as suas raízes cresçam muito para baixo. Portanto, a planta vai crescendo para cima. Contudo, se a esquecer por um tempo, sem se preocupar com a maneira que ela deve ser cuidada, a planta pode começar a escurecer, murchar e, por fim, morrer.

Raízes. Elas fazem toda a diferença na saúde. As raízes se formam debaixo da superfície, onde não podemos vê-las. Normalmente revelam a verdadeira saúde de qualquer coisa que examinemos. Devemos ter raízes profundas em nossa devoção a Deus. "Profundas" não significa que precisamos ter um passado longo com o Criador; significa que tudo o que acontece em nossos lares, coração e relacionamentos deve ser agradável ao Senhor.

"Ele será como uma árvore plantada junto às águas e que estende as suas raízes para o ribeiro. Ela não temerá quando chegar o calor, porque as suas folhas estão sempre verdes; não ficará ansiosa no ano da seca nem deixará de dar fruto." (Jeremias 17.8)

Como está a saúde do seu coração hoje, espiritualmente falando? Precisa de muita água e cuidado? Dedique tempo agora para pedir isso a Deus e observe como as suas raízes ganharão vida. Quando sentir que está ficando um pouco marrom e murcha, procure o Agricultor e recomece. Sempre que fizer isso, as suas raízes ficarão um pouco mais fortes.

18 DE AGOSTO

SIMPLESMENTE DIGA NÃO

Você tem tendência a sempre dizer sim? Faz isso por medo de decepcionar as pessoas? Às vezes, dizer sim pode parecer muito bom... até o dia em que não é.

Quando ansiamos por dizer não — quando desejamos um momento de paz ou uma semana livre de compromissos —, aquela lista de itens para os quais dizer sim parece ser uma montanha inatingível. Dizer sim constantemente nos transforma em mulheres cansadas e em versões pioradas de nós mesmas. Carregar esse sentimento é muito pior do que escolher dizer não.

"Quanto aos nossos, que aprendam a dedicar-se à prática de boas obras, a fim de que supram as necessidades diárias e não sejam improdutivos." (Tito 3.14)

Em que áreas da sua vida você deseja ter mais espaço? Ore pedindo coragem para dizer não sempre que necessário. Dedicar algum tempo para si mesma é algo admirável; desejar uma margem maior em sua vida para a simplicidade é ótimo — essas são coisas para as quais podemos dizer sim.

19 DE AGOSTO

A GUERRA

Existe uma guerra acontecendo bem à sua frente. Uma enorme batalha por você, pelo seu coração. Essa guerra está sendo travada agora e desde o dia em que nasceu. De um lado está aquele que deseja o bem para você, que a ama incondicionalmente e deseja vê-la tornar-se quem o Senhor a criou para ser. Que se sacrificou por você, sangrou por você, morreu por você. Aquele que não tira apenas, mas que também dá livremente. Que a chama de filha, de amada.

Não deixe o outro lado vencer. Não se entregue. Ao contrário, olhe para cima. Pare um pouco e fique em silêncio. Escute a verdade que está sendo sussurrada ao seu coração. Deixe que ela penetre em sua alma. Deixe que habite ali. *Você é amada. Estimada. Linda. Sou seu e você é minha. Escuto você. Amo você... sem falhas e sem barreiras. Não existe nada que possa separá-la do meu amor. Eu sou seu... para sempre.*

"Estejam alertas e vigiem. O Diabo, o inimigo de vocês, anda ao redor como leão, rugindo e procurando a quem possa devorar. Resistam-lhe, permanecendo firmes na fé, sabendo que os irmãos que vocês têm em todo o mundo estão passando pelos mesmos sofrimentos. O Deus de toda a graça, que os chamou para a sua glória eterna em Cristo Jesus, depois de terem sofrido por pouco tempo, os restaurará, os confirmará, os fortalecerá e os porá sobre firmes alicerces." (1Pedro 5.8-10)

Você compreende a guerra espiritual que acontece em sua vida e a reconhece como ela é? Continue a buscar a Deus e a sua Palavra para criar a sua armadura.

20 DE AGOSTO

OUVIDO DE DEUS

Deus a ouve. Quer você esteja gritando louvores de gratidão, chorando lágrimas de luto ou glorificando ao Senhor, o Altíssimo a ouve. Escuta. Não nos abandona ou ignora.

Ele ouve a sua voz, escuta o seu coração. Ele ouve os seus gritos, os seus sussurros e os seus pensamentos. Às vezes, isso parece assustador; sentimos como se precisássemos nos comportar de determinada maneira. Isso é uma mentira, não acredite nela. Deus nos aceita como somos e onde estamos. Não precisamos filtrar, fingir ou agradar. Ele nos recebe, nos ama e nos aceita do jeito que estamos neste momento.

"Eu amo o SENHOR, porque ele me ouviu quando lhe fiz a minha súplica. Ele inclinou os seus ouvidos para mim; eu o invocarei toda a minha vida. As cordas da morte me envolveram, as angústias do Sheol vieram sobre mim; aflição e tristeza me dominaram. Então clamei pelo nome do SENHOR: Livra-me, SENHOR! O SENHOR é misericordioso e justo; o nosso Deus é compassivo. O SENHOR protege os simples; quando eu já estava sem forças, ele me salvou. Retorne ao seu descanso, ó minha alma, porque o SENHOR tem sido bom para você!" (Salmo 116.1-7)

Você crê que Deus a ouve? O que gostaria de dizer ao Criador agora mesmo? Ele é um Deus lindo e atencioso, que nos recebe como pecadores e segura em nossas mãos enquanto caminhamos rumo à salvação.

21 DE AGOSTO

CONFIANÇA INEGÁVEL

Você já ouviu alguma história pessoal que a fez chorar? Viu essa pessoa superar circunstâncias muito difíceis e, ainda assim, agarrar-se a Jesus? Impressionou-se ou tinha certeza de que agiria da mesma maneira em meio a uma tragédia ou situação difícil? A forma como reagimos a sonhos perdidos é extremamente importante para a nossa caminhada espiritual. Não importa como nos sentimos, devemos confiar completamente que Deus está conosco, caminhando ao nosso lado, segurando a nossa mão.

Devemos amar ao Altíssimo mesmo quando sentimos como se ele não estivesse ao nosso lado. Devemos ser fiéis mesmo quando parece que ele não é fiel a nós. Ele é. O Senhor se agrada quando confiamos nele. O Criador faz o resto do trabalho para nós. Isso não é lindo? Precisamos descansar e confiar no Senhor em meio a circunstâncias difíceis. Deus nos dará a mão e nos guiará, fazendo o trabalho pesado por nós.

"E eu estarei sempre com vocês, até o fim dos tempos." (Mateus 28.20)

Você já enfrentou uma situação difícil em meio à qual precisou buscar a Deus como nunca antes? Como reagiu? Ele deseja que você o busque durante esses momentos difíceis. O amor do Senhor é o melhor remédio.

22 DE AGOSTO

DESCANSE EM JESUS

Você já ficou acordada quando parecia que todas as outras pessoas estavam dormindo? Talvez tenha precisado pegar um voo cedo da manhã e parecia que você era a única pessoa que poderia estar desperta naquele horário. Parece mágico, não é mesmo? É como se tivesse um segredo só seu. Quer você seja uma pessoa noturna, da manhã ou intermediária, há uma paz quando nos encontramos com Jesus em secreto — quando o seu mundo para por alguns momentos.

Independentemente do horário, quer seja levantando mais cedo, indo para a cama mais tarde, fazendo uma pausa no trabalho, nos estudos ou na tarefa de mãe, é durante esse tempo que renovamos as nossas forças. Precisamos de comida espiritual para superar cada dia.

"Aquele que habita no abrigo do Altíssimo e descansa à sombra do Todo-poderoso pode dizer ao SENHOR: 'Tu és o meu refúgio e a minha fortaleza, o meu Deus, em quem confio.'" (Salmo 91.1-2)

Você consegue encontrar um tempo diário para buscar a presença de Jesus? Ele a encontrará lá e derramará sobre você paz, força e amor para sair e vencer o mundo.

23 DE AGOSTO

CIDADE SEM MUROS

Na escola, precisávamos levantar as mãos para responder a uma pergunta. A professora não chamava nenhum aluno até ter acabado de falar. As crianças mal conseguiam esperar mais um segundo para deixar a resposta escapar. Essas professoras eram sábias. Estavam tentando nos ensinar autocontrole — uma valiosa lição de vida.

A falta de autocontrole aparece de diversas maneiras: quando comemos demais, passamos muito tempo no computador ou telefone, quando perdemos a paciência, desperdiçamos dinheiro, fazemos fofoca... e a lista continua. O autocontrole exige disciplina. Para aperfeiçoá-lo, precisamos praticá-lo e pedir a ajuda de Deus. O texto de Provérbios 25.28 descreve um homem sem autocontrole como uma cidade com muros derrubados. Que maneira fácil de deixar o inimigo entrar!

"Porque a graça de Deus se manifestou salvadora a todos os homens. Ela nos ensina a renunciar à impiedade e às paixões mundanas e a viver de maneira sensata, justa e piedosa nesta era presente." (Tito 2.11-12)

Em que áreas de sua vida você precisa praticar mais o autocontrole? A quem pode prestar contas sobre isso? Peça ajuda a Deus hoje na área do autocontrole. Traga as suas fraquezas para a luz e encontre o auxílio que precisa no Senhor.

24 DE AGOSTO

AMOR POR NOSSA IRMÃ

Você já sentiu como se tivesse sido julgada com muita rapidez? Tem um encontro, ele não sai como planejado e, imediatamente, você se sente inferior. Desejamos graça para nós mesmas quando estamos tendo um "dia ruim", mas esquecemos, com muita facilidade, de estender essa mesma graça às outras pessoas. Talvez já façamos isso há tanto tempo que sequer percebemos que estamos fazendo.

Eis o que precisamos lembrar: somos iguais. Somos filhas do Deus Altíssimo, e fomos criadas de modo assombroso à sua imagem e semelhança. Pertencemos a Jesus. Vamos pedir ao Senhor que possamos ver as mulheres como elas são — irmãs — e nos lembrar de que elas são iguais a nós.

"Por isso, pela graça que me foi dada digo a todos vocês: Ninguém tenha de si mesmo um conceito mais elevado do que deve ter; mas, ao contrário, tenha um conceito equilibrado, de acordo com a medida da fé que Deus lhe concedeu." (Romanos 12.3)

Você teve algum encontro recentemente em que julgou alguém ou não estendeu graça a uma pessoa? Reflita sobre as mulheres da sua vida e sobre o que pensa a respeito delas. Peça que Deus lhe dê olhos para vê-las como o Senhor as vê.

25 DE AGOSTO

MUDANÇA DE ESTAÇÃO

Você terá, sem dúvidas, diferentes fases em sua vida: etapas de desejos e contentamento, de desânimo e alegria, de mais e menos. Ser adulto significa se adaptar a novas formas de viver, e isso normalmente não acontece até a chegada da nova estação.

As fases podem ser difíceis. Exigem coragem, obediência, dedicação e, às vezes, uma mudança total em relação a todas as coisas confortáveis em nossa vida. Quando sentimos a iminência de uma mudança em nosso coração, geralmente significa que Deus está nos preparando algo diferente — uma transformação. Nessas fases da vida, o único que não mudará, não recuará e não nos deixará perdidas é o nosso Pai celestial.

"Seja forte e corajoso! Mãos ao trabalho! Não tenha medo nem desanime, pois Deus, o SENHOR, o meu Deus, está com você. Ele não o deixará nem o abandonará até que se termine toda a construção do templo do SENHOR." (1Crônicas 28.20)

Você sente a iminência da chegada de uma nova fase se aproximando? Como se sente em relação a isso? Seja corajosa! Deus não fará com que enfrente algo sem derramar sobre você a graça dele para vencer.

26 DE AGOSTO

APENAS DESCANSE

Imagine uma fase de sua vida em que você estava completamente imersa em correrias, engolida pela tristeza ou enterrada na exaustão. Lembre-se dessa fase e de como estava a sua aparência, como agia, reagia e sobrevivia. Agora, imagine Jesus. Veja o seu rosto, sinta o seu calor, imagine o seu sorriso. Imagine-se novamente durante aquela fase cansativa, sentada em uma cadeira na sua casa desejando passar um tempo com Deus, mas se sentindo tão exausta que não conseguia encontrar forças para isso. Então, você fica simplesmente sentada.

E, então, vem Jesus, caminhando em sua direção. Você o convida a se aproximar, mas já está com suas desculpas e justificativas prontas para explicar por que esteve tanto tempo distante dele. Ele caminha em sua direção e estende a mão. Ao chegar mais perto, a mão de Jesus se dirige para a sua cabeça. Delicadamente, ele empurra a sua cabeça em direção ao encosto da cadeira e sussurra: *Descanse, filha, apenas descanse.*

"O SENHOR dá força ao seu povo; o SENHOR dá a seu povo a bênção da paz." (Salmo 29.11)

Você já experimentou algum encontro com Jesus que a tenha feito perceber que ele a entende completamente? Você conhece o seu coração, sabe quando a sua alma precisa de descanso. Deixe-o acariciar o seu cabelo e cantar uma canção de ninar.

27 DE AGOSTO
PAZ COMO UM RIO

Para onde normalmente você vai quando quer encontrar paz? Existe um lugar específico? Uma pessoa específica? Uma das maiores dádivas de Deus é a sua inegável e maravilhosa paz. É um poço profundo que vem quando conhecemos e experimentamos o amor de Jesus. Não importa onde estamos, para onde vamos ou o que estamos enfrentando, a sua paz é maior.

Vem, Senhor Jesus, vem.

Tente compreender como é profundo esse poço. A verdadeira e duradoura paz não pode ser encontrada no mundo ou nas pessoas ao seu redor. Embora elas possam ser reconfortantes, a paz verdadeira, transformadora e poderosa só pode vir do nosso Pai. E, ah, como o Criador ama quando vamos ao seu poço!

"Eu sou o SENHOR, o seu Deus, que lhe ensina o que é melhor para você, que o dirige no caminho em que você deve ir. Se tão somente você tivesse prestado atenção às minhas ordens, sua paz seria como um rio, sua retidão, como as ondas do mar." (Isaías 48.17-18)

Para onde você costuma ir à procura de paz? Já experimentou a indescritível paz de Deus?

28 DE AGOSTO

AQUELE QUE CURA

Quer esteja carregando dor e sofrimento devido a alguma tragédia ou abuso ou tenha sido magoada mais recentemente, corra em direção àquele que cura. Não existe pedido ou necessidade grandes demais; o Senhor juntará novamente todos os seus pedaços.

Pode até dar trabalho. Exigirá uma comunhão constante com o Altíssimo para lembrá-la do poder de Deus para curar, porém ele juntará cada pedaço seu até torná-la inteira novamente. Almas feridas, corpos feridos, irmãs feridas, lembrem-se do poder do Senhor nesses momentos e não fujam de sua presença.

> "Aleluia! Como é bom cantar louvores ao nosso Deus! Como é agradável e próprio louvá-lo! O SENHOR edifica Jerusalém; ele reúne os exilados de Israel. Só ele cura os de coração quebrantado e cuida das suas feridas." (Salmo 147.1-3)

Você está enfrentando alguma dor e precisa da cura de Deus? Entregue tudo aquilo a que você tem se agarrado e deixe o Senhor Jesus curá-la.

29 DE AGOSTO
CINTO DA VERDADE

Em 2Timóteo, lemos que não recebemos o espírito de medo. O medo vem do inimigo, e quando escolhemos nos entregar a ele, o inimigo ganha poder sobre nós. Ao acreditarmos nas suas mentiras, entregamos ao adversário de nossa alma a sua arma preferida. Em vez disso, exponha a verdade como ela é.

Isso nem sempre é fácil. Pode exigir repetições em oração com Jesus e comunhão constante com ele para não esquecermos a verdade. No entanto, a verdade prevalecerá e você poderá começar a transformar o seu coração ansioso e medroso em um coração corajoso, cheio de amor e verdade.

"Assim, mantenham-se firmes, cingindo-se com o cinto da verdade, vestindo a couraça da justiça e tendo os pés calçados com a prontidão do evangelho da paz." (Efésios 6.14-15)

Em que área você luta contra o medo? Destrua o poder do inimigo sobre essa área, entregando-a à verdade e a Jesus.

30 DE AGOSTO

JORNADA ALEGRE

Existe muita alegria na jornada: nos detalhes rotineiros, nos momentos difíceis e confusos e, até mesmo, nas lágrimas. Há muita alegria para ser encontrada tanto no silêncio quanto em meio ao barulho.

As lamúrias e comparações criam um caminho direto para que o inimigo roube a nossa alegria. Há esperança em Jesus e a dádiva de momentos repletos de pequenas alegrias. Eles vêm de diversas formas: raios de sol batendo nas janelas, um atendente simpático no supermercado, uma música ouvida nas alturas, uma pista de dança no meio da sala de estar ou o sabor de uma refeição deliciosa depois de um longo dia. Qualquer que seja o momento, encontraremos alegria se a procurarmos.

"Meus irmãos, considerem motivo de grande alegria o fato de passarem por diversas provações, pois vocês sabem que a prova da sua fé produz perseverança. E a perseverança deve ter ação completa, a fim de que vocês sejam maduros e íntegros, sem que falte a vocês coisa alguma." (Tiago 1.2-4)

Existe uma jornada de alegria ao acordarmos pela manhã sabendo que este é um novo dia para respirarmos o ar puro, sair para jantar com uma amiga ou tomar um café com uma colega de trabalho. Encontre alegria no presente.

31 DE AGOSTO

A CORRIDA

Estamos correndo essa corrida para ganhar um prêmio infinitamente mais valioso do que podemos imaginar. O nosso Senhor foi obediente até a morte para cumprir o que deveria fazer. Contudo, ele se sentiu sobrecarregado e perguntou três vezes ao Pai se não havia outra maneira (veja Lucas 22) Jesus perseverou com a ajuda de anjos.

Haverá momentos em que você sentirá que está escorregando e momentos em que cairá, porém esteja certa de que Jesus a levantará. Continue a seguir em frente com o coração firme e com o desejo de perseverar até terminar a sua corrida.

"Feliz é o homem que persevera na provação, porque depois de aprovado receberá a coroa da vida, que Deus prometeu aos que o amam." (Tiago 1.12)

Houve momentos em sua jornada espiritual em que você desejou desistir? Deixe Jesus levantá-la e colocá-la de volta ao caminho.

SETEMBRO

"Consagre ao SENHOR tudo o que você faz,
e os seus planos serão bem-sucedidos."

(Provérbios 16.3)

1 DE SETEMBRO

ELE SABE QUANDO NÃO SABEMOS

Você encara o cardápio, confusa em meio a tantas opções. Massa parece uma boa escolha, mas você está tentando evitar comer glúten. Salada é saudável, mas você comeu isso no almoço. Carne parece ser a escolha perfeita, até ver o preço. Todo mundo já fez o pedido; todos os olhos estão em você. Sabe que está com fome, só não sabe de quê. *O que quero comer?*, você se pergunta, apesar de não esperar uma resposta.

Há dias em que acontece o mesmo em relação às nossas orações. Sabemos que queremos algo — sentimos uma dor, ou desejo —, porém não conseguimos identificar o que é. Em outras ocasiões, estamos simplesmente sofrendo demais para nos concentrar. Precisamos, precisamos... e não conseguimos encontrar as palavras. *O que quero?*, clamamos. Desta vez, porém, podemos esperar por uma resposta. O Espírito Santo, que vive em nós, nos conhece tão intimamente que ele pode interferir e orar por nós. Ele sabe, mesmo quando não sabemos.

"Da mesma forma o Espírito nos ajuda em nossa fraqueza, pois não sabemos como orar, mas o próprio Espírito intercede por nós com gemidos inexprimíveis." (Romanos 8.26)

Passe algum tempo com o Espírito hoje. Agradeça-lhe por conhecer o seu coração e por compartilhar o que está nele com Deus quando você não consegue fazer isso.

2 DE SETEMBRO
SEM SACRIFÍCIO

A fim de provar o seu amor verdadeiro por você, o homem dos seus sonhos simplesmente: a) pediu demissão do seu emprego e doou tudo o que tinha aos pobres — e agora vive em uma cabana no jardim de sua casa ou b) passou doze horas dirigindo para encontrá-la e, depois de chegar, ficou oito horas conversando com você sobre tudo, desde as suas memórias de infância aos seus sonhos e maiores medos. Escolha uma das opções.

Da mesma maneira que provavelmente não seríamos seduzidas por um homem que abrisse mão de todos os seus pertences, Deus não quer sacrifícios de nossa parte. Não precisamos fazer um grande gesto, precisamos apenas nos sentar e ler a Palavra dele. O Senhor quer que o desejemos mais do que a qualquer outra coisa. Ele não quer as nossas coisas.

"Pois desejo misericórdia, e não sacrifícios; conhecimento de Deus em vez de holocaustos." (Oseias 6.6)

Quando nos damos conta de que o único sacrifício que o Senhor deseja de nós é a nossa atenção, de que tudo o que precisamos oferecer ao Altíssimo é o nosso interesse, o que acontece em nosso coração? Compartilhe isso com o Criador hoje.

3 DE SETEMBRO

PREPARE UM ESPAÇO PARA ELE

Imagine como seria a sua vida se tudo o que fizesse fosse adquirir cada vez mais bens. A menos que queiramos participar de um programa de televisão que mostre pessoas compulsivas que compram tantas coisas, que precisam se livrar dos objetos velhos para abrir espaço. Não construímos um armário maior, selecionamos itens para doar a fim de dar lugar para outras coisas. Não construímos uma garagem maior, trocamos o nosso carro antigo por um modelo mais moderno.

Da mesma maneira, quando aceitamos o sacrifício de Cristo e o Espírito Santo faz morada em nosso coração, precisamos abrir espaço para o Senhor. Os hábitos antigos devem dar a vez para novas formas de viver. Coisas como inveja, amargura e insegurança precisam sair, a fim de que a graça, o perdão e a confiança possam entrar. À medida que a presença do Altíssimo cresce dentro de nós, os antigos hábitos diminuem.

"É necessário que ele cresça e que eu diminua." (João 3.30)

Quanto espaço você está dedicando ao Espírito Santo atualmente e quanto espaço está guardando para si mesma? Está na hora de arrumar a casa? O que mudará se fizer isso?

4 DE SETEMBRO

HUMILDADE

Você fez um trabalho maravilhoso; você é muito talentosa! Como responderia a isso? Ir além do *obrigada* e aceitar essas palavras gentis é difícil para muitas de nós. Quando crianças, aprendemos que devemos dizer *obrigada* quando somos elogiadas, porém a sociedade e os nossos amigos enviam uma mensagem oposta: é melhor não pensarem que estamos concordando com o que está sendo dito. Nenhuma menina quer ser considerada *vaidosa*.

O quão libertador é, então, quando descobrimos que todas as coisas boas a nosso respeito são, na verdade, relacionadas a Jesus? Todo dom, toda beleza, todo talento para cantar ou praticar esportes vêm dele. Você não está cheia de vaidade; está cheia do Senhor! Melhor ainda, sempre que falhamos, temos a oportunidade de nos orgulhar da sua grandiosidade. Afinal, somos apenas humanas. Não podemos fazer nada sozinhas.

"Se devo orgulhar-me, que seja nas coisas que mostram a minha fraqueza." (2Coríntios 11.30)

Você consegue aceitar elogios com facilidade? Identifique as suas maiores qualidades e as considere dons de Deus. Converse sinceramente com o Altíssimo sobre como ele a fez especial e como você o considera infinitamente especial.

5 DE SETEMBRO

SENDO CONHECIDA

Pense no melhor presente que já recebeu. Não no mais extravagante, mas naquele que era tão perfeito para você, que a pessoa que a presenteou provavelmente a conhecia muito bem. Essa pessoa ouviu o que você disse há muito tempo, quando mencionou que desejava aquilo — talvez apenas de passagem —, e por estar ouvindo com o coração, ela enxergou o seu. Ela entende você.

Amamos quando as pessoas nos entendem e desejamos ser ouvidas. Para muitas de nós, é dessa maneira que sabemos quando somos amadas. Quanto, então, o Pai deve nos amar? Ele sabe tudo a nosso respeito — e ouve todos os nossos desejos e sempre nos consola — e está esperando para nos dar os seus presentes perfeitos. Ele nos conhece, nos ama.

"SENHOR, diante de ti estão todos os meus anseios; o meu suspiro não te é oculto." (Salmo 38.9)

Compartilhe os seus desejos com o Senhor hoje. Permita que Deus revele o seu grande amor ao mostrar o quanto ele a conhece. Deixe o Criador presenteá-la com um presente bom e perfeito.

6 DE SETEMBRO

ELE É A NOSSA FORÇA

A pilha de contas, o barulho que o carro está fazendo, os boatos de demissão no trabalho, o filho que está em casa doente — de novo. As pressões podem nos sobrecarregar, especialmente quando elas se acumulam. Adicione a isso o estresse que colocamos sobre nós — *Eu sou boa o bastante? Por que eu disse aquilo? As casas das outras mulheres não são tão bagunçadas* — e você tem uma ótima receita para a insegurança.

Quando as coisas parecem impossíveis, e elas muitas vezes parecem, louve a Deus por termos as suas promessas e o seu poder. Não cabe a nós resolver os nossos problemas; precisamos apenas confiar no Senhor e aceitar a sua ajuda.

"Mesmo não florescendo a figueira, e não havendo uvas nas videiras, mesmo falhando a safra de azeitonas, não havendo produção de alimento nas lavouras, nem ovelhas no curral nem bois nos estábulos, ainda assim eu exultarei no SENHOR e me alegrarei no Deus da minha salvação." (Habacuque 3.17-18)

Em que área você está precisando de um pouco — ou de muito — da força de Deus? Entregue as suas preocupações ao Pai.

7 DE SETEMBRO

VERDADEIROS AMIGOS

Se você recordar de quando era pequena, provavelmente pode se lembrar de alguma menina que você pensava ser sua amiga, mas depois descobriu que estava enganada. Um segredo revelado, uma promessa quebrada ou talvez algum menino tenha deixado claro que ela não era sua amiga de verdade. Talvez nem precise lembrar-se da sua infância. Infelizmente, mulheres que são — supostamente — amigas magoam, traem e decepcionam umas às outras todos os dias.

Pense agora nas suas amigas de verdade. Aquelas que viram, e perdoaram, o que existe de pior em você e que receberam essa mesma graça da sua parte. Quer você tenha apenas uma amiga assim, ou várias, elas são tesouros de Deus.

"O amigo ama em todos os momentos; é um irmão na adversidade." (Provérbios 17.17)

Fomos criadas para ter relacionamentos, para nos amarmos sempre. Quem são as suas "garotas"? Aquelas mulheres que, independentemente de qualquer coisa, estão ao seu lado? Agradeça ao Senhor por elas hoje e, então, as procure e diga-lhes o quanto elas são importantes para você.

8 DE SETEMBRO
PRIORIDADES

Eu entrei na internet para ver uma coisa e, quando me dei conta, duas horas haviam passado! Você ouviu, ou disse, algo parecido com isso recentemente? O nosso mundo moderno nos oferece muitas distrações e, se não formos cuidadosas, essas desatenções podem interferir em nossas responsabilidades e no tipo de pessoa que queremos ser. É por isso que precisamos eleger prioridades.

A Palavra de Deus nos diz que este mundo é passageiro; hoje — este minuto, na verdade — é a nossa única certeza. Portanto, se aquelas coisas que estamos pensando em fazer algum dia, ou até no próximo mês, são realmente importantes para nós, deveríamos fazê-las agora. O que é importante para nós? Os nossos relacionamentos, as nossas carreiras ou conhecer ao Pai da maneira mais íntima possível? Devemos nos certificar de que estamos dando a nossa total atenção a essas coisas hoje.

"Esforce-se para saber bem como suas ovelhas estão, dê cuidadosa atenção aos seus rebanhos, pois as riquezas não duram para sempre, e nada garante que a coroa passe de uma geração a outra." (Provérbios 27.23-24)

Quais são as suas prioridades? Seriam óbvias para uma pessoa que observasse um dia da sua vida? Ore sobre a sua resposta e peça a Deus que mostre possíveis mudanças que você precise fazer.

9 DE SETEMBRO

ABRAÇANDO A SOLIDÃO

Todas as pessoas da casa saíram e vão passar o fim de semana inteiro fora. Como você se sente ao ler isso? Pensou em ter uma noite divertida ou se deleitou com a ideia de ter horas ininterruptas de tranquilidade para ler, relaxar e se restaurar? Talvez essas duas opções sejam atraentes para você: um tempo para as mulheres e um tempo para ficar sozinha.

Jesus estimava os seus momentos de solidão. Ele os guardava. Em meio às parábolas, às pregações para as multidões, ao alimentar milhares de pessoas e às incontáveis horas que passava com os doze apóstolos, podemos esquecer facilmente esse fato. Ao estudar os evangelhos, podemos perceber um padrão: ele curava e, então, se retirava para orar sozinho; ensinava e, depois, subia o monte para orar sozinho; os discípulos saíram de barco e Jesus ficou na praia — sozinho.

"Tendo despedido a multidão, subiu sozinho a um monte para orar. Ao anoitecer, ele estava ali sozinho." (Mateus 14.23)

Imagine Jesus saindo de fininho, sem ser notado, para passar tempo com o Pai. Que intimidade eles deviam ter; como aquelas horas de oração devem ter sido restauradoras. Quaisquer que sejam os seus sentimentos a respeito da solidão, peça a Deus que você tenha o mesmo apreço de Jesus pelo tempo sozinho na presença do Altíssimo.

10 DE SETEMBRO
SILÊNCIO

Se o rádio do seu carro quebrasse, você mandaria consertar imediatamente ou apreciaria o silêncio? Talvez você, ou alguém que conhece, deixe a televisão ligada o dia inteiro só "pelo barulho". Por que o silêncio deixa tantas pessoas desconfortáveis? Algumas pessoas até falam sozinhas a fim de evitá-lo.

Ontem, falamos sobre solidão. A maneira como nos sentimos em relação ao silêncio tem uma ligação direta com a maneira como nos sentimos a respeito da solidão. O rádio nos impede de perceber que estamos sozinhas ou de nos deixar a sós com os nossos pensamentos. Contudo, quando estamos sozinhas com nossos pensamentos é exatamente quando Deus mais deseja falar conosco. Como poderemos ouvir a voz do Senhor se estamos escutando ao mesmo tempo uma música, programa de televisão ou comercial? E como podemos ouvir se nunca paramos de falar?

"Descanse somente em Deus, ó minha alma; dele vem a minha esperança." (Salmo 62.5)

Procure ficar em silêncio hoje. Permita que Deus analise as suas necessidades e perguntas e espere pela resposta dele.

11 DE SETEMBRO

MEDO

Para quem mora nos Estados Unidos, é impossível não se lembrar da data de hoje — quer seja por experiência ou por ter ouvido sobre ela ao longo dos anos —, um dos dias mais sombrios da história do país. Milhares de vidas foram tiradas por um ataque terrorista muito bem planejado e, de muitas maneiras, as coisas nunca mais foram as mesmas. As viagens aéreas, por exemplo, ainda evocam um espírito de medo em muitos corações.

Em uma das versões bíblicas, a palavra medo aparece 601 vezes. Estão ali, em primeiro lugar, para nos lembrar de temer a Deus; ao fazer isso, o Senhor reduzirá todos os nossos medos. O temor que o Senhor deseja de nós não tem relação com desconfiança, mas com respeito e reverência. Se crermos totalmente no poder soberano dele e oferecermos a ele toda a nossa reverência, como podemos temer qualquer outra coisa? Se Deus é por nós, não há realmente nada a temer. Aleluia!

"Quem teme o homem cai em armadilhas, mas quem confia no SENHOR está seguro." (Provérbios 29.25)

De que você tem medo? Coloque isso aos pés do Senhor hoje e confie nele. Saiba que, independentemente das suas circunstâncias, a sua segurança está em Deus.

12 DE SETEMBRO

PERGUNTE A ELE

Ah, a primeira paixão. *Será que ele gosta de mim?*, nós perguntávamos a nossas amigas. *Pergunte a ele*, elas respondiam. *Talvez você nunca descubra se não perguntar*, elas nos aconselhavam. Escrevíamos um bilhete, dobrávamos e entregávamos a eles. Esperávamos ansiosas pela resposta. Era tudo muito simples, mas também assustador.

Se ao menos as respostas às nossas orações viessem com tanta facilidade e rapidez! *Eu devo aceitar esse emprego? Casar com esse homem? Tentar engravidar agora ou daqui a um ano? Responda "sim" ou "não".* A Palavra de Deus nos encoraja a buscar ao Senhor com nossas dúvidas, preocupações e desejos mais profundos. Ele promete nos responder, embora não seja, necessariamente, na forma de "sim" e "não".

"Eu clamo a ti, ó Deus, pois tu me respondes; inclina para mim os teus ouvidos e ouve a minha oração." (Salmo 17.6)

O que você deseja saber? Pergunte a ele. O Senhor espera ansiosamente pelas nossas orações e o Altíssimo nos responderá. Pode não ser hoje, ou em breve, mas continue orando. Espere pela sua resposta. Ele ouve você.

13 DE SETEMBRO

OS DESEJOS DO SEU CORAÇÃO

O que você queria mais do que tudo quando era criança? Talvez ter um pônei, ou ser uma princesa, fosse a coisa mais encantadora para você naquela época. O que deseja agora? Quão diferentes são os seus sonhos de adulta?

Sempre ouvimos que Deus ama responder às nossas orações e realizar os nossos desejos. Será que devemos, então, esperar que o Criador nos dê tudo o que desejamos? Estude o versículo a seguir e observe, especialmente, a primeira parte. *Se nos deleitarmos no Senhor*, ele atenderá aos desejos do nosso coração. Se nos deleitarmos em sucesso financeiro, abdomens sarados ou em filhos muito bem-sucedidos, ele não nos promete nada. Isso não significa que estamos erradas por desejar essas coisas, significa apenas que Deus não está tão preocupado em realizá-las.

"Deleite-se no SENHOR, e ele atenderá aos desejos do seu coração." (Salmo 37.4)

Reflita sobre as coisas que você mais deseja e com as quais mais sonha. O que elas revelam sobre o seu relacionamento com Deus? Existe alguma mudança que precisa ser feita?

14 DE SETEMBRO

LIVRES PARA FAZER O QUÊ?

O que você faria se tivesse um dia inteiro livre? Se todas as suas obrigações, limitações e compromissos fossem cancelados? Você iria para um *spa*, faria um dia de compras ou festejaria como nunca? Se formos honestas, confessaremos que consideraríamos uma dessas coisas.

O nosso desafio como filhas do Deus Altíssimo é enxergar a liberdade de maneira diferente. Paulo exortou os gálatas a enxergar a liberdade que eles tinham graças ao sacrifício de Cristo, não como uma licença para abusar, mas para buscar ao Senhor. Livres das restrições da lei do Antigo Testamento, não precisamos mais nos preocupar em termos um passado limpo. Somos livres para satisfazer as necessidades das pessoas ao nosso redor — livres para amar uns aos outros.

"Irmãos, vocês foram chamados para a liberdade. Mas não usem a liberdade para dar ocasião à vontade da carne; ao contrário, sirvam uns aos outros mediante o amor." (Gálatas 5.13)

Se você fosse aplicar esse conceito de liberdade em sua vida, o que faria? Para onde você iria? Reflita em seu coração de que maneira deseja servir as pessoas e comece a orar sobre como pode fazer isso acontecer.

15 DE SETEMBRO

NOSSO DESTINO

Quando ouvimos um cantor talentoso ou assistimos a um atleta incrível, essas pessoas, aparentemente tão naturais no que fazem, parecem ter nascido para fazer exatamente aquilo.

Quer acredite ou não que possui um propósito específico, Deus sabe que você possui. E o Senhor sabe exatamente qual é esse propósito e como demorará — quantas decisões erradas tomará —, até que o cumpra. Ele está profundamente interessado nos destinos daqueles que o chamam de Pai, da mesma forma que o Criador está interessado no destino final de todo o planeta.

"Pois a visão aguarda um tempo designado; ela fala do fim, e não falhará. Ainda que demore, espere-a; porque ela certamente virá e não se atrasará." (Habacuque 2.3)

Você está esperando que Deus cumpra — ou revele — o seu destino? Receba consolo na passagem anterior e agradeça a ele pelo seu tempo perfeito. Se a espera for difícil, peça a sua ajuda.

16 DE SETEMBRO

O FIM DA SEDE

Imagine uma maratona sem paradas para beber água. Nada de geladeiras para as equipes. Visualizamos, imediatamente, os atletas desmaiando de desidratação e exaustão. É algo impensável.

Quando você sentiu mais sede? Quanto tempo ficou sem beber e quão maravilhosos foram aqueles primeiros goles de água para matar a sede? Talvez uma das promessas mais audaciosas de Jesus seja a de matar a nossa sede. É algo extraordinário. Ele nos diz que será tudo de que precisamos.

"Nunca mais terão fome, nunca mais terão sede. Não os afligirá o sol, nem qualquer calor abrasador, pois o Cordeiro que está no centro do trono será o seu Pastor; ele os guiará às fontes de água viva. E Deus enxugará dos seus olhos toda lágrima." (Apocalipse 7.16-17)

Pense novamente na cena da maratona e imagine-se correndo forte e completamente livre de qualquer sede ou dor. Peça que o Espírito Santo revele como a sua vida seria se fosse assim. Quais necessidades Jesus pode satisfazer? Agradeça a Deus pela maravilhosa promessa de águas vivas.

17 DE SETEMBRO
VOCÊ É LINDA

Os estereótipos viram clichês porque são verdadeiros. Imaginamos um grupo de meninas comparando defeitos, chamando umas às outras de feias enquanto reafirmam a beleza de suas amigas, porque já vimos isso. Já vivemos isso. Você aceita e acolhe a imagem da mulher que vê refletida no espelho ou a analisa, critica e julga?

Irmãs, vamos ouvir o que Jesus, o noivo, fala a nosso respeito. Vamos acreditar nos elogios e palavras incentivadoras que as pessoas nos dizem e calar a voz de nossa mente que nos diz que somos tudo, menos bonitas. Essa voz é mentirosa. A Palavra de Deus é verdadeira, e o Senhor diz que somos lindas.

"Você é toda linda, minha querida; em você não há defeito algum." (Cântico dos Cânticos 4.7)

Você acredita nisso? O que falta para você se enxergar como uma mulher linda? Fique diante do espelho — e sorria. Se isso é difícil para você, peça a Jesus, o noivo, que lhe mostre o que ele vê.

18 DE SETEMBRO

EM TEMPOS DE DÚVIDA

O sol vai se pôr hoje; e ele nascerá amanhã. Isso é um fato. Não temos motivos para duvidar de algo que testemunhamos todos os dias de nossa vida. Contudo, quando nossas experiências nos mostram o oposto, ou quando sequer temos qualquer experiência, as dúvidas começam a surgir. Vai nevar amanhã. *Duvido*, nós dizemos.

Quando alguém em quem confiamos diz que podemos contar com ela, acreditamos na sua palavra. Outra pessoa que já nos decepcionou muitas vezes pode fazer a mesma promessa, porém permanecemos pouco seguras até que ela cumpra o que disse. Ficamos inseguras. Duvidamos. Deus quer apagar as nossas dúvidas e o Senhor fará isso; só precisamos ter fé.

"Tu, porém, SENHOR, estás perto e todos os teus mandamentos são verdadeiros. Há muito aprendi dos teus testemunhos que tu os estabeleceste para sempre." (Salmo 119.151-152)

Examine a sua vida de oração. Você confia em Deus ou duvida das promessas que o Senhor fez para a sua vida? Por quê? Abra o seu coração para Jesus e peça para ter uma fé inabalável.

19 DE SETEMBRO

ELE LHE DARÁ VITÓRIA

Quando somos crianças, uma ofensa pequena, como pegar o seu lápis de cor preferido sem pedir, pode fazer um inimigo, mesmo que seja só por um dia. Já até prometemos odiar a amiga loirinha escolhida para ser a Cinderela.

À medida que vamos crescendo, é necessário mais do que isso para nos tirar do sério. Quando nos tornamos mulheres, para a maioria de nós ter um inimigo é algo quase impensável. Aquela menininha, tão irritada por causa de um lápis, ou por causa da Cinderela, se transformou em uma pessoa agradável e divertida. Contudo, temos, de fato, um inimigo, e tudo o que ele mais deseja fazer é roubar a nossa alegria e garantir a nossa derrota. As suas armas? A inveja, a insegurança e a vaidade, só para citar algumas.

"Ouça, ó Israel. Hoje vocês vão lutar contra os seus inimigos. Não desanimem nem tenham medo; não fiquem apavorados nem aterrorizados por causa deles, pois o SENHOR, o seu Deus, os acompanhará e lutará por vocês contra os seus inimigos, para dar a vitória a vocês." (Deuteronômio 20.3-4)

Contra que inimigo você está lutando? Pergunte e, então, permita que Deus lute por você e fique segura da sua vitória.

20 DE SETEMBRO

CURA VERDADEIRA

Examine as suas cicatrizes e relembre as feridas que as causaram. Dependendo da severidade do ferimento e há quanto tempo aconteceu, passar os dedos sobre sua cicatriz pode trazer lembranças vívidas da dor que você sentiu. Foi curada, mas também transformada.

Os ossos quebrados podem ter sido consertados, mas permanecem, ainda, alguns traços da lesão — manca quando caminha, por exemplo. O mesmo acontece com o nosso medo; pode levar uma vida inteira até que confiemos plenamente que nossa cura esteja completa — exceto quando é Deus quem nos cura. Quando pedimos ao Senhor que remova, velhas mágoas, traições e decepções do nosso coração, ele as remove completamente.

"Cura-me, SENHOR, e serei curado; salva-me, e serei salvo, pois tu és aquele a quem eu louvo." (Jeremias 17.14)

Pode ser doloroso, mas reflita sobre as antigas feridas do seu coração, aquelas que parecem nunca terem sido curadas completamente. Inicie hoje o processo de entregá-las a Deus e reivindique a promessa da sua cura verdadeira.

21 DE SETEMBRO

NINGUÉM É PERFEITO

Digamos que você tem uma filha adolescente e precisa deixá-la sozinha em casa. Você confia nela, mas apenas para evitar problemas, você deixa uma lista com as coisas proibidas: nada de festas, ou meninos na casa, ou usar o fogão ou anunciar nas redes sociais que está sozinha em casa. Digamos que ela convide o namorado para ir à sua casa. Embora tenha obedecido à maioria das suas instruções, ela, ainda assim, quebrou as regras. Que venham, então, as consequências.

A lei de Deus não é diferente, por isso precisamos de Jesus. Se descumprirmos um mandamento? Quebramos as regras. Que venham as consequências. Ou então admitimos aquilo que o Senhor já sabe. Não somos perfeitas. Apesar de haver poucas chances de matarmos, roubarmos ou de comermos algo errado no dia errado, há muitas chances de cobiçarmos, procurarmos a saída mais fácil e fazermos fofoca. Por causa da graça, podemos escolher: seguir todas as regras ou aceitar, de antemão, o perdão de Jesus.

"Pois quem obedece a toda a Lei, mas tropeça em apenas um ponto, torna-se culpado de quebrá-la inteiramente." (Tiago 2.10)

O que você escolhe: a sua capacidade de obedecer a todos os mandamentos ou a graça de Deus? Dedique algum tempo para agradecer ao Senhor Jesus por sua incrível e imerecida graça.

22 DE SETEMBRO
RENOVAÇÃO

É difícil encontrarmos alguém que não ame o outono. As cores lindas; a volta das echarpes, mangas compridas e botas bonitas; o silêncio de uma casa vazia por causa da volta às aulas. Tudo parece convidar a um espírito de renovação. Com a mudança no ar e a alteração das folhagens, sentimos que um novo começo é totalmente possível.

Mesmo quando a vida está indo bem, a ideia de um novo começo é irresistível. Para algumas de nós, a transição do verão para o outono parece mais o Dia de Ano-Novo do que o próprio Réveillon.

"Ensina-me o teu caminho, SENHOR, para que eu ande na tua verdade; dá-me um coração inteiramente fiel, para que eu tema o teu nome." (Salmo 86.11)

Se Deus fosse purificar o seu coração, por onde ele começaria? Passe algum tempo sonhando com o Altíssimo sobre o que esse outono pode trazer para a sua vida e como você pode contribuir para isso.

23 DE SETEMBRO

POR FAVOR, PERMANEÇAM SENTADOS

Quando estamos em um carro, barco ou avião em movimento, nós não pulamos para fora, não importa quão impacientes ou ansiosos estivermos. Isso seria loucura. Não poderíamos chegar ao nosso destino em segurança ou com tanta rapidez. Na verdade, nem chegaríamos. Compreendemos a necessidade de permanecer onde estamos a fim de chegarmos aonde desejamos.

Por que, então, somos tão rápidos para tentar apressar os planos de Deus para nossa vida? Aceitamos a graça divina, mas não o tempo do Senhor. Acolhemos o seu consolo, mas não a sua disciplina. Com que frequência tomamos decisões sem orar ou agimos antes de ouvir a voz do Altíssimo? E, ainda assim, esperamos chegar ao nosso destino — de maneira segura, rápida e fácil.

"Permaneçam em mim, e eu permanecerei em vocês. Nenhum ramo pode dar fruto por si mesmo, se não permanecer na videira. Vocês também não podem dar fruto, se não permanecerem em mim." (João 15.4)

Há alguma área da sua vida que você está tentando administrar sozinha? Ore para que o Espírito revele em quais áreas você não permite que Jesus habite ou em que áreas não confia no tempo de Deus. Peça que o Senhor a ajude a confiar nele.

24 DE SETEMBRO
NÃO PELA NOSSA FORÇA

Todas nós já ouvimos uma história parecida: uma mãe de 50 quilos para um carro em movimento com suas próprias mãos ou luta com um urso bravo para salvar o seu filho pequeno. Amamos a ideia de uma pessoa pequena vencendo uma forte. A absoluta improbabilidade de uma situação como essa é o que a torna tão atraente; o amor transforma o impossível em possível.

Quando sentimos que somos chamadas a fazer algo para Deus, o nosso primeiro instinto pode ser nos lembrarmos de todos os nossos fracassos. Nós nos concentramos em nossa capacidade e em nossa força e nos esquecemos daquele que prometeu nos capacitar com tudo de que precisamos. Agimos como Ester, nos perguntando: *E se eu fracassar?* O fato de que podemos fracassar é que torna tudo tão especial.

> "Mas temos esse tesouro em vasos de barro, para mostrar que este poder que a tudo excede provém de Deus, e não de nós." (2Coríntios 4.7)

Você sente que Deus a está chamando para fazer algo que parece impossível? E se a única coisa que precisasse fazer fosse aceitar que basta ao menos tentar? Talvez você sonhe em realizar algo que acredita não ser capaz de fazer. E se foi Jesus que colocou esse sonho no seu coração e só está esperando que você peça a ajuda do Senhor?

25 DE SETEMBRO

CONFIANDO NA LUZ

Imagine-se em meio a uma escuridão total, talvez em uma viagem de acampamento no meio da floresta — ou durante uma falta de energia em um bom hotel, se essa é mais a sua praia. Está totalmente sem luz no meio da noite e você precisa encontrar o caminho de volta para o acampamento. Então, acende a sua lanterna e, apesar de ela só iluminar alguns passos de cada vez, isso é o suficiente para manter você no caminho. Cada passo à frente ilumina mais a sua trilha até que, por fim, você consegue ver o seu destino final.

A nossa caminhada na fé é bastante parecida com isso. Na maior parte do tempo, não conseguimos enxergar em que direção estamos indo. Apesar de só termos certeza de alguns passos à frente, podemos confiar no caminho revelado pela luz.

"Eu sou a luz do mundo. Quem me segue, nunca andará em trevas, mas terá a luz da vida." (João 8.12)

Irmãs, Jesus é a nossa luz. Ele nos mostra exatamente aquilo que precisamos enxergar para colocar um pé à frente de cada vez. Peça que o Senhor a ajude a ignorar aquilo que você não consegue ver e a confiar na luz.

26 DE SETEMBRO
NÓS VIVEMOS PELA FÉ

Ontem imaginamos como seria se fôssemos guiadas por um único feixe de luz e permitíssemos que essa iluminação dirigisse os nossos passos. A lanterna pode ter nos ajudado a nos livrar de um emaranhado de raízes ou de um perigoso penhasco. Vamos levar nossa imaginação mais além hoje e pensar que as baterias dessa lanterna estivessem acabando. Lembre-se: você está no meio da escuridão. E agora, o que faz? Grita por socorro. Pede que alguém que já está lá a guie.

Como eu disse, é como em nossa caminhada na fé. Embora a luz de Jesus nunca se apague, a nossa visão, às vezes, sim. Ficamos tão atoladas pelas nossas circunstâncias, pelo nosso pecado e pelos nossos compromissos que não conseguimos enxergar nada. Como, então, podemos continuar andando? Clamamos e, então, ouvimos a voz do Altíssimo. Precisamos diminuir um pouco o passo e prestar atenção, mas ainda podemos andar. Devemos apenas ouvir e ter fé na voz do Senhor.

"Na minha aflição clamei ao SENHOR; gritei por socorro ao meu Deus. Do seu templo ele ouviu a minha voz; meu grito chegou à sua presença, aos seus ouvidos. [...] Livrou-me porque me quer bem." (Salmo 18.6,19)

Lembra-se de algum momento em que realmente não conseguia enxergar para onde estava indo? Talvez esse momento seja agora. Você precisa dar alguns passos, apesar de não conseguir ver o caminho? Clame a ele. Deixe a voz do Criador guiá-la para casa.

27 DE SETEMBRO

A QUEM VOCÊ ESTÁ TENTANDO AGRADAR?

Lembre-se de uma ocasião em que você se posicionou sobre sua fé. Mesmo correndo o risco de sofrer desaprovação das pessoas, você manteve a sua pureza, apesar da pressão para *viver neste século*. Confrontou suas amigas durante uma sessão de fofocas e recusou mais um convite para uma noite de vinhos e críticas aos maridos. Assustador, não foi?

Queremos que as pessoas gostem de nós. Deus nos fez para a vida em comunidade, portanto, ir contra o grupo é difícil. A maioria das mulheres anseia por harmonia; logo, expressar uma opinião impopular e ultrapassada pode ser assustador. Contudo qual seria a alternativa? Lembre-se agora de uma ocasião em que você não se posicionou em relação à sua fé. Como se sentiu depois disso?

"Bem-aventurados os perseguidos por causa da justiça, pois deles é o Reino dos céus." (Mateus 5.10)

Nunca foi prometido a nós que esta vida seria fácil. Na verdade, lemos repetidas vezes nas Escrituras justamente o contrário. Resistir ao mundo é uma coisa difícil; sem a ajuda do Espírito Santo é, na verdade, impossível. Em que área você precisa de ajuda para agradar a Deus, em vez de pessoas? Peça ajuda ao Senhor e confie que o Altíssimo a ajudará. E, quando tropeçar, saiba que Jesus já a perdoou.

28 DE SETEMBRO
NOSSO CONSOLADOR

É o fim de um dia longo e difícil. Tudo o que você quer fazer é se jogar na cama, se enrolar no edredom e descansar. Existe algo nos edredons macios e confortáveis que faz com que os nossos problemas pareçam menores.

Um dos muitos nomes do Criador é *Deus de toda consolação*. Ele é o nosso maior consolador e permite que nos enrolemos nele a fim de sermos aquecidas, acalmadas e aliviadas. Ele faz isso para que possamos seguir o exemplo dele e consolar aqueles que precisam, demonstrando o amor do Senhor.

"Bendito seja o Deus e Pai de nosso Senhor Jesus Cristo, Pai das misericórdias e Deus de toda consolação, que nos consola em todas as nossas tribulações, para que, com a consolação que recebemos de Deus, possamos consolar os que estão passando por tribulações." (2Coríntios 1.3-4)

Observe as repetições nos versículos anteriores. Os termos *consolação* e *consolar* aparecem, ao todo, quatro vezes. Essa repetição não acontece porque Paulo não estava se sentindo inspirado, mas porque ele queria ter certeza de que entendêssemos aquilo que ele estava dizendo. Somos consolados para que possamos consolar. Ele deseja essas duas coisas para nós. Qual delas você tem praticado mais ultimamente? Peça ao Senhor que a ajude com a outra.

29 DE SETEMBRO
FAÇA TUDO EM AMOR

O que passa pela sua cabeça quando você está fazendo compras no supermercado? E quando se exercita na academia? Enquanto lê ou assiste à televisão, os seus pensamentos estão voltados para o amor? Quando lava a louça, há amor na forma como enxagua um copo ou da maneira que seca uma panela?

A primeira carta de Paulo aos coríntios contém o extraordinário mandamento para que façamos tudo em amor. Tudo. Como seria se fizéssemos isso? Como uma pessoa pode escolher morangos de maneira amorosa? Optando pelos mais vermelhos e suculentos? Existe uma maneira amorosa de esfregar uma panela suja? Talvez não, mas certamente podemos encarar as nossas atividades diárias com um espírito de amor, cheias dele, garantindo, assim, que tudo o que fizermos será em amor.

"Façam tudo com amor." (1Coríntios 16.14)

Em vez de pensar em como você pode incluir mais amor em suas atividades diárias, ore pedindo que seja transbordada dele hoje. A partir daí, simplesmente deixe o amor fluir.

30 DE SETEMBRO
ENCONTRANDO PAZ

O que é caos para você em sua vida? Prazos loucos para entregas de trabalho, muitas atividades durante o dia, longas listas de afazeres e pouco tempo? Todas as opções? E quanto à paz, o que ela é para você?

A maioria de nós imagina conseguir fugir — para o interior da banheira ou para uma praia ensolarada. Ali está tudo em silêncio. Sereno. O problema dessa fantasia, por mais maravilhosa que pareça, é que ela é passageira. Não podemos viver dentro de nossas banheiras ou em Fiji, e, portanto, a nossa melhor aposta é buscar a paz em meio ao nosso caos. E adivinhe? Podemos obtê-la. Jesus promete paz a todos aqueles que o colocarem em primeiro lugar.

"Tu, SENHOR, guardarás em perfeita paz aquele cujo propósito está firme, porque em ti confia." (Isaías 26.3)

Quão atraente é imaginar não se abalar com os estresses da sua vida? É fácil ou difícil reivindicar essa promessa para você? Peça que Jesus lhe conceda a paz verdadeira; fixe os seus pensamentos nele e assista ao resto do mundo desaparecer. Quando o mundo tentar voltar, peça paz ao Senhor novamente.

OUTUBRO

"Tu, SENHOR, ouves a súplica dos necessitados; tu os reanimas e atendes ao seu clamor."

(Salmo 10.17)

1 DE OUTUBRO
FONTE DE VIDA

Existe uma razão para a Bíblia fazer referências à água centenas de vezes. Temos uma sede contínua que precisa ser saciada. O nosso próprio corpo é feito de água! Na verdade, o corpo feminino é composto por mais de 50% de água! As plantações não crescem sem água, e sem elas não teríamos o nosso sustento. A água é a fonte de toda a vida.

Jesus se referiu a si mesmo como água viva, e essa não é uma analogia fantástica? Quando sentimos sede de água, nós a bebemos e ela restaura o nosso corpo. Quando temos uma seca em nossa vida espiritual, precisamos buscar a Jesus e ele restaurará a nossa alma. Não precisamos desejar nada além dele, pois ele satisfará a nossa seca espiritual por toda a nossa vida. Nunca mais teremos sede!

"Com alegria vocês tirarão água das fontes da salvação."
(Isaías 12.3)

Você está bebendo do cálice que Jesus lhe oferece? Ou está buscando outras coisas para atenuar a seca em sua vida antes de procurá-lo? Todas as coisas precisam de água para sobreviver, no entanto, Deus não deseja apenas água para você. Ele quer saciar de maneira sobrenatural a sede da sua vida.

2 DE OUTUBRO

TARDIA NO FALAR

Não é nenhum segredo: as mulheres adoram falar. Reúna um grupo de mulheres em algum lugar e você não conseguirá ouvir os seus próprios pensamentos de tanta conversa. Temos a tendência de interromper as pessoas durante os bate-papos, pois a nossa mente está sempre cheia de pensamentos e de coisas que temos a dizer.

Contudo, não há nenhuma passagem na Bíblia que diga: *Você deve falar antes de pensar. Diga o que quiser, quando quiser.* Ao contrário, as Escrituras dizem que devemos ser rápidos no ouvir e *tardios* no falar (veja Tiago 1.19). Isso não é fácil para nós, especialmente porque parece que fomos programadas para falar!

"Quem é cuidadoso no que fala evita muito sofrimento." (Provérbios 21.23)

Ouça a palavra que o Senhor colocou no seu coração hoje. Ele quer falar com você. Está disposta a ouvir? Pare um pouco para escutar o que Deus tem a dizer.

3 DE OUTUBRO

MENSAGENS CONFUSAS

Você já passou a manhã de domingo no banco da igreja proclamando o seu amor a Deus e, depois, ao sair, disse a uma amiga: *Viu como estava curta a saia da Sally?* Ou talvez tenha julgado alguém que chegou quinze minutos atrasado para o culto. Ou disse a si mesma que é uma pessoa melhor do que a Susie, porque ela grita com os filhos e você raramente faz isso.

Se você já agiu assim, saiba que não é a única. Temos a tendência de colocar os outros para baixo para nos sentirmos melhor. Acreditamos, secretamente, que se alguém não parece bom, pareceremos melhores em comparação. Contudo, a Bíblia diz que não podemos louvar a Jesus e amaldiçoar as pessoas ao mesmo tempo.

"Com a língua bendizemos o Senhor e Pai, e com ela amaldiçoamos os homens, feitos à semelhança de Deus. Da mesma boca procedem bênção e maldição. Meus irmãos, não pode ser assim! Acaso podem sair água doce e água amarga da mesma fonte? Meus irmãos, pode uma figueira produzir azeitonas ou uma videira, figos? Da mesma forma, uma fonte de água salgada não pode produzir água doce." (Tiago 3.9-12)

Preste bastante atenção aos seus pensamentos e palavras hoje e certifique-se de edificar as pessoas enquanto se aproxima do Senhor.

4 DE OUTUBRO

FOLHAS QUE NUNCA MURCHAM

Se você mora em um lugar com clima mais frio, então provavelmente conhece muito bem a estação maravilhosa que é o outono. A cada ano, as folhas mudam lentamente para tons de amarelo dourado, laranja e vermelho. É uma coisa linda, porém, em determinado momento, as folhas murcham e morrem, caindo no chão.

Muitas vezes, o mesmo acontece com o nosso relacionamento com o Senhor. Temos aquele fogo por Deus no início; brilhamos forte, até que começamos a apagar e vamos nos afastando dele. Se, porém, mantivermos a nossa confiança nele, o Altíssimo nos diz que as nossas folhas espirituais jamais murcharão. Ele deseja que a nossa vida seja como árvores que dão fruto continuamente.

"Ele será como uma árvore plantada junto às águas e que estende as suas raízes para o ribeiro. Ela não temerá quando chegar o calor, porque as suas folhas estão sempre verdes; não ficará ansiosa no ano da seca nem deixará de dar fruto." (Jeremias 17.8)

Você tem produzido bons frutos em sua caminhada espiritual ou tem perdido as suas folhas? Plante raízes bem firmes no Senhor e deixe que ele regue a sua alma.

5 DE OUTUBRO
ONDE O CRÉDITO É DEVIDO

Você alcança um objetivo ou recebe ótimas notícias. O dia pelo qual tanto esperou finalmente chegou e você está muito feliz por isso. Qual é a sua primeira reação? Atualiza o seu status nas redes sociais para que todos saibam o que aconteceu? Telefona para a sua mãe para contar as ótimas notícias?

Não há nada de errado em compartilhar a sua alegria com as outras pessoas. No entanto, ao fazer isso, certifique-se de dar, em primeiro lugar, toda glória e louvor a Deus. Foi o Senhor que deu a você todas as coisas. Alegre-se por ele ser sempre tão bom para com você. Quando se sentir tão feliz e animada a ponto de dançar de alegria, lembre-se de dar uma pirueta por Jesus também. Ele quer comemorar com você!

"Naquele dia vocês dirão: 'Louvem o SENHOR, invoquem o seu nome; anunciem entre as nações os seus feitos, e façam-nas saber que o seu nome é exaltado. Cantem louvores ao SENHOR, pois ele tem feito coisas gloriosas, sejam elas conhecidas em todo o mundo.'" (Isaías 12.4-5)

Você está dando o devido crédito a Deus? Separe um tempo hoje para agradecer ao Senhor por tudo o que ele lhe ajudou a alcançar e por tudo o que o Altíssimo lhe deu. Ele quer compartilhar da sua alegria!

6 DE OUTUBRO

ENXERGANDO AS COISAS BOAS

Você é o tipo de pessoa que enxerga o copo meio cheio ou está sempre pensando sobre a próxima tragédia que pode acontecer? Muitas vezes deixamos de ver as coisas boas em nossa vida porque estamos ocupadas demais pensando nas ocorrências negativas.

Deus deseja honrar aqueles que são obedientes a ele, e, às vezes, as bênçãos dele, de tão boas, são quase inacreditáveis. Até mesmo Abraão, tão abençoado pelo Criador a ponto de ser o escolhido para ser o pai de uma nação inteira, riu quando o Senhor lhe deu a boa notícia.

"Disse também Deus a Abraão: De agora em diante sua mulher já não se chamará Sarai; seu nome será Sara. Eu a abençoarei e também por meio dela darei a você um filho. Sim, eu a abençoarei e dela procederão nações e reis de povos. Abraão prostrou-se com o rosto em terra; riu-se e disse a si mesmo: 'Poderá um homem de cem anos de idade gerar um filho? Poderá Sara dar à luz aos noventa anos?'" (Gênesis 17.15-17)

Ignore a dor, as mágoas e os problemas da sua vida. Você consegue agora enxergar as coisas boas? Não ria delas! Regozije-se em suas bênçãos hoje.

7 DE OUTUBRO
DO MEU JEITO

A maioria das mulheres é um pouco teimosa e mostra isso honestamente. Passamos tanto tempo cuidando de outras pessoas, que aprendemos a fazer isso incrivelmente bem. Falando claramente, não queremos ninguém nos dizendo como fazer as coisas, pois sabemos que podemos fazer melhor.

Por causa disso, pode ser muito difícil abrir mão do nosso jeito de fazer as coisas e entregar a nossa vida nas mãos de Deus. Isso, porém, nos prejudicará em longo prazo. A Bíblia nos diz que, se formos guiadas pelo Espírito, viveremos em paz. A outra opção? A morte.

> "A mentalidade da carne é morte, mas a mentalidade do Espírito é vida e paz; a mentalidade da carne é inimiga de Deus porque não se submete à Lei de Deus, nem pode fazê-lo. Quem é dominado pela carne não pode agradar a Deus." (Romanos 8.6-8)

Submeta a sua vida ao Senhor. Ore para ter um espírito de obediência. Você pode ser ótima nas coisas que faz sozinha, porém Deus tem coisas ainda melhores guardadas para você. Basta permitir que ele a ensine.

8 DE OUTUBRO

ORE COM VONTADE!

Ao orar, você o faz com um espírito de ousadia ou suas orações são tímidas? Às vezes, parece que temos medo de incomodar a Deus com os nossos pedidos. Pensamos que não devemos importuná-lo demais, caso contrário, ele pode não nos responder, certo? Então falamos com hesitação: *Senhor, se for da tua vontade, seria ótimo se tu pudesses... Pai, sei que tu tens muitas coisas importantes para fazer, mas eu adoraria se...*

Vamos parar de fazer orações acanhadas. Você não é uma covarde; é uma mulher! O Senhor já conhece o seu coração! Creia que o Altíssimo pode fazer o que está sendo pedido. Não precisa ter tanta hesitação ao abordar o Pai que a ama tanto. Jesus mesmo disse isso.

"'Se podes?'", disse Jesus. 'Tudo é possível àquele que crê.' Imediatamente o pai do menino exclamou: 'Creio, ajuda-me a vencer a minha incredulidade!'" (Marcos 9.23-24)

Tenha ousadia em sua fé, a começar por sua vida de oração. Você tem falado com Deus com um espírito de timidez? Peça a ajuda dele para superar a sua falta de fé. Tudo é possível àquele que crê, portanto ouse e creia.

9 DE OUTUBRO

O JOGO DAS OPINIÕES

Assim que aceitou a Cristo como seu Salvador, você passou a fazer parte de um grupo especial. Como cristãs, somos chamadas a buscar uma vida separada, porque as nossas atitudes devem refletir o próprio Cristo. Contudo, com muita frequência, somos envolvidas em um jogo de opiniões e passamos a disputar entre nós sobre o que é certo e errado.

O assunto pode variar sobre o que as mulheres devem vestir, como devemos votar ou, até mesmo, se devemos tomar vacinas. Todas têm opiniões muito fortes. E ai de quem tiver uma opinião contrária! Se você já leu a seção de comentários em algum artigo da internet ou em alguma postagem nas redes sociais, então sabe como as coisas podem ficar feias — e muito rápido. O que, então, aconteceu com a paz? Quando paramos de demonstrar o nosso amor uns aos outros?

> *"Como prisioneiro no Senhor, rogo-lhes que vivam de maneira digna da vocação que receberam. Sejam completamente humildes e dóceis, e sejam pacientes, suportando uns aos outros com amor. Façam todo o esforço para conservar a unidade do Espírito pelo vínculo da paz." (Efésios 4.1-3)*

Você tem vivido uma vida digna do chamado que recebeu como cristã? Ore por um espírito de amor e paz hoje.

10 DE OUTUBRO

GOVERNADOS PELA GRAÇA

A lei de Deus nos foi dada para que pudéssemos ver como somos pecadores. Mas, em vez disso, passamos a pecar cada vez mais. Poderíamos imaginar que Deus desistiria de nós, mas, ao contrário, o Senhor nos deu graça em abundância. Tomamos uma decisão terrível atrás da outra, e o Altíssimo, ainda assim, nos ama e demonstra a sua misericórdia para conosco.

Merecemos ser castigadas, mas Deus nos governa com a sua maravilhosa graça. Jesus morreu para que pudéssemos receber a dádiva da vida eterna no céu. Pense em todos os sacrifícios que você faz pelos outros e, então, pense sobre como seria se sacrificar para que outros pudessem viver. Isso é que é presente para a vida!

"A Lei foi introduzida para que a transgressão fosse ressaltada. Mas onde aumentou o pecado, transbordou a graça, a fim de que, assim como o pecado reinou na morte, também a graça reine pela justiça para conceder vida eterna, mediante Jesus Cristo, nosso Senhor."
(Romanos 5.20-21)

Dedique um tempo para agradecer ao Senhor pelo maravilhoso presente que ele deu a você hoje. Considerando que antes deveríamos viver debaixo da lei, agora vivemos sob a graça e a misericórdia. Não nos esqueçamos do sacrifício que Jesus fez por nós.

11 DE OUTUBRO

COMPLETAMENTE EXAUSTA

Você já se sentiu tão cansada a ponto de não saber se seria capaz de dar mais um passo? O seu calendário está lotado de atividades programadas, todos os seus dias estão cheios, cada hora da sua vida está agendada para algum compromisso e é difícil achar um minuto sequer para você mesma. Até os seus ossos parecem cansados, e você cai na cama à noite completamente exausta.

Existe alguém que está pronto para pegá-la quando você cair. Pode tropeçar pelo seu dia agitado, mas o Altíssimo nunca permitirá que você atinja o chão. Deus se deleita na sua vida! Ele direcionará cada um de seus passos, se pedir ao Senhor. Ele, com prazer, pegará na sua mão e a guiará pela vida.

"O SENHOR firma os passos de um homem, quando a conduta deste o agrada; ainda que tropece, não cairá, pois o SENHOR o toma pela mão." (Salmo 37.23-24)

Você tem permitido que Deus guie os seus dias? Embora você esteja cansada, o Criador tem energia suficiente para fazê-la enfrentar todas as coisas. Segure na mão do Senhor hoje e caminhe ao lado de Jesus.

12 DE OUTUBRO
ISSO É RELEVANTE AGORA?

Às vezes pode parecer que a Bíblia não se comunica com a nossa vida moderna. Afinal, aquelas histórias aconteceram milhares de anos atrás e nem sempre parecem relevantes. As pessoas do Antigo Testamento viviam durante centenas de anos. Não conseguimos nos imaginar sendo engolidas por um peixe quando tentamos evitar a presença de Deus. O arco-íris é lindo, mas é difícil visualizar a terra inteira coberta por água. Esquecemos que o arco-íris é um símbolo da aliança de Deus conosco.

A verdade está presente em todas as palavras das Escrituras e temos muito com o que nos identificar como mulheres! Débora era uma líder maravilhosa. Rute e Noemi são um exemplo de amizade e amor. Ester era incrivelmente corajosa. Maria Madalena enfrentou dificuldades e foi curada.

"Pois a palavra de Deus é viva e eficaz, e mais afiada que qualquer espada de dois gumes; ela penetra até o ponto de dividir alma e espírito, juntas e medulas, e julga os pensamentos e intenções do coração." (Hebreus 4.12)

A Palavra de Deus está viva hoje e continua sendo tão relevante quanto sempre foi. Amor, alegria, paz, paciência, bondade, benignidade, fidelidade, mansidão e autocontrole — todos esses atributos estão esperando por você, se os buscar.

13 DE OUTUBRO

BÊNÇAOS ESCONDIDAS

Existem bênçaos escondidas em meio aos nossos problemas. Uma delas é que nos tornamos mais aptas a ajudar outras pessoas quando já passamos pelo mesmo que elas. Deus é a fonte de todo consolo e o Altíssimo também nos ensina esse dom.

O Senhor nos oferece misericórdia e uma paz que excede todo entendimento, mesmo em meio ao nosso maior sofrimento. Por causa disso, quando outras pessoas estão passando por tribulações e adversidades, nós, que já aprendemos o verdadeiro significado do consolo, podemos passá-lo adiante.

"Bem-aventurados os que choram, pois serão consolados."
(Mateus 5.4)

Você conhece alguém que está enfrentando dificuldades? Lembre-se de como o Pai a ajudou quando enfrentou suas adversidades e dores. Use isso para levar consolo a uma amiga. Não existe ninguém melhor para nos ensinar sobre isso do que o próprio Deus.

14 DE OUTUBRO
TODAS AS PARTES TRABALHANDO JUNTAS

A Bíblia nos diz que Deus nos formou no ventre de nossa mãe. Antes de nascermos, o nosso corpo foi cuidadosamente escolhido e criado pelo nosso Senhor, para que cada parte trabalhasse em conjunto para funcionar como um todo. Muito cuidado foi colocado nesse processo.

Como cristãs, somos — todas nós — parte do corpo de Cristo. Assim como o nosso corpo físico, se cada parte estiver trabalhando com a outra, então todo o corpo funciona bem e feliz. Contudo se uma parte sofrer, o corpo inteiro sofre.

"Mas Deus estruturou o corpo dando maior honra aos membros que dela tinham falta, a fim de que não haja divisão no corpo, mas, sim, que todos os membros tenham igual cuidado uns pelos outros. Quando um membro sofre, todos os outros sofrem com ele; quando um membro é honrado, todos os outros se alegram com ele. Ora, vocês são o corpo de Cristo, e cada um de vocês, individualmente, é membro desse corpo." (1Coríntios 12.24-27)

Quais cuidados você está tomando para que o corpo de Cristo, a sua comunidade de irmãos, trabalhe em conjunto? Procure maneiras de contribuir para a harmonia do corpo à sua volta.

15 DE OUTUBRO

LIGUE O INTERRUPTOR

Você já andou à noite pela casa, certa de que poderia caminhar por ela sem precisar acender a luz e tropeçou em alguma coisa no meio do caminho? Quando não podemos ver para onde estamos indo, estamos propensas a tropeçar. Por outro lado, o caminho se torna óbvio quando simplesmente acendemos a luz.

A Bíblia nos diz que caminhar na justiça é exatamente como andar à luz do dia. Por outro lado, caminhar na rebeldia é como tropeçar em meio à escuridão. Nunca sabemos o que nos atingiu até que seja tarde demais.

"A vereda do justo é como a luz da alvorada, que brilha cada vez mais até a plena claridade do dia. Mas o caminho dos ímpios é como densas trevas; nem sequer sabem em que tropeçam." (Provérbios 4.18-19)

Você tem escolhido a luz? O seu caminho está bem iluminado? Ou você se encontra agora no meio da escuridão? Se esse for o caso, então ligue o interruptor! Ore para tomar decisões sábias. Busque a sabedoria de Deus para a sua vida! O Criador deseja brilhar para você. Deixe-o entrar e o Senhor será a sua luz eterna, iluminando todos os seus dias.

16 DE OUTUBRO

ESCOLHENDO A SABEDORIA

A palavra *sabedoria* é usada centenas de vezes na Bíblia. Somos instruídas, repetidas vezes, a usar o bom senso, a tomar decisões sensatas e a sermos prudentes e atentas. O rei Salomão pediu sabedoria a Deus para liderar Israel. Por causa disso, o Senhor honrou e abençoou o rei.

O interessante é que a sabedoria é uma palavra feminina. Desde o início dos tempos, Deus tem consciência de que as mulheres são capazes de tomar decisões sábias. Em Provérbios, ela nos implora para ser encontrada e escolhida por nós; ela nos diz que, se fizermos isso, encontraremos favor diante de Deus.

"Como é feliz o homem que me ouve, vigiando diariamente à minha porta, esperando junto às portas da minha casa. Pois todo aquele que me encontra, encontra a vida e recebe o favor do SENHOR. Mas aquele que de mim se afasta, a si mesmo se agride; todos os que me odeiam amam a morte." (Provérbios 8.34-36)

Você tem escolhido a sabedoria? Você a tem buscado? Passe algum tempo com ela hoje. A verdadeira felicidade é encontrada ali, e o Senhor honrará a sua decisão!

17 DE OUTUBRO

CONSTRUINDO A SUA CASA

Construir uma casa pode ser muito divertido para algumas pessoas e estressante para outras. Há tanto para escolher e muitos detalhes com os quais se preocupar. Cores de tintas, armários, carpetes — e a lista continua. Isso sobrecarrega algumas pessoas.

No entanto, construir a nossa casa espiritual é fácil. A única coisa com a qual devemos nos preocupar é escolher a fundação certa. O próprio Jesus nos instrui sobre como fazer isso.

"Portanto, quem ouve estas minhas palavras e as pratica é como um homem prudente que construiu a sua casa sobre a rocha. Caiu a chuva, transbordaram os rios, sopraram os ventos e deram contra aquela casa, e ela não caiu, porque tinha seus alicerces na rocha. Mas quem ouve estas minhas palavras e não as pratica é como um insensato que construiu a sua casa sobre a areia. Caiu a chuva, transbordaram os rios, sopraram os ventos e deram contra aquela casa, e ela caiu. E foi grande a sua queda." (Mateus 7.24-27)

Você está construindo a sua casa sobre a rocha? Ouça as palavras do Senhor e as coloque em prática na sua vida diária.

18 DE OUTUBRO
ENCONTRANDO AMOR

Você está contando uma história muito boa, que acredita ser verdadeira, quando, de repente, alguém grita: *Mentirosa!* Surpresa, você olha para essa pessoa como se ela fosse louca. Você sabe que está dizendo a verdade. Como, então, pode ser acusada de contar uma mentira?

A dura realidade é que, se tivermos nosso coração endurecido em relação aos nossos irmãos, não podemos afirmar verdadeiramente que amamos a Deus. Uau! O Senhor nos disse que devemos amar ao próximo como a nós mesmos. O Altíssimo pede que sejamos um só corpo em Cristo. Contudo, continuamos a criticar nossos irmãos e irmãs da igreja — até o ponto em que não conseguimos sentir qualquer amor por eles. Não é isso que o Criador deseja para nós.

"Se alguém afirmar: 'Eu amo a Deus', mas odiar seu irmão, é mentiroso, pois quem não ama seu irmão, a quem vê, não pode amar a Deus, a quem não vê." (1João 4.20)

Se você tem dificuldade para amar alguém em sua igreja, ore para que Deus lhe dê um poder sobrenatural para fazer isso. É somente por intermédio de Jesus que conseguimos encontrar forças para amar aquelas pessoas que não conseguimos por conta própria.

19 DE OUTUBRO

FARÓIS

Há um ótimo motivo para justificar a construção dos faróis. Há centenas de anos, eles brilham em todos os portos ao redor do mundo, guiando os navios em segurança até a costa. A premissa era simples: colocar a luz bem no alto, para que ela pudesse ser vista com facilidade.

Jesus é a luz do mundo. Essa luz não deve ser escondida. Deve ser colocada no alto, onde todas as pessoas possam vê-la com facilidade. E como seus seguidores, somos chamados a brilhar forte por Cristo, de maneira que as pessoas possam enxergá-lo por conta própria. Não devemos escondê-la, mas iluminar com ousadia o caminho que leva a Jesus.

"Vocês são a luz do mundo. Não se pode esconder uma cidade construída sobre um monte. E, também, ninguém acende uma candeia e a coloca debaixo de uma vasilha. Ao contrário, coloca-a no lugar apropriado, e assim ilumina a todos os que estão na casa." (Mateus 5.14-15)

Não esconda a sua luz, mostrando-a apenas quando for confortável para você. Ore para que tenha a ousadia de fé para ser fonte de luz de Cristo para todas as pessoas que conhecer. Peça a Jesus que a ajude a brilhar forte para que as pessoas possam sair da escuridão e se juntar a você na luz do Senhor.

20 DE OUTUBRO

ESCOLHA A OBEDIÊNCIA

A Palavra de Deus é muito clara. Apesar de muitas vezes desejarmos ignorá-la ou nos afastar dela por um tempo, se quisermos buscar a sabedoria do Senhor não há como negar o fato de que devemos escolher a obediência. A Bíblia nos diz repetidamente que devemos guardar os mandamentos de Deus. Se fizermos isso, receberemos bênçãos em nossa vida. Se não fizermos, nossa existência será bem sombria.

Nem sempre é fácil escolher uma vida de obediência. Os nossos desejos carnais aparecem constantemente e nos impedem de fazer o que deveríamos. Contudo, em longo prazo, viver com o Senhor é garantia de uma vida cheia de alegrias. Os nossos bens terrenos e ambições jamais serão capazes de nos satisfazer verdadeiramente.

"Pois hoje lhes ordeno que amem o SENHOR, o seu Deus, andem nos seus caminhos e guardem os seus mandamentos, decretos e ordenanças; então vocês terão vida e aumentarão em número, e o SENHOR, o seu Deus, os abençoará na terra em que vocês estão entrando para dela tomar posse." (Deuteronômio 30.16)

Ore por um espírito de obediência, para que Deus possa aumentar as bênçãos em sua vida. Caminhe ao lado do Senhor Jesus hoje, buscando fazer a vontade dele.

21 DE OUTUBRO

NOVA CRIATURA

Você já se deitou na cama à noite pensando sobre os erros que cometeu no passado e se condenando por decisões tomadas anos atrás? Se já, saiba que não é a única. Nós, mulheres, somos muito duras com nós mesmas por buscarmos alcançar quase a perfeição.

Há uma boa notícia para todas nós! Quando aceitamos Cristo como nosso Salvador, somos novas criaturas. Não há mais necessidade de nos repreendermos pelas escolhas do passado. Ele levou embora os nossos pecados e nos limpou de toda mácula. Não precisamos mais enxergar nossa existência com os nossos antigos pontos de vista, porque os nossos modos de viver antigos já se foram e recebemos vida nova!

"O SENHOR é bom para todos; a sua compaixão alcança todas as suas criaturas." (Salmo 145.9)

Entregue o seu passado ao Criador. Se você tem dificuldade de esquecer os erros que cometeu, peça ajuda a Deus para conseguir se perdoar. Você é nova criatura aos olhos do Senhor! Há tanta liberdade nessa verdade! Aproveite!

22 DE OUTUBRO
FALTA DE NADA

O segredo para aumentar a sua fé é simples. É necessário que haja menos de nós para termos mais de Deus. Para permitir mais da presença do Senhor em nossa vida, precisamos diminuir. Devemos oferecer mais de nossa vida ao Altíssimo e nos entregar por completo.

O mundo diria que fazer isso é uma perda. Aprendemos a vida inteira que devemos nos colocar em primeiro lugar. O nosso semelhante diria que precisamos fazer de nós mesmas uma prioridade. Mas eles não entendem nada! Quando nos entregamos completamente a Deus, podemos compartilhar da glória e alegria do Senhor. Abrir mão de nossos prazeres terrenos por tesouros celestiais significa ganhar infinitamente mais do que este mundo tem a nos oferecer.

"Pois quem quiser salvar a sua vida, a perderá, mas quem perder a sua vida por minha causa, a encontrará." (Mateus 16.25)

Esvazie-se dos desejos da sua carne e permita que Deus a encha com a presença dele. Você não sentirá falta de nada. Na verdade, essa presença do Senhor transbordará em sua vida, se derramando por toda parte para que as pessoas vejam! Seja *menos* para que possa receber *mais* dele.

23 DE OUTUBRO

EM MEIO AO SOL E À TEMPESTADE

É fácil nos sentirmos felizes em um dia ensolarado, quando tudo vai bem, os pássaros estão cantando e a vida está às mil maravilhas. Mas o que acontece quando as coisas se complicam, recebemos uma má notícia ou nos dias que são simplesmente mais difíceis?

Deus deseja que nos sintamos felizes quando os dias são bons. Foi o Senhor quem criou todos os dias. Somos chamadas a nos alegrar em cada um deles, quer sejam bons ou ruins. A felicidade é determinada pelas nossas circunstâncias, mas a verdadeira alegria vem quando conseguimos enxergar o lado bom das coisas, escondidos em nossos momentos mais sombrios — quando conseguimos cantar louvores, apesar de tudo. Não sabemos o que o futuro nos reserva aqui, nesta terra, mas podemos encontrar a nossa alegria na certeza de que a nossa eternidade será maravilhosa.

"Quando os dias forem bons, aproveite-os bem; mas, quando forem ruins, considere: Deus fez tanto um quanto o outro, para evitar que o homem descubra alguma coisa sobre o seu futuro." (Eclesiastes 7.14)

A sua felicidade é determinada pelas suas circunstâncias? Ore para descobrir a verdadeira alegria no nosso Criador. Peça que Deus conceda uma satisfação profunda e duradoura para aqueles dias que ultrapassam o nosso entendimento.

24 DE OUTUBRO
UMA VIDA DE ADORAÇÃO

Quando mergulhamos verdadeiramente em um relacionamento profundo com Deus, a nossa vida se transforma em pura adoração.

Os sacrifícios que fazemos — como acordar cedo para buscar a presença do Senhor, em vez de dormir um pouco mais, ou quando abrimos mão de uma noite tranquila em casa para irmos a uma reunião de oração na igreja — são exemplos desse tipo de adoração. Quando você entrega os seus momentos comuns a Deus, eles se tornam formas de devoção a ele.

"Portanto, irmãos, rogo-lhes pelas misericórdias de Deus que se ofereçam em sacrifício vivo, santo e agradável a Deus; este é o culto racional de vocês." (Romanos 12.1)

Pegue os seus momentos rotineiros, como dormir, comer, trabalhar ou andar por aí e os entregue completamente a Deus em espírito de adoração hoje. Permita que todo o seu ser seja uma canção de louvor ao seu Salvador!

25 DE OUTUBRO

PODER SEM LIMITES

Existe um limite para o que podemos realizar através de nossas próprias forças. Cumprimos as nossas obrigações e podemos conseguir fazer muitas coisas, mas o nosso poder é limitado.

Deus, no entanto, não tem limites naquilo que pode fazer! Se pedirmos que o Senhor opere em nossa vida, não há como evitar as coisas maravilhosas que podem acontecer! Podemos realizar mais do que jamais imaginamos sequer pedir. E a melhor parte é que Deus deseja fazer isso por nós. Não se trata de uma tarefa para o Criador ou de outra obrigação a ser cumprida.

"Àquele que é capaz de fazer infinitamente mais do que tudo o que pedimos ou pensamos, de acordo com o seu poder que atua em nós, a ele seja a glória na igreja e em Cristo Jesus, por todas as gerações, para todo o sempre! Amém!" (Efésios 3.20-21)

Peça ao Senhor coisas maiores e mais ousadas! Ore para receber a capacidade sobrenatural de que precisa a fim de cumprir todas as suas obrigações. O poder de Deus não tem limites e ele o estenderá à sua vida se você pedir.

26 DE OUTUBRO
VERDADEIRAS RIQUEZAS

Depois de experimentar a verdadeira beleza de um relacionamento com Cristo, todo o resto se torna, de alguma forma, insignificante. Aquilo que uma vez foi valorizado por você perde a importância.

Em comparação a ter Jesus como seu Salvador, todas as coisas que são valorizadas pelo mundo perdem o valor.

"Mas o que para mim era lucro, passei a considerar como perda, por causa de Cristo. Mais do que isso, considero tudo como perda, comparado com a suprema grandeza do conhecimento de Cristo Jesus, meu Senhor, por quem perdi todas as coisas. Eu as considero como esterco para poder ganhar Cristo e ser encontrado nele, não tendo a minha própria justiça que procede da Lei, mas a que vem mediante a fé em Cristo, a justiça que procede de Deus e se baseia na fé. Quero conhecer Cristo, o poder da sua ressurreição e a participação em seus sofrimentos, tornando-me como ele em sua morte." (Filipenses 3.7-11)

Você já aceitou completamente os caminhos do Senhor? Estaria disposta a perder todas as coisas por Deus? Tente compreender a beleza que o Criador nos oferece. Ore para ter um coração feliz por desprezar os tesouros terrenos e desejar tudo que está reservado para os crentes verdadeiros.

27 DE OUTUBRO

VENÇA OS OBSTÁCULOS

A vida no planeta Terra nem sempre é fácil. Na verdade, enfrentaremos muitas dificuldades. Talvez você esteja às voltas com alguma dificuldade neste exato momento! Anime-se: Deus tem uma mensagem incrível de esperança para compartilhar com você.

Fomos criadas à imagem do Altíssimo. Somos chamadas a seguir o exemplo de Jesus. Ele nos diz que já venceu o mundo. Isso significa que somos vencedoras! Podemos superar todos os sofrimentos e dificuldades deste mundo. E temos o melhor incentivador de todos ao nosso lado durante todo o tempo: o nosso Senhor e Salvador!

"Eu lhes disse essas coisas para que em mim vocês tenham paz. Neste mundo vocês terão aflições; contudo, tenham ânimo! Eu venci o mundo." (João 16.33)

Quando contamos com o mundo para nos fazer felizes, encontramos apenas felicidade temporária, porém, em Cristo, encontramos paz. Confie no Senhor para ter uma certeza inabalável de que pode vencer os obstáculos que foram colocados hoje no seu caminho.

28 DE OUTUBRO

ESTAMOS NISSO JUNTAS

Nós nos concentramos frequentemente em como somos diferentes das outras pessoas. Você toma café puro, a sua amiga toma café com leite. Você vota de um jeito, a sua vizinha, de outro. Maggie é introvertida, enquanto Melanie não para de falar.

Temos, porém, uma coisa em comum: não importa quem somos ou em que acreditamos, Cristo morreu por todas nós. Cada uma de nós se encaixa nesta categoria: *Todas*. Ninguém fica de fora. O Senhor Jesus morreu por Maggie, Melanie e por sua vizinha que vota diferente de você. Um homem morreu por todos e isso nos coloca em posição de igualdade.

"Pois o amor de Cristo nos constrange, porque estamos convencidos de que um morreu por todos; logo, todos morreram. E ele morreu por todos para que aqueles que vivem já não vivam mais para si mesmos, mas para aquele que por eles morreu e ressuscitou." (2Coríntios 5.14-15)

Procure semelhanças entre você e as pessoas ao seu redor. Você está orando para quebrar barreiras e se posicionar sobre a verdade? Estamos todas juntas nisso!

29 DE OUTUBRO

CORAJOSA E CONFIANTE

Todos os dias, recebemos a mais incrível oportunidade. Temos a chance de falar com um Deus que já esteve em nosso lugar. Um homem que, literalmente, viveu o que prega. Ele está esperando que nós o busquemos para perguntar qualquer coisa.

Jesus se defrontou com as mesmas coisas que enfrentamos quando viveu nesta terra. Portanto, ele realmente entende o nosso lado. Não precisamos de coragem! Ele deseja que sejamos confiantes. Ester foi corajosa quando se aproximou do seu rei para tentar salvar o seu povo, e aquele homem era conhecido por tomar decisões duras e terríveis! Nós, ao contrário, temos a oportunidade falar com um rei conhecido pela sua misericórdia.

"De manhã ouves, SENHOR, o meu clamor; de manhã te apresento a minha oração e aguardo com esperança." (Salmo 5.3)

Você se comporta de maneira hesitante diante do seu rei? Seja corajosa e confiante! Ele a ama e a entende. O Senhor Jesus deseja o melhor para você. Ele derramará graça e misericórdia sobre sua vida, independentemente daquilo que você busca.

30 DE OUTUBRO

DANCE SEM RESTRIÇÕES

A pressão para nos moldar é uma realidade, mesmo para os adultos. Muitas vezes nos importamos sobre como os outros nos veem. *Eu estou bonita hoje?*, nos perguntamos. *Eu esqueci de trazer a lixeira para dentro. O que os vizinhos vão pensar?*, nos preocupamos.

Existe pelo menos uma pessoa que não se importava com o que os outros pensavam a seu respeito. O rei Davi ficou tão feliz depois de vencer uma grande batalha que começou a pular e dançar, louvando a Deus durante o caminho de volta para casa. Quando a sua mulher o repreendeu por parecer louco, ele não deu importância para as suas palavras.

> "Mas Davi disse a Mical: 'Foi perante o SENHOR que eu dancei, perante aquele que me escolheu em lugar de seu pai ou de qualquer outro da família dele, quando me designou soberano sobre o povo do SENHOR, sobre Israel; perante o SENHOR celebrarei e me rebaixarei ainda mais, e me humilharei aos meus próprios olhos. Mas serei honrado por essas escravas que você mencionou.'"
> (2Samuel 6.21-22)

Você está preocupada com o que os outros pensam a seu respeito ou com o que Deus pensa sobre você? Dance na presença do Criador hoje, sem se importar se parecerá tola por fazer isso! Ele quer celebrar a vida com você.

31 DE OUTUBRO
DE OLHO EM VOCÊ

Sabia que muito antes de você aceitar Cristo em seu coração, ele já estava de olho na sua vida? Jesus estava esperando você se aproximar para que ele pudesse compartilhar a dádiva eterna dele com você. Deus sempre desejou viver com você, e como o Senhor ficou feliz quando você tomou essa decisão!

É por intermédio de Cristo que descobrimos quem nós somos. Quando colocamos nossa esperança nele, nos encontramos. É em Jesus que descobrimos o propósito de nossa vida. E o Senhor opera em nossa vida, como cristãos, para um bem maior.

"Nele fomos também escolhidos, tendo sido predestinados conforme o plano daquele que faz todas as coisas segundo o propósito da sua vontade, a fim de que nós, os que primeiro esperamos em Cristo, sejamos para o louvor da sua glória." (Efésios 1.11-12)

Você foi escolhida por Deus. Ele esperou por sua vida e se alegrou quando você se aproximou dele. Comemore com o Altíssimo hoje! Louve ao Senhor pelo presente da salvação eterna. Ele é muito bom!

NOVEMBRO

"Nisso vocês exultam, ainda que agora, por um pouco de tempo, devam ser entristecidos por todo tipo de provação. [...] Mesmo não o tendo visto, vocês o amam; e apesar de não o verem agora, creem nele e exultam com alegria indizível e gloriosa."

(1Pedro 1.6,8)

1 DE NOVEMBRO

A VERDADE SOBRE O LEGALISMO

Quando acreditamos na mentira que afirma que a maneira como vivemos aqui na terra determina se teremos — ou não — a vida eterna, perdemos completamente de vista o objetivo do Evangelho. *Legalismo* é o termo usado para definir a crença de que realizar boas obras nos faz ficar de bem com Deus. Contudo, os fariseus — as pessoas na Bíblia que dedicaram a vida a *fazer a coisa certa* — são os mesmos que colocaram Jesus na cruz.

O legalismo não é uma forma mais santa de adoração a Deus; é autoadoração. Quando acreditamos que temos qualquer parte na obra da salvação, estamos afirmando que somos capazes de fazer uma coisa que só Jesus é capaz de fazer. É a graça de Cristo que nos salva.

"Porque nisto consiste o amor a Deus: em obedecer aos seus mandamentos. E os seus mandamentos não são pesados." (1João 5.3)

A sua obediência não carrega o peso da sua justiça. Você obtém justiça por meio da fé no Filho de Deus. Tudo o que precisa fazer é amá-lo. Por causa desse amor, você desejará obedecer-lhe, pois saberá que a obediência a aproxima dele.

2 DE NOVEMBRO

OS ESCRITOS NAS PAREDES

Que tipo de mensagem permitimos entrar em nossos lares diariamente, por intermédio da televisão, das redes sociais, da internet, das revistas, dos celulares e até mesmo de nossas conversas? Será que refletimos e avaliamos aquilo que nossa mente absorve, mesmo que de maneira inconsciente?

Que as mensagens presentes em nossa casa sejam santas. Deixe a sua família ver e ouvir as palavras de vida e verdade, em vez de pecado e morte. Escolha cuidadosamente as palavras e imagens que devem entrar em sua casa e em seu coração.

"Seguirei o caminho da integridade; quando virás ao meu encontro? Em minha casa viverei de coração íntegro. Repudiarei todo mal. Odeio a conduta dos infiéis; jamais me dominará! Longe estou dos perversos de coração; não quero envolver-me com o mal." (Salmo 101.2-4)

O Espírito Santo será o seu maior aliado para determinar quais mensagens você deve permitir em sua casa. Ouça e não ignore quando o Senhor mostrar alguma coisa que não é saudável para o seu espírito. Imprima alguns de seus versículos preferidos e pendure-os nas paredes de sua casa.

3 DE NOVEMBRO

CREIA QUE ELE É BOM

O primeiro pecado de todos foi cometido por uma mulher. Eva, a mãe de todos, mudou para sempre a humanidade ao tomar a decisão fatal de se aventurar para além dos limites impostos por Deus. Quando Eva deu uma mordida no fruto, fez mais do que apenas ceder aos seus desejos carnais. Abriu as portas do pecado para todas as futuras gerações.

O principal erro de Eva foi duvidar da bondade de Deus. A serpente sabia que podia penetrar na mente de uma mulher com palavras bem escolhidas e, assim, convenceu Eva de que o Criador estava escondendo algo dela. Ao acreditar que o Altíssimo a estava privando de algo, Eva também acreditou que o Senhor não era bom — que ele não queria o melhor para ela. O momento em que Eva deixou de acreditar que Deus era bom foi o instante em que a tentação a venceu.

"E Adão não foi enganado, mas sim a mulher que, tendo sido enganada, tornou-se transgressora." (1Timóteo 2.14)

Com que frequência você duvida da bondade de Deus? Você se pergunta se os limites estabelecidos pelo Senhor são realmente necessários ou corretos? Duvida de que o Criador se preocupa com cada detalhe da sua vida? Lembre-se de que o Pai é bom e de que você pode confiar completamente nele.

4 DE NOVEMBRO

A BELEZA DO MUNDO FEMININO

Feche seus olhos por um momento e tente se lembrar de quando você era uma menininha. Consegue vê-la? Como ela é? Animada? Apaixonada? Quieta? Tímida? Lembre-se por um momento de como era ser aquela menininha: sem se importar com as mãos sujas e o cabelo bagunçado. Importava-se apenas com o momento presente — o passageiro momento de liberdade e imprevisibilidade. Uma menina que podia se perder em faz de contas e sonhos. Uma garota que sabia como dançar loucamente e correr livremente. Uma menina que conhecia muito bem a arte de sonhar acordada e de colher flores.

Aquela menininha cresceu rápido demais, não foi? As responsabilidades acabam por nos roubar a espontaneidade despreocupada. A realidade abafa os sonhos ilimitados. Contudo, a restauração do nosso bem-estar pode ser nossa! Isso não nos faz lembrar da infância? Amada, Deus pode restaurar aquilo que você perdeu ao longo da vida.

"Então sua carne se renova voltando a ser como de criança; ele se rejuvenesce. Ele ora a Deus e recebe o seu favor; vê o rosto de Deus e dá gritos de alegria, e Deus lhe restitui a condição de justo." (Jó 33.25-26)

Aquilo que a vida ameaçou tirar de você, Deus pode restaurar e remodelar. Esqueça as coisas que nunca tiveram importância de verdade e lembre-se de como é respirar vida em seus pulmões.

5 DE NOVEMBRO
NÓS TEMOS TEMPO

O tempo que temos nunca parece ser o bastante. Muitos dias parecem ser uma corrida contra o relógio e parece que nunca conseguiremos fazer tudo o que precisamos. Parece nos faltar tempo até para as coisas mais importantes, como ler a Palavra de Deus, dedicar tempo aos nossos familiares ou ajudar os necessitados.

No fim das contas, existe apenas uma coisa de que precisamos nos lembrar: temos tempo para aquilo para que arrumamos tempo. É muito fácil nos sentirmos ocupadas, mas com o que estamos nos ocupando? Conseguimos tempo para navegar pelas redes sociais ou para assistir a reprises dos nossos programas preferidos? Estamos encontrando tempo para tomar um banho longo ou para dormir mais alguns minutinhos pela manhã? Nenhuma dessas coisas é necessariamente errada, mas se sentimos que não temos tempo para dedicar ao Senhor, precisamos repensar sobre como estamos administrando nossos dias.

"Tenham cuidado com a maneira como vocês vivem; que não seja como insensatos, mas como sábios, aproveitando ao máximo cada oportunidade, porque os dias são maus. Portanto, não sejam insensatos, mas procurem compreender qual é a vontade do Senhor." (Efésios 5.15-17)

Reflita sobre o seu dia hoje e sobre como pode administrar melhor o seu tempo — de forma a aproveitar da melhor maneira possível os seus momentos e oportunidades.

6 DE NOVEMBRO
A SARÇA ARDENTE

Às vezes você sente que a sua vida está em modo de espera? Como se a *grande coisa* que está para acontecer estivesse prestes a finalmente se materializar? Você pode sentir que a sua vida está sendo desperdiçada enquanto espera pela realização do seu próprio destino.

Deus colocou Moisés em uma situação parecida de espera. Ele passou por uma experiência incrível durante o seu nascimento, em que foi especificamente salvo de uma morte certa, milagrosamente encontrado pela mulher mais poderosa da região e criado como parte da realeza. Moisés teve um início de vida inacreditável e depois, após um erro fatal, transformou-se em um simples pastor de ovelhas no deserto durante quarenta anos. *Quarenta anos!* Isso é muito tempo para se perguntar se a grandeza da visão na qual você nasceu será realizada algum dia.

A parte mais incrível da história de Moisés é que, depois de toda aquela espera, Deus se aproximou dele de uma das maneiras mais famosas da história — e sabemos como o Criador usou Moisés poderosamente depois daquilo.

"Passados quarenta anos, apareceu a Moisés um anjo nas labaredas de uma sarça em chamas no deserto, perto do monte Sinai." (Atos 7.30)

Lembre-se: caso se sinta sem rumo no momento — sem visão ou destino —, saiba que nenhum deserto é remoto demais para que você dê de cara com uma sarça ardente. Tudo o que precisa fazer é confiar, estar atenta e esperar.

7 DE NOVEMBRO
HUMILDADE

Deus valoriza a humildade acima do orgulho e do sucesso terreno. É por isso que muitas vezes o Senhor nos faz esperar antes de revelar os planos dele a nós. É durante a espera que o Altíssimo nos faz amadurecer em humildade. Quando as coisas não acontecem de forma perfeita, o nosso orgulho cai por terra e aprendemos as lições mais valiosas.

A glorificação de Deus em nossa vida não faz sentido para a nossa natureza humana, porque os planos do Pai não são os nossos projetos e os caminhos dele não são os nossos. Toda a mensagem do evangelho é contrária ao que conhecemos aqui na terra. No Reino de Deus, a humildade é elevada, enquanto o orgulho é rebaixado. Os pobres são ricos e os fracos, fortes.

"A recompensa da humildade e do temor do SENHOR são a riqueza, a honra e a vida." (Provérbios 22.4)

Deus está mais preocupado em ter todo o seu coração devotado a ele do que em você desenvolver um ministério bem-sucedido. O Senhor quer que nós o sirvamos e o Criador ama quando prosperamos em sua obra pelo Reino. Essas coisas, no entanto, não são o objetivo principal dele. O alvo principal de Deus é viver com você para sempre. Humilhe-se na presença do Senhor hoje.

8 DE NOVEMBRO

A VERDADEIRA RELIGIÃO

Muitas pessoas perguntam hoje o que a religião pode fazer por elas. Como ela pode aliviar os seus medos, salvá-las da morte e melhorar a sua qualidade de vida. O cristianismo nunca se tratou daquilo que podemos obter por intermédio dele.

A verdadeira religião — aquela que é aceitável a Deus — é encontrada quando nos doamos àqueles que passam necessidade. Não se trata do nosso conforto, felicidade ou de uma entrada para o céu. A verdadeira religião é refletir a glória de Cristo na terra.

"A religião que Deus, o nosso Pai, aceita como pura e imaculada é esta: cuidar dos órfãos e das viúvas em suas dificuldades e não se deixar corromper pelo mundo." (Tiago 1.27)

O coração de Deus está muito mais interessado em desenvolver o seu amor e um caráter como o de Cristo do que em deixá-la confortável. A compaixão do Senhor e o seu grande amor pela humanidade não ficarão satisfeitos com um cristianismo água com açúcar. Se você deseja glorificar ao Altíssimo, procure oportunidades para colocar a verdadeira religião em ação. Faça com que a sua missão seja satisfazer a necessidades, amar e dar vida a quem precisa.

9 DE NOVEMBRO

O PREÇO DO SACRIFÍCIO

O que você deixa de fazer por causa do medo? Há alguma coisa que ignora por receios? Deixa de seguir em frente por medo daquilo que possa acontecer caso dê mais algum passo? Há algum desejo em seu coração sendo ignorado porque tem medo de ser criticada?

Na Bíblia, quando Deus anunciava aquilo que estava prestes a fazer na vida de alguém, muitas vezes começava com as palavras: *Não tenha medo*. O Senhor sabe que sentimos medo. O Altíssimo sabe que consideramos todos os pontos negativos, que nos preocupamos com todos os detalhes. Ele disse que isso não é necessário.

"Mas o rei respondeu a Araúna: 'Não! Faço questão de pagar o preço justo. Não oferecerei ao SENHOR, o meu Deus, holocaustos que não me custem nada', e comprou a eira e os bois por cinquenta peças de prata." (2Samuel 24.24)

Jesus morreu na cruz e pagou o preço pela nossa vida — não pelo nosso dinheiro ou por nossos talentos. Cristo não quer apenas as partes que os outros podem ver. O Senhor quer as partes escondidas e secretas do nosso coração. O que você está deixando de entregar a Deus? Tendo em mente o preço da sua morte por nós, você acha que existe algum sacrifício grande demais para oferecermos ao Senhor?

10 DE NOVEMBRO
A FÉ QUE DIZ "SIM"

Alguma vez você disse "sim" a Deus para alguma coisa que parecia louca? Seguiu o Senhor até o meio do oceano e confiou que o Altíssimo não deixaria você se afogar? Não é fácil agir pela fé. Na verdade, é uma coisa confusa. Nós nos perguntamos constantemente sobre a maneira que agimos e por que estamos fazendo as coisas. É necessária muita oração para que Deus nos faça lembrar de tudo o que ele colocou em nosso coração quando nos deu aquela visão. Quando sabemos que estamos sendo obedientes, aquilo que sentimos perde a importância. A única coisa que importa é obedecer. Acreditamos naquilo que Deus nos falou.

Agir pela fé significa enfrentar com coragem os seus maiores críticos e confessar que você não tem garantias de que tudo dará certo. Significa sentir paz em meio ao caos total. É se colocar em situação vulnerável e se perguntar se será capaz de corresponder às expectativas. É se perguntar se você, de fato, tem algo a oferecer.

"Abrão creu no SENHOR, e isso lhe foi creditado como justiça." (Gênesis 15.6)

Existe paz na obediência — a serenidade de que, mesmo quando somos criticadas, ridicularizadas e incompreendidas, o Deus do universo se agrada de nós. E todo o resto desaparece à luz dessa maravilhosa realidade. Se o Senhor está pedindo que você faça algo que a apavora, faça pela fé. Obedeça ao Altíssimo. Creia nele. Valerá a pena.

11 DE NOVEMBRO

CONTANDO HISTÓRIAS

Gostamos de ouvir histórias porque elas ajudam a nos identificar com algum conceito e a personalizar uma ideia. Quando ouvimos uma explicação complexa, temos dificuldade para compreendê-la; ao passo que uma história pode ilustrar a mesma ideia, nos tornando capazes de compreendê-la.

Jesus era um contador de histórias. Enquanto viveu nesta terra, contou muitas histórias às pessoas a fim de ensinar-lhes coisas importantes. Jesus usava parábolas e imagens em vez de simplesmente "dizer o que tinha para dizer", para que as pessoas pudessem meditar, pensar, estudar e absorver as suas palavras, compreendendo-as melhor. As parábolas contadas por Jesus não eram simples histórias: os seus simbolismos revelavam segredos do Reino dos céus, tornando a sua glória compreensível para o homem comum.

"Jesus falou todas estas coisas à multidão por parábolas. Nada lhes dizia sem usar alguma parábola, cumprindo-se, assim, o que fora dito pelo profeta: 'Abrirei minha boca em parábolas, proclamarei coisas ocultas desde a criação do mundo.'" (Mateus 13.34-35)

Quando as pessoas que não conhecem a Deus ouvem o evangelho pela primeira vez, podem achá-lo confuso, porque os seus olhos não foram abertos pelo Espírito Santo. Mas no momento em que você compartilha com elas a sua própria história com o Senhor e sobre como Jesus agiu em sua vida, o coração e a mente delas podem ser abertos com mais facilidade.

12 DE NOVEMBRO

APETITE

O apetite é uma coisa curiosa. O nosso corpo possui a capacidade de comunicar ao nosso cérebro quando estamos com fome. O cérebro, por sua vez, nos faz buscar uma solução para o problema. Quando estamos realmente com fome, procuramos uma comida que encha o nosso estômago e mate a nossa fome.

A nossa alma também tem apetite, contudo, muitas vezes, preenchemos o nosso tempo e gastamos a nossa energia com o entretenimento do mundo. Nós nos enchemos de distrações que nunca serão capazes de nos satisfazer e deixamos pouco espaço para a única coisa que pode nos completar.

"Ninguém pode servir a dois senhores; pois odiará um e amará o outro, ou se dedicará a um e desprezará o outro. Vocês não podem servir a Deus e ao Dinheiro." (Mateus 6.24)

Existe um trono em seu coração que só pode ser ocupado por um mestre — e você deve escolher sabiamente quem ocupará esse lugar. Você permitirá que a sua vida seja governada por coisas que nunca durarão ou investirá nas coisas eternas?

13 DE NOVEMBRO
LOUVOR CONTÍNUO

É relativamente fácil cantarmos louvores a Deus quando as coisas vão bem em nossa vida: quando o Senhor nos abençoa com alguma coisa que pedimos, quando o Altíssimo nos cura ou quando o Pai responde diretamente a uma oração. Nós nos voltamos naturalmente a ele para louvá-lo e glorificá-lo pelas nossas bênçãos. Mas, e quando as coisas não vão bem, quando enfrentamos períodos de seca, dolorosos ou de espera?

Será que apenas louvamos a Deus por alguma coisa depois que a recebemos ou o louvamos a ele antes, em fé, tendo a certeza de que o Senhor é sempre bom, independentemente do que aconteça? Devemos considerar todas as dificuldades da vida como milagres prestes a acontecer — oportunidades para Deus mostrar a bondade dele e nos aproximar do seu coração.

"Bendirei o SENHOR o tempo todo! Os meus lábios sempre o louvarão." (Salmo 34.1)

Escolha colocar louvores em seus lábios hoje, em vez de reclamações. Sempre que você sentir descontentamento ou frustração, substitua-os por louvores. Quando nos concentramos na bondade de Deus, as nossas dificuldades diminuem e a nossa alegria aumenta.

14 DE NOVEMBRO
UM AMOR QUE É SENTIDO

Pense no filme mais romântico a que você já assistiu. Duas pessoas lindas interpretam um amor ainda mais bonito nas telas, levando o seu coração em uma aventura romântica enquanto assiste ao desenrolar daquela paixão. No entanto, por trás das câmeras, aquelas pessoas sentem todo esse amor? São atores e bons no que fazem. Eles são capazes de fazer aquela história de amor parecer bastante real.

O amor é realmente amor quando percebido externamente, mas não sentido internamente? Embora pareça para todos à sua volta que você está loucamente apaixonada, se esse amor não for verdadeiro em seu coração, então não é amor.

> "O SENHOR diz: 'Esse povo se aproxima de mim com a boca e me honra com os lábios, mas o seu coração está longe de mim. A adoração que me prestam é feita só de regras ensinadas por homens.'" (Isaías 29.13)

Se a nossa adoração é fruto de amor verdadeiro e intimidade, ela irá bem mais além das demonstrações externas de afeto. O nosso amor permeará nosso coração e nossa vida. Não pareceremos estar apaixonadas; estaremos, de fato, apaixonadas.

15 DE NOVEMBRO

UMA RECEPÇÃO CALOROSA

Você já conheceu alguém e se identificou imediatamente com ela? Talvez tenha se sentido atraída pela personalidade dela e, assim, nasceu uma amizade. Por outro lado, já conheceu alguém com quem teve dificuldade de se identificar? Talvez a sua maneira de vestir, falar ou a sua profissão tenham sido completamente estranhas para você.

Todas nós temos as nossas amizades naturais. Não precisamos ser melhores amigas de todos que conhecemos, porque a verdade é que jamais seremos. Mas, e se, apesar de nossas diferenças, aceitássemos todas as pessoas que conhecemos?

"Portanto, aceitem-se uns aos outros, da mesma forma que Cristo os aceitou, a fim de que vocês glorifiquem a Deus." (Romanos 15.7)

Como cristãs, o nosso principal objetivo é dar glória a Deus. Ao aceitar as pessoas da mesma forma que Jesus nos aceitou, honramos e glorificamos ao Senhor. Vamos nos esforçar hoje para aceitar aqueles à nossa volta, recebendo-os de braços abertos apesar de nossas diferenças.

16 DE NOVEMBRO

EMOÇÕES

Não é nenhum segredo que as mulheres são muito emotivas. Somos criaturas complicadas que sentem as coisas de maneira muito profunda. Às vezes, as nossas emoções nos deixam bastante confusas, então, tentamos escondê-las das pessoas ao redor — e até de Deus.

O Senhor nos criou para vivermos com uma ampla variedade de emoções. Ele tem consciência de como essas emoções afetam diretamente a nossa vida diária. Deus não se frustra conosco quando sentimos todas as coisas que ele nos criou para sentir. O Altíssimo não se ofende com a nossa irritação, não fica impaciente com as nossas lágrimas, nem incomodado com os nossos risos.

"Entre vocês há alguém que está sofrendo? Que ele ore. Há alguém que se sente feliz? Que ele cante louvores."
(Tiago 5.13)

Não ceda à tentação de buscar a Deus escondendo os seus verdadeiros sentimentos. Permita que o Senhor veja as suas emoções reais, com toda transparência. Coloque tudo aos pés dele, sem esconder nada. Ele nos ama e ficará ao nosso lado em meio aos bons e maus momentos.

17 DE NOVEMBRO
NENHUMA CONDENAÇÃO

A maioria de nós conhece a história da mulher flagrada em adultério. Um dos momentos intrigantes se dá quando Jesus é questionado se a mulher deveria ser apedrejada ou não. Ele se inclinou e começou a escrever na terra. Esse gesto de Jesus, ao se abaixar para escrever no chão, define, literalmente, uma das interpretações da palavra *graça*.

Enquanto todas as pessoas julgavam aquela mulher, Jesus se afastou de seus acusadores, se abaixou e permaneceu ali. Essa atitude diz muito sobre a sua escolha de não participar do julgamento feito por aquela multidão. Graças a essa distração causada por Jesus, os olhos da multidão saíram daquela mulher, aliviando, talvez, um pouco da sua vergonha. Com a atenção voltada para Jesus, ele disse as palavras que salvaram a vida da mulher: "Se algum de vocês estiver sem pecado, seja o primeiro a atirar pedra nela." Um a um, os seus acusadores foram embora.

"Então Jesus pôs-se em pé e perguntou-lhe: 'Mulher, onde estão eles? Ninguém a condenou?' 'Ninguém, Senhor', disse ela. Declarou Jesus: 'Eu também não a condeno. Agora vá e abandone sua vida de pecado.'" (João 8.10-11)

Jesus era o único qualificado para apedrejar a mulher adúltera. Este é um belo prenúncio da redenção que o Senhor, mais tarde, ofereceu a todos os pecadores. Querida, Cristo é o único que pode condená-la, mas ele escolheu condenar a si mesmo em seu lugar. Você está liberta e limpa por causa da graça de Jesus Cristo.

18 DE NOVEMBRO

PERSEVERANÇA

Lembra-se de quando você decidiu seguir a Cristo? Talvez tenha sentido como se um peso enorme estivesse sendo tirado dos seus ombros ou que finalmente era capaz de sentir a paz e a alegria que estava procurando. Você se encheu de animação pela nova vida, sentindo-se pronta para encarar o mundo pelo nome de Jesus.

Seguir a Deus pode ser fácil no início. Nós o aceitamos em nossa vida e somos invadidas pelo amor dele com uma incrível esperança, porém, com o passar do tempo, voltam as antigas tentações, ameaçando abalar a nossa determinação. A confiança que sentimos a princípio em nosso relacionamento começa a diminuir e nos perguntamos se somos capazes de encarar a vida cristã.

"Por isso, não abram mão da confiança que vocês têm; ela será ricamente recompensada. Vocês precisam perseverar, de modo que, quando tiverem feito a vontade de Deus, recebam o que ele prometeu." (Hebreus 10.35-36)

Talvez você tenha perdido a confiança que tinha no começo de sua caminhada com Cristo. Ou talvez ainda sinta bastante segurança e confiança. De qualquer maneira, aceite com ousadia tudo o que Deus tem para você. Permaneça confiante nele; o Altíssimo cumprirá o que prometeu. Quando for difícil segui-lo, busque ainda mais ao Senhor e lembre-se de que será ricamente recompensada por sua perseverança.

19 DE NOVEMBRO

PERFEITO AMOR

Alguém conhece o seu *eu* verdadeiro? O *eu* que não foi editado ou aperfeiçoado?

Esconder quem somos de verdade em nossos relacionamentos é uma expressão direta do nosso próprio medo. Quando temermos ser conhecidas de verdade, perdemos o maior presente que podemos receber nos relacionamentos — amor sincero. Nós sacrificamos um relacionamento verdadeiro no altar da nossa própria insegurança e medo.

"Assim conhecemos o amor que Deus tem por nós e confiamos nesse amor. Deus é amor. Todo aquele que permanece no amor permanece em Deus, e Deus nele. Dessa forma o amor está aperfeiçoado entre nós, para que no dia do juízo tenhamos confiança, porque neste mundo somos como ele." (1João 4.16-17)

Você tem medo de mostrar quem é de verdade? Entregue a sua necessidade de ser vista como uma pessoa perfeita e permita-se ser amada por quem você é realmente. Deixe seu medo ser apagado pelo amor sem defeito de um Deus perfeito.

20 DE NOVEMBRO

SANTUÁRIO

Desde a entrada do pecado no mundo no Jardim do Éden, existe uma divisão entre o Deus santo e a humanidade. Contudo, ao longo da história, o Senhor criou maneiras para que ainda pudéssemos ter comunhão com ele, apesar da separação causada pelo pecado.

Deus deseja a nossa companhia. Ele não encolheu os ombros quando o pecado entrou no mundo e se conformou por não poder mais ter um relacionamento íntimo conosco. Ao contrário, o Criador fez todo o esforço para estar conosco, tamanha é a intensidade do seu amor por nós. Deus quer habitar entre nós. Não apenas nos visitar. Não só conversar de vez em quando. Ele quer que a sua presença esteja constantemente entre nós.

"E farão um santuário para mim, e eu habitarei no meio deles." (Êxodo 25.8)

Você tem criado um santuário em sua vida para Deus habitar? Está promovendo uma atmosfera para receber o santo Deus? Ele deseja estar perto de você.

21 DE NOVEMBRO

PROBLEMAS COM DINHEIRO

Às vezes o dinheiro parece água em nossas mãos. Escorre pelos nossos dedos e vai embora assim que chega.

Como cristãs, sabemos que devemos confiar em Deus para todas as nossas necessidades. Mas será que fazemos isso de verdade? Será que temos confiança de que, independentemente das circunstâncias que possam surgir, o Altíssimo cuidará de nossas finanças? Ou será que somos consumidas pela preocupação de que não teremos o suficiente? Logo depois de dizer que não devemos amar o dinheiro, o Senhor nos lembra que nunca nos abandonará. Ele sabia que nos preocuparíamos com nosso dinheiro. Sabia que o medo viria com muito mais facilidade do que o contentamento.

"Conservem-se livres do amor ao dinheiro e contentem-se com o que vocês têm, porque Deus mesmo disse: 'Nunca o deixarei, nunca o abandonarei.'" (Hebreus 13.5)

Lembre-se de que não importa se você possui pouco ou muito dinheiro, Deus está sempre no controle. Ele é mais do que capaz de prover todas as suas necessidades e jamais a abandonará.

22 DE NOVEMBRO

O DESCANSO CERTO

Como mulheres, temos uma grande tendência a sermos especialistas em multitarefas. Equilibramos inúmeras responsabilidades, horários e detalhes. Com a aproximação das festas de fim de ano, essas tarefas parecem aumentar. Entre cozinhar, decorar e preparar as festas, podemos facilmente nos cansar.

Deus diz em sua Palavra: "Aquietai-vos, e sabei que eu sou Deus." O Senhor pede que paremos, sentemos e descansemos, porque ele nos criou para precisar de descanso. Existe uma razão pela qual o Altíssimo nos deu o exemplo quando descansou no sétimo dia depois de criar o mundo. Até mesmo o Criador sabia da importância do descanso.

"Respondeu o SENHOR: 'Eu mesmo o acompanharei, e lhe darei descanso.'" (Êxodo 33.14)

Alguma vez você se levantou do sofá e continuou se sentindo cansada — talvez mais até do que o momento em que se sentou? Não confunda descanso do corpo com refrigério da alma. O verdadeiro descanso, que traz vida e renovo, só pode ser encontrado na presença do Pai. Faça uma pausa durante essa época dos feriados para colocar-se diante de Deus, ler a sua Palavra e esperar nele, enquanto recarrega as suas energias.

23 DE NOVEMBRO

SEDE DE ÁGUA PURA

Você já reparou que quanto mais água bebe, mais o seu corpo deseja beber? E quanto menos água bebe, menos o seu corpo a deseja conscientemente. Apesar de continuar necessitando de água para viver, você passa a se saciar com menores quantidades dela, disfarçadas em outras comidas e bebidas. Mas para um corpo acostumado a tomar água pura diariamente, só ela é capaz de saciar a sua sede.

O mesmo princípio se aplica à presença de Deus em nossa vida. Quanto mais entramos na presença dele, mais desejamos ficar ali. Quanto mais nos sentamos aos seus pés e ouvimos as suas palavras, mais precisamos das Escrituras para continuar vivendo. No entanto, se ficarmos satisfeitos com verdades e revelações de segunda mão, perderemos aos poucos a nossa fome pela pura e imaculada presença do Deus vivo.

"A minha alma anela, e até desfalece, pelos átrios do SENHOR; o meu coração e o meu corpo cantam de alegria ao Deus vivo." (Salmo 84.2)

Todo o seu corpo anseia estar com Deus? Busque a Jesus até não conseguir mais se satisfazer com nada menos do que a forma mais pura da sua presença. Alimente a sua fome e fascinação pelo Senhor até, literalmente, desejá-lo. Passe a sua vida se deleitando na sua verdade, conhecendo o seu caráter e adorando o seu coração.

24 DE NOVEMBRO

PREPARADA PARA SERVIR

Uma das respostas naturais quando amamos a Deus é a vontade de fazer coisas por ele. Contudo, precisamos primeiro nos tornar pessoas do Senhor para depois realizarmos a sua obra. A única maneira de nos tornarmos suas é dedicando tempo para estar na presença do Salvador.

Os discípulos não se dedicaram direto ao ministério em tempo integral. Antes, eles passaram bastante tempo com Jesus — aprendendo com ele, conversando com ele e assistindo às suas pregações.

"Eu digo verdadeiramente que o Filho não pode fazer nada de si mesmo; só pode fazer o que vê o Pai fazer, porque o que o Pai faz o Filho também faz. Pois o Pai ama ao Filho e lhe mostra tudo o que faz. Sim, para admiração de vocês, ele lhe mostrará obras ainda maiores do que estas." (João 5.19-20)

Nem Jesus agia antes de saber o que o Pai estava dizendo. Dedique algum tempo para ficar em silêncio diante de Deus e refletir sobre as suas palavras e os seus planos. Ao conhecer o coração do Senhor, você descobrirá onde ele já está trabalhando e será capaz de ajudá-lo.

25 DE NOVEMBRO
DANDO GRAÇAS

O que acontece em nossa alma quando agradecemos a Deus? Quando consagramos algum segundo ao demonstrar a ele a nossa gratidão? O que acontece em nosso ser quando reconhecemos o peso e a glória das bênçãos mais insignificantes?

Em cada momento de reflexão e em cada declaração de gratidão, somos libertas. Libertas da negatividade, de pensamentos sombrios sobre a morte, da dor, do sofrimento e da maldade. Entramos em seus átrios com ações de graças. Entramos em seu lugar santo diretamente pela porta criada pelo Senhor.

"Abram as portas da justiça para mim, pois quero entrar para dar graças ao SENHOR. Esta é a porta do SENHOR, pela qual entram os justos." (Salmo 118.19-20)

Viver com ações de graças é entrar direto na presença de Deus. Esta época do ano, o Dia de Ações de Graças, tem o poder de nos fazer refletir. Abre os nossos olhos para as maravilhas e belezas dos momentos comuns. As coisas ganham uma nova perspectiva, e a vitória volta a habitar a alma derrotada. Pratique dizer *obrigada* hoje, sabendo que, por intermédio da sua gratidão, você entrará na presença do Altíssimo.

26 DE NOVEMBRO

ALEGRE-SE, ORE, AGRADEÇA

Não é difícil nos sentirmos desanimadas pelas coisas negativas deste mundo. A nossa vida e a daqueles à nossa volta estão cheias de problemas que nos deixam cansadas. Em alguns dias é complicado encontrar alegria em meio ao nosso caos.

Perguntamos qual é a vontade de Deus, especialmente durante as dificuldades. Não conseguimos ver o seu plano, mas sentimos que, se pudéssemos, talvez conseguíssemos superar as tribulações. Nós nos perguntamos o que o Criador gostaria que fizéssemos em meio às nossas adversidades.

"Alegrem-se sempre. Orem continuamente. Deem graças em todas as circunstâncias, pois esta é a vontade de Deus para vocês em Cristo Jesus." (1Tessalonicenses 5.16-18)

Estas três coisas — a alegria constante, a oração e a ação de graças — são a vontade de Deus para a nossa vida. Ao longo do dia, pense sobre os eventos pelos quais você é grata. Alegre-se continuamente por tudo o que o Senhor já fez por você. Agradeça ao Altíssimo por cada uma delas.

27 DE NOVEMBRO
CORDEIRO DE DEUS

Quando entramos na santa presença de Deus, o nosso pecado se torna óbvio. Sentimos a separação e a vergonha que os nossos erros criaram. Não há nada que possamos fazer para eliminar os nossos pecados e restaurar a nossa comunhão com o Deus vivo. Precisamos de uma solução, mas não temos nenhuma.

Quando Adão e Eva pecaram e descobriram a sua nudez, o Criador matou um pequeno cordeiro e os vestiu com a sua pele. Ao fazer isso, Deus criou um precedente monumental de que o sangue de um cordeiro inocente cobre o pecado. O sangue do Cordeiro, Jesus Cristo, seria derramado na cruz séculos mais tarde para cobrir os pecados de toda a humanidade.

"No dia seguinte João viu Jesus aproximando-se e disse: 'Vejam! É o Cordeiro de Deus, que tira o pecado do mundo!'" (João 1.29)

Nada está escondido da vista do Altíssimo. Ele conhece o seu pecado, a sua vergonha, a sua situação. Contudo, Cristo fez o sacrifício necessário para cobrir o seu pecado. Jesus derramou o seu próprio sangue, o qual cobriu os seus pecados. Toda a sua vergonha, todos os seus erros e toda a sua indignidade foram apagados pela obra realizada por Cristo. Descanse em seu amor infalível e no seu poder de tirar o seu pecado.

28 DE NOVEMBRO

PERFEITO

Cada um de nós tem plena consciência de nossas próprias fraquezas. Conhecemos muito bem todos os nossos defeitos e temos como objetivo nos livrar deles. Contudo, não importa quanto esforço coloquemos nisso, jamais alcançaremos a perfeição.

Embora saibamos que nunca seremos perfeitas, colocamos uma pressão exagerada sobre nós mesmas. Quer seja em alguma tarefa, no nosso caráter ou na nossa caminhada com Cristo, nos frustramos facilmente quando não conseguimos alcançar a perfeição. Se permitirmos que o perfeccionismo conduza o nosso desempenho, então mataremos o nosso próprio potencial e inibiremos a nossa eficácia.

"Seu divino poder nos deu tudo de que necessitamos para a vida e para a piedade, por meio do pleno conhecimento daquele que nos chamou para a sua própria glória e virtude." (2Pedro 1.3)

Deus nos dá a liberdade de não sermos perfeitas. Na verdade, o poder dele é ainda mais aperfeiçoado quando demonstrado por intermédio de nossas fraquezas, porque quando não somos o foco principal, Jesus é. Quando fracassamos, Deus precisa assumir o controle, e o resultado disso é sempre a perfeição.

29 DE NOVEMBRO

QUIETUDE

A noite cai em um dia frio de inverno. Há um nevoeiro pairando enquanto começam a cair os primeiros flocos de neve — congelantes... do tipo que gruda. A neve continua caindo até que você não consiga ver nada à sua frente. A mata está silenciosa; tudo o que você consegue ouvir é o vento suave e só consegue ver árvores e neve. Um cobertor branco de neve pura restaura a terra e, enquanto cai, também restabelece a sua vida.

Às vezes, precisamos sair do barulho e do caos dentro de nossas quatro paredes. Temos de sair na neve, no sol ou na brisa. Precisamos ficar sozinhas, em silêncio, e limpar a bagunça da nossa mente e de nosso coração enquanto admiramos o santuário natural de Deus.

"Parem de lutar! Saibam que eu sou Deus! Serei exaltado entre as nações, serei exaltado na terra." (Salmo 46.10)

Há tanto poder na quietude de conhecer a Deus e permanecer tranquila no mundo criado pelo Senhor! A agitação da sua vida sempre estará presente, mas nunca se esqueça de tirar os momentos que puder para parar e conhecer o Altíssimo. Nesses momentos, você encontrará renovo e força para enfrentar qualquer coisa em seu caminho.

30 DE NOVEMBRO

A FELICIDADE NÃO SE COMPRA

Você já assistiu ao filme *A felicidade não se compra*? É um clássico antigo e é fácil de perceber por que, quando o assistimos, as emoções dos atores em cena são puras e verdadeiras — além de completamente identificáveis. Temos muitas noites parecidas com as noites desse filme, em que tudo dá errado e nos perguntamos: "Por quê?"

Há muitas coisas em nossa vida que simplesmente não compreendemos. Não temos certeza de por que algumas coisas acontecem e outras, não. Temos os nossos próprios sonhos e planos e quando eles não acontecem como imaginamos em nosso coração, nós nos sentimos perdidas, irritadas e confusas.

"Em seu coração o homem planeja o seu caminho, mas o SENHOR determina os seus passos." (Provérbios 16.9)

Quando tudo der errado e os planos do seu coração não se realizarem, Deus sabe o que está fazendo. Ele vê aquilo que não vemos. Podemos ter as melhores ideias do mundo, porém, se não for o Senhor nos dirigindo, os nossos planos falharão. Confie nele de todo o coração. Entregue os seus planos ao Criador e permita que ele a transforme em sua obra-prima perfeita.

DEZEMBRO

"Toda boa dádiva e todo dom perfeito vêm do alto, descendo do Pai das luzes, que não muda como sombras inconstantes."

(Tiago 1.17)

1 DE DEZEMBRO

A MESA

A temporada do Natal é sem igual. Somos convidadas para festas natalinas e podemos nos arrumar e preparar os nossos aperitivos preferidos. Podemos nos aconchegar no sofá, beber chocolate quente e assistir a clássicos natalinos, enquanto as luzes da nossa árvore de Natal piscam na sala. Podemos encontrar amigas que estão em fases diferentes da vida e ter uma noite inesquecível. É uma época quase mágica.

Um dos melhores lugares para compartilharmos essa época do ano é em volta da mesa. Algo lindo acontece quando amigos e familiares se reúnem em torno de comidas deliciosas. Podemos conversar sobre tudo. A beleza da temporada de Natal é percebida nos risos, gargalhadas e memórias repletas de alegria.

"Havia pastores que estavam nos campos próximos e durante a noite tomavam conta dos seus rebanhos. E aconteceu que um anjo do Senhor apareceu-lhes e a glória do Senhor resplandeceu ao redor deles; e ficaram aterrorizados. Mas o anjo lhes disse: 'Não tenham medo. Estou trazendo boas-novas de grande alegria para vocês, que são para todo o povo: Hoje, na cidade de Davi, lhes nasceu o Salvador, que é Cristo, o Senhor. Isto servirá de sinal para vocês: encontrarão o bebê envolto em panos e deitado numa manjedoura.'" (Lucas 2.8-12)

Durante essa época do ano, existe uma data em que você pode reunir as pessoas que ama em uma noite agradável?

2 DE DEZEMBRO

AS BRILHANTES LUZES DE NATAL

Alguma vez você já observou o seu bairro durante essa época do ano e se sentiu transportada para um lugar completamente diferente? As luzes de Natal foram colocadas, transformando casas comuns em um mundo mágico de luzes brilhantes e coloridas. Pelas janelas dos vizinhos você consegue ver árvores de Natal, decoradas com enfeites e lâmpadas. Bonecos de Papai Noel são colocados nos telhados e renas decoram os jardins de entrada. Nessa época do ano, as nossas casas ficam ainda mais especiais. Mais bonitas, mais abençoadas.

Se você não colocou luzinhas em sua casa, aprecie as residências ao seu redor. Tire um tempo para dirigir pelo bairro e refletir sobre a razão de essas casas estarem transformadas. O nascimento de Jesus é uma linda lembrança do dom da salvação, e essa época é ideal para a reflexão, em meio às luzinhas e às árvores de Natal.

"Ninguém acende uma candeia e a esconde num jarro ou a coloca debaixo de uma cama. Ao contrário, coloca-a num lugar apropriado, de modo que os que entram possam ver a luz." (Lucas 8.16)

O que essa época do ano significa para você em meio às luzes e transformações?

3 DE DEZEMBRO

O CONTADOR DE HISTÓRIAS

Checar a caixa do correio nessa época do ano é uma aventura emocionante. Você nunca sabe o que vai encontrar. Quando abre o correio e vê todos aqueles envelopes brancos com cartões de Natal é emocionante abri-los, admirar as fotos e ler as cartas. Algumas famílias escrevem várias páginas, para atualizá-la sobre todos os membros da família e as últimas viagens. Alguns amigos só enviam uma foto com os dizeres *Feliz Natal*, enquanto outros mandam fotos e algumas notícias sobre sua vida. Cada um desses cartões conta uma história.

Todas nós temos uma história a contar: uma história criativa e intrincada feita só para nós pelo Criador, aquele que determina os nossos passos. Não importa se o seu cartão tem apenas uma foto sua, ou sua com o seu marido, ou sua com seu esposo e cinco filhos. Não importa se o seu cartão tem uma foto do seu apartamento, da sua casa dos sonhos, do seu conversível ou da sua minivan. É uma história lindamente sua, que deve ser nutrida e cuidada ao longo da vida.

"Assim o digam os que o SENHOR resgatou, os que livrou das mãos do adversário." (Salmo 107.2)

A sua história muda junto com você. Ore para que, à medida que ela mudar, você mantenha os olhos no Contador de histórias. Reflita sobre a sua história atual por alguns minutos. Qual é a sua oração para o restante da sua jornada?

4 DE DEZEMBRO

PAI NOSSO QUE ESTÁS NO CÉU

Será que sabemos, no fundo do coração, que as nossas orações são ouvidas — os altos clamores por socorro e os suaves sussurros de agradecimento? O Senhor conhece todos os nossos pensamentos antes que eles cheguem à nossa mente. Esse é o Pai que nos criou e nos chama pelo nome. Somos suas filhas amadas.

Acreditem, lindas mulheres. Precisamos deixar a verdade penetrar nas partes mais profundas do nosso coração e descansar em ações de graças. A sua Palavra é verdadeira e Deus nos diz, repetidas vezes, que ouve as nossas orações porque confiamos nele (veja 1Crônicas 5.20). Seja por meio de música, atitude, pensamento ou discurso, o Senhor se alegra em ouvir as nossas orações.

"Os olhos do SENHOR voltam-se para os justos e os seus ouvidos estão atentos ao seu grito de socorro." (Salmo 34.15)

Você dedica tempo diariamente para orar ao seu Pai amoroso? Se não, comece a praticar, conversando com Deus quando estiver no carro, debaixo do chuveiro ou em silêncio no seu quarto. Não precisa dizer nada rebuscado ou comprido. Ele deseja apenas conversar e estar em comunhão com você.

5 DE DEZEMBRO
DEUS INSACIÁVEL

Jesus morreu na cruz para nos libertar. Ele sofreu, chorou, sangrou e suportou. Para sempre, pela nossa liberdade. O que estamos fazendo com essa liberdade? Continuamos em nossa zona de conforto? Estamos fazendo o possível para abandonar os nossos desejos carnais e nos concentrar no grande prêmio? Como gastamos o nosso tempo e a nossa energia?

Vamos orar para que desejemos menos do mundo e mais de Cristo, para que enxerguemos a nossa liberdade como ela é. Vamos pedir ao Senhor que os desejos mundanos sumam e que o nosso coração receba coragem para defender o que é bom e correto.

"Falarei da bondade do SENHOR, dos seus gloriosos feitos, por tudo o que o SENHOR fez por nós, sim, de quanto bem ele fez à nação de Israel, conforme a sua compaixão e a grandeza da sua bondade." (Isaías 63.7)

Como você pode parar de se concentrar nas coisas e mudar seu foco para o avanço do Reino de Deus? Essa não é uma tarefa fácil no mundo de hoje. Pense um pouco e medite sobre como isso pode ser feito em sua vida.

6 DE DEZEMBRO

TRAVE DE EQUILÍBRIO

Você já fez algum exercício ou aula de dança em que o equilíbrio era um componente crucial? Ou saiu para correr e percebeu que encontrar um ritmo confortável era a única maneira de conseguir terminar a corrida?

Como mulheres, temos muitas responsabilidades. Qualquer que seja a fase de nossa vida, geralmente desempenhamos a função de empreendedoras, organizadoras, cozinheiras, motoristas, empregadas, irmãs, filhas, amigas, esposas ou mães. Talvez você desempenhe somente uma dessas funções; no entanto, é mais provável que esteja equilibrando diversas delas ao mesmo tempo. Isso pode ser uma bênção, mas também pode ser um peso. Encontrar equilíbrio em meio à agitação da vida é fundamental para termos uma vida confortável.

"Busquem, pois, em primeiro lugar o Reino de Deus e a sua justiça, e todas essas coisas serão acrescentadas a vocês." (Mateus 6.33)

Que alterações você pode fazer em seu dia hoje para ter uma vida mais equilibrada? Pense em alguma reunião que possa ser reduzida para lhe permitir fazer uma caminhada, convidar uma amiga para almoçar ou faltar à academia para ir a uma cafeteria e ler durante uma hora. Encontre o equilíbrio que a transforme em uma versão melhor de si mesma.

7 DE DEZEMBRO
PRESENTE DE NATAL

A época de Natal é um tempo de amor. É um período para lembrarmos que o Deus de todo o universo veio ao mundo como um bebê e mudou tudo. É um momento de saudade com a aventura do advento. É uma celebração.

Árvores, luzes brilhantes, pijamas confortáveis, chá quente, amigos, família, tradições. Comidas deliciosas, presentes, consideração, consolo, alegria, beleza e salvação... na forma de um bebê.

A época do Natal é uma temporada de salvação. É um princípio para ser estimado e devorado ao mesmo tempo. Reconheça a dádiva de Jesus e o que significou para Deus enviá-lo para nos salvar. Cristo é, de fato, o melhor presente de todos.

"Ela dará à luz um filho, e você deverá dar-lhe o nome de Jesus, porque ele salvará o seu povo dos seus pecados." (Mateus 1.21)

Em meio à agitação desse período do ano, pare um pouco e reflita sobre o verdadeiro significado do Natal. Somos pessoas salvas. Obrigada, Jesus.

8 DE DEZEMBRO

MISTÉRIO E ESPERANÇA

A vida é cheia de enigmas. Há muitas perguntas sem resposta e incógnitas. A fé em si é um grande elemento de mistério. Para viver uma vida cheia de fé, devemos aceitar esses elementos a serem desvendados, que andam de mãos dadas com a esperança. A esperança é Deus nos dizendo que o seu propósito é maior do que qualquer mistério. Quando enfrentamos qualquer coisa, qualquer incógnita, o Senhor está ao nosso lado.

Deus não nos promete uma explicação, e aí está o mistério. Contudo, anuncia a sua presença e essa é uma verdade infalível. Quando atravessamos águas profundas, o Senhor está lá.

"Portanto, visto que temos este ministério pela misericórdia que nos foi dada, não desanimamos. Antes, renunciamos aos procedimentos secretos e vergonhosos; não usamos de engano, nem torcemos a palavra de Deus. Ao contrário, mediante a clara exposição da verdade, recomendamo-nos à consciência de todos, diante de Deus. [...] Pois Deus, que disse: 'Das trevas resplandeça a luz', ele mesmo brilhou em nossos corações, para iluminação do conhecimento da glória de Deus na face de Cristo." (2Coríntios 4.1-2, 6)

Você já passou por algum momento misterioso? Uma circunstância ou situação inexplicável que gostaria de poder perguntar a Deus do que se tratava? Saiba, no fundo do seu coração, que a esperança está aguardando do outro lado do mistério.

9 DE DEZEMBRO

ATRÁS DO CORAÇÃO

Existe uma diferença na maturidade da nossa fé quando passamos a ver Deus como o nosso Pai em vez de apenas o nosso Criador. Então, reconhecemos a sua voz em meio a todas as outras vozes e nos damos conta de que as nossas atitudes, pensamentos e falta de confiança podem entristecê-lo.

Podemos sentir que há outras pessoas que Deus deseja mais ou das quais ele sinta mais orgulho por causa da sua maturidade espiritual, mas isso é uma mentira. Queridas filhas do Rei, o Senhor está atrás do nosso coração. O Altíssimo deseja o nosso amor, anseia pelos momentos em que falamos com ele.

"Pois vocês não receberam um espírito que os escravize para novamente temerem, mas receberam o Espírito que os torna filhos por adoção, por meio do qual clamamos: 'Aba, Pai.'" (Romanos 8.15)

Você sabia que Deus a busca? Deixe essa verdade penetrar em seu ser. Ele — o Criador do universo, Aba Pai, Alfa e Ômega, EU SOU — está atrás de você. Ele deseja que você o conheça. Onde quer que você esteja em sua caminhada espiritual, saiba que o Senhor Jesus nunca deixará de buscá-la.

10 DE DEZEMBRO

A JORNADA DOS MAGOS

A Bíblia mostra que os magos viajaram uma grande distância para encontrar o Salvador. Eles levavam presentes e, quando o encontraram, os apresentaram em homenagem a ele. Você consegue imaginar como isso deve ter sido? Saber que estava olhando para o Salvador do mundo, em forma de bebê, tentando compreender o que a presença dele significaria para o planeta? É incrível.

Nesta época do ano, o que podemos fazer para homenagear Jesus? Como podemos ser as suas mãos para ajudar as pessoas? O Natal é uma ótima data para nos envolvermos em algo único, pois há, geralmente, muitas oportunidades. Como você pode espalhar o amor de Jesus de maneira diferente?

"Quando tornaram a ver a estrela, encheram-se de júbilo. Ao entrarem na casa, viram o menino com Maria, sua mãe, e, prostrando-se, o adoraram. Então abriram os seus tesouros e lhe deram presentes: ouro, incenso e mirra." (Mateus 2.10-11)

Como você vai distribuir o amor de Cristo neste Natal? Existe algo que você sempre quis fazer, mas ainda não fez? Talvez esta seja a oportunidade perfeita.

11 DE DEZEMBRO

A BOA LUTA

Deus nos convidou a lutar com ele pelo Reino dele. Para termos confiança sobre o que isso significa, precisamos entender que a coragem é dada pelo Senhor. A intrepidez para lutar pelo nosso Pai e por nossos irmãos e irmãs nos é dada pelo Espírito de Deus. O mesmo Espírito que vive nele está vivo em nós — só isso já deveria nos incentivar.

Na segunda carta a Timóteo, Paulo diz que recebemos um espírito de poder, amor e equilíbrio. Para vermos a plenitude do Espírito Santo, precisamos dar um passo. Não precisa ser um grande salto — apenas um único passo para acender a chama. Este movimento pode ser convidar um colega de trabalho para tomar café, perguntar ao garçom se ele frequenta uma igreja ou se aproximar daquele vizinho com quem você sempre quis falar.

"Por essa razão, torno a lembrar-lhe que mantenha viva a chama do dom de Deus que está em você mediante a imposição das minhas mãos. Pois Deus não nos deu espírito de covardia, mas de poder, de amor e de equilíbrio. Portanto, não se envergonhe de testemunhar do Senhor, nem de mim, que sou prisioneiro dele, mas suporte comigo os meus sofrimentos pelo evangelho, segundo o poder de Deus." (2Timóteo 1.6-8)

Um único passo tem poder: pode plantar uma semente do tamanho de um grão de mostarda. Esse mesmo grão é capaz de mover uma montanha, fazer avançar o Reino de Deus e glorificar o propósito do Senhor. Como você pode dar um passo e participar dessa luta?

12 DE DEZEMBRO

JOIAS

Quando nos inscrevemos em uma equipe esportiva, temos a compreensão básica de que teremos de treinar bastante e de que desejaremos ganhar e ser bem-sucedidas. Sabemos que ganharemos algumas vezes e perderemos outras, e que, com o passar do tempo, estaremos felizes simplesmente por participar, seja ganhando ou perdendo.

Jogar em uma equipe esportiva é semelhante, às vezes, a relacionar-se com outras mulheres. Ganhamos — fazendo amizades incríveis — e perdemos. Fomos criadas de maneira única, e apesar de termos recebido a ordem de amarmos umas às outras, não significa que nos tornaremos as melhores amigas de todas as mulheres que conhecermos.

Contudo, quando realmente encontramos essas amizades, aquelas poucas e preciosas mulheres que nos encorajam e nos fazem rir, precisamos nos agarrar firme a elas, apreciando as joias raras que elas são.

"Perfume e incenso trazem alegria ao coração; do conselho sincero do homem nasce uma bela amizade."
(Provérbios 27.9)

Você tem alguma amiga a quem presta contas, mas que também a edifica quando você precisa? Fale para ela como a amizade dela é importante para você. Se ainda está procurando por uma amiga íntima, não desanime. Ore para que Deus coloque a pessoa certa na sua vida.

13 DE DEZEMBRO

HERÓI

Quando Jesus saiu da mão direita do Pai e desceu como salvador do mundo, cumpriu uma missão de socorro. Ele desceu, em amor, e nos resgatou, nos libertou do nosso pecado.

Somos dele para sempre. E estamos libertas para sempre. Não existe nenhum outro amor sem limites — e é gratuito. Deixe essa verdade penetrar em seu coração. Ele desceu em amor e nos resgatou... de graça.

Jesus é o herói dos nossos contos de fadas. Não importa o que enfrentaremos hoje, não podemos nos esquecer disso.

"A vocês, graça e paz da parte de Deus nosso Pai e do Senhor Jesus Cristo, que se entregou a si mesmo por nossos pecados a fim de nos resgatar desta presente era perversa, segundo a vontade de nosso Deus e Pai, a quem seja a glória para todo o sempre. Amém." (Gálatas 1.3-5)

Já duvidou do amor de Deus por você? Releia isso e deixe essa verdade fixar-se em seu coração. Você foi resgatada, e o amor dele por sua vida não tem limites.

14 DE DEZEMBRO

AME BEM

Se tivermos de fazer algo bem, que seja amar. Amar bem é diferente para cada pessoa, mas sabemos quando sentimos, quando amamos de todo o coração. Não podemos mudar o mundo — só Jesus pode fazer isso —, mas podemos mudar o mundo de uma pessoa.

Há coisas grandes que podemos fazer para amar bem, mas isso pode ser feito por intermédio de coisas pequenas e cotidianas também. Devemos amar independentemente de como nos sentimos, mesmo quando for difícil, quando não queremos. Nós amamos porque Deus nos amou primeiro.

"Portanto, sejam imitadores de Deus, como filhos amados, e vivam em amor, como também Cristo nos amou e se entregou por nós como oferta e sacrifício de aroma agradável a Deus." (Efésios 5.1-2)

De que maneira você pode amar de forma mais eficaz? Existe algo que você sente que pode melhorar? Peça a Deus que a ajude a amar como ele ama. Peça-lhe que possa amar aqueles que o Senhor colocou na sua vida.

15 DE DEZEMBRO

O PEDIDO DE AJUDA

Dependendo do tipo de pessoa que você é, talvez tenha dificuldade de pedir ajuda. Existem pessoas que *gostam de ajudar*: preferem servir aos outros porque se sentem capazes e úteis. Há também aquelas que aceitam ser servidas de bom grado em qualquer oportunidade. Uma não é melhor do que a outra, e ambas possuem elementos positivos.

Em diferentes fases da vida, aqueles que gostam de ajudar, às vezes, são os que precisam receber ajuda. Isso pode ser algo difícil de aceitar e precisamos ter cuidado para não permitir que o orgulho se aposse de nós. Pedir ajuda faz parte de se colocar em posição vulnerável: deixamos tudo de lado para dizer: *Eu não consigo fazer isso sozinha.* Deus colocou em nossa vida pessoas que amam ajudar, mas elas só saberão que precisamos delas se dissermos.

"Levanto os meus olhos para os montes e pergunto: De onde me vem o socorro? O meu socorro vem do SENHOR, que fez os céus e a terra." (Salmo 121.1-2)

Você tem facilidade para pedir ajuda? Deus pede que você dê uma chance para as pessoas que ele colocou na sua vida. Você se surpreenderá como se sentirá mais forte ao dividir a sua carga com outras pessoas.

16 DE DEZEMBRO
TORÇA PELO PRÊMIO

Você já viu líderes de torcida em um evento esportivo? Sorridentes, animadas e cheias de energia, gritando pela sua equipe amada. O que não vemos é o que pode estar acontecendo por trás de toda essa torcida. Todo mundo tem os seus problemas. Contudo, lá estão elas, fielmente dedicadas à sua equipe, pois sabem que ganharão um prêmio no final.

Da mesma maneira, devemos nos encorajar em nossa fé. Imagine a alegria do nosso Pai celeste ao nos ver edificando uns aos outros em amor, apesar de qualquer coisa que estejamos enfrentando. Temos a ganhar em nossos relacionamentos com outros cristãos seja dando ou recebendo. E o prêmio, no final, é a eternidade. Não existe nada melhor do que isso.

"O Deus que concede perseverança e ânimo dê a vocês um espírito de unidade, segundo Cristo Jesus." (Romanos 15.5)

De que maneira você pode encorajar outras pessoas? Pense na alegria no coração de Deus ao vê-la ofertando o seu tempo e os seus talentos.

17 DE DEZEMBRO

BARRO

A vida pode ser muito agitada. Independentemente da fase em que esteja, sempre há coisas a serem feitas. Muito frequentemente o nosso bem-estar é colocado de lado por causa de todas as coisas que precisamos resolver. O nosso Criador diz que somos vasos de barro. Se forem deixados de lado, sem cuidado, os vasos de barro podem secar e rachar.

Se dermos a Deus a nossa obediência e o nosso tempo, o Senhor nos promete a sua abundância e a sua paz para regar as partes mais secas do nosso ser. Recebemos renovação quando estamos em sua presença, ao permitir que ele encha o nosso espírito com o seu amor e as suas palavras de incentivo.

"Contudo, SENHOR, tu és o nosso Pai. Nós somos o barro; tu és o oleiro. Todos nós somos obra das tuas mãos." (Isaías 64.8)

Quando você se sente mais revigorada? Em qualquer fase que esteja na vida, Deus ouve o seu pedido por renovação e os seus sussurros por paz em sua alma. Dedique um tempo hoje para ganhar novas forças pela Palavra do Senhor e sente-se com ele em oração.

18 DE DEZEMBRO

DEIXE DEUS VENCER

Não acredite nas mentiras. Temos um inimigo que deseja roubar, matar e destruir. Uma das maneiras mais poderosas para fazer isso é enchendo o nosso coração de mentiras sobre o que pensamos a nosso respeito. Essas mentiras enchem a nossa mente de ódio e, então, quando nos olhamos no espelho, passamos a odiar o que vemos. *Eu sou tão feia. Eu não mereço nada de bom na minha vida. Eu fracassei mais uma vez; por que eu ainda tento?*

Esses pensamentos fazem o Pai chorar. Irmãs amadas, Deus nos ama! Ele nos criou e nos separou. O Criador preza cada respiração nossa e, no nome de Jesus, podemos repreender o inimigo para que essas mentiras não ocupem mais a nossa mente e o nosso coração.

"Os lábios que dizem a verdade permanecem para sempre, mas a língua mentirosa dura apenas um instante."
(Provérbios 12.19)

Quais são as mentiras que a derrubam? Peça a Jesus que levante o véu dos seus olhos para que enxergue com clareza. Servimos a um Deus que moveria montanhas por você, um Pai que ama a sua filha mais do que tudo no mundo e um Criador que se alegra quando nos vê sorrir.

19 DE DEZEMBRO

CICLO

Você já disse ou fez alguma coisa da qual se arrependeu imediatamente? Acabou de acontecer: é aquele momento que relembramos mil vezes em nossa mente. Então, talvez alguns dias depois, algo parecido acontece. Por que isso ocorreu de novo? Por que não conseguimos ter mais autocontrole?

Esses momentos são ciclos viciosos da nossa natureza humana. Felizmente, por intermédio do sangue de Jesus Cristo e do nosso arrependimento, somos perdoadas e libertas e recebemos alívio para os fardos pesados dos nossos erros. Ganhamos uma tela em branco para recomeçar. Em determinados dias, essa bênção parece mais especial do que em outros. Em alguns dias, dependemos completamente da graça do nosso Senhor e Salvador só para enfrentá-los. E não há problema nisso.

> "Para o louvor da sua gloriosa graça, a qual nos deu gratuitamente no Amado. Nele temos a redenção por meio de seu sangue, o perdão dos pecados, de acordo com as riquezas da graça de Deus, a qual ele derramou sobre nós com toda a sabedoria e entendimento." (Efésios 1.6-8)

Você teve um desses "momentos" recentemente? Sabe que foi perdoada pelo sangue de Jesus? Aceite esta dádiva; você foi perdoada. Perdoe a si mesma e continue seguindo em frente.

20 DE DEZEMBRO

VOCÊ PRECISA MESMO DISSO?

O Natal é uma época maravilhosa, cheia de celebração e boa vontade. Portanto, parece correto entrarmos no espírito natalino de troca de presentes. A maioria de nós adora a oportunidade de fazer compras para nossos amigos e familiares e, talvez, até um pouco para nós mesmas.

A generosidade é uma coisa maravilhosa para exibirmos durante esta época do ano, mas não podemos confundir presentear com gastar.

"Ordene aos que são ricos no presente mundo que não sejam arrogantes, nem ponham sua esperança na incerteza da riqueza, mas em Deus, que de tudo nos provê ricamente, para a nossa satisfação. Ordene-lhes que pratiquem o bem, sejam ricos em boas obras, generosos e prontos a repartir." (1Timóteo 6.17-18)

Você caiu na armadilha de acreditar que gastar trará satisfação para a sua alma? As Escrituras Sagradas nos dizem que Deus é o único que pode nos satisfazer. Ele preferiria que usássemos o nosso dinheiro para fazer o bem a quem precisa. Presentes são maravilhosos, mas, com a aproximação do Natal, permita-se concentrar no bem que você pode fazer às pessoas, principalmente àquelas que passam necessidades.

21 DE DEZEMBRO

O DUENDE DO EGO

Será que realmente compreendemos tudo o de que Jesus abriu mão para se tornar humano e andar nesta terra conosco? As Escrituras nos dizem que, apesar de Jesus ser igual a Deus, Cristo abriu mão de seu direito supremo para se tornar humano. Talvez nunca sejamos capazes de entender o que isso significa, mas acredito que podemos aceitar que o nascimento e a morte de Jesus na cruz são o nosso maior exemplo de sacrifício.

Podemos estar envolvidas no espírito de presentear nesta época do ano, mas será que estamos dispostas a *abrir mão*, a nos sacrificar, seguindo o exemplo de Jesus, colocando os outros em primeiro lugar e, assim, compreendermos o valor das pessoas à luz de Cristo?

"Nada façam por ambição egoísta ou por vaidade, mas humildemente considerem os outros superiores a vocês mesmos. Cada um cuide, não somente dos seus interesses, mas também dos interesses dos outros." (Filipenses 2.3-4)

Você consegue reconhecer ambições egoístas em sua vida? Reflita sobre o sacrifício de Jesus e, em sua gratidão, assuma o compromisso de imitá-lo, enxergando as qualidades das pessoas e colocando os interesses delas acima dos seus.

22 DE DEZEMBRO

TRÉGUA DE NATAL

No Natal de 1914, soldados alemães e britânicos declararam uma trégua de Natal e deram início a uma série de cessar-fogos por toda a frente ocidental. Na semana que antecedeu o feriado, os soldados atravessaram as trincheiras e trocaram cumprimentos e comidas, jogaram futebol e participaram de cerimônias fúnebres conjuntas e trocas de prisioneiros. A trégua natalina é vista como um momento simbólico de paz e humanidade em um dos eventos mais violentos da história humana.

Fala-se muito sobre o espírito natalino nesta época do ano e, embora às vezes isso pareça roubar um pouco da celebração pura de Cristo, é encorajador ler histórias onde a boa vontade vence em um mundo estressante e, muitas vezes, violento.

"Que a paz de Cristo seja o juiz em seu coração, visto que vocês foram chamados para viver em paz, como membros de um só corpo. E sejam agradecidos." (Colossenses 3.15)

Existe alguma situação que você esteja vivendo este ano e que possa oferecer uma trégua de Natal? Você conseguiria colocar de lado diferenças familiares e brigas antigas para criar harmonia? Faça um esforço este ano. Cristo pode ficar mais evidente no seu meio do que você imagina.

23 DE DEZEMBRO

PARE E ESCUTE

A história bíblica de Marta e Maria é bastante conhecida. Muitas de nós nos identificamos bastante com Marta. Como mulheres, administramos muitas responsabilidades e tarefas e isso exige bastante trabalho e hospitalidade. Isso é especialmente verdadeiro à medida que nos aproximamos do Natal, quando as nossas "listas de afazeres" aumentam e os eventos e celebrações tomam conta de nossa vida.

Contudo, às vezes, durante esta época, nos preocupamos com coisas desnecessárias, que, na verdade, durarão apenas um dia. Maria escolheu a "boa parte" quando Jesus as visitou. Ela se concentrou na visita e não nas preparações.

"Marta, porém, estava ocupada com muito serviço. E, aproximando-se dele, perguntou: 'Senhor, não te importas que minha irmã tenha me deixado sozinha com o serviço? Dize-lhe que me ajude!' Respondeu o Senhor: Marta! Marta! Você está preocupada e inquieta com muitas coisas; todavia apenas uma é necessária. Maria escolheu a boa parte, e esta não lhe será tirada." (Lucas 10.40-42)

Você permitirá que o Senhor mostre aquilo que tem tirado a sua atenção das coisas realmente importantes? Dedique algum tempo para refletir sobre Jesus e lembre-se de que esta é a parte mais importante do seu dia.

24 DE DEZEMBRO

JORNADA DE ESPERANÇA

O dia estava quase chegando! Muitas pessoas esperavam o nascimento de Jesus. Fazia muito tempo que os judeus estavam esperando pelo seu Messias, Maria e José estavam aguardando a chegada do seu primeiro filho e os magos estavam procurando por um sinal. Jesus era a esperança de todos.

Existe sempre uma jornada envolvida na espera pela realização de grandes expectativas. Os judeus estavam se preparando para o tempo determinado, Maria e José precisaram viajar para outra cidade e os magos tiveram de seguir a estrela. Em nossa própria vida, às vezes nos esquecemos de que a jornada faz parte do cumprimento das coisas que esperamos.

"'A virgem ficará grávida e dará à luz um filho, e o chamarão Emanuel', que significa 'Deus conosco.'" (Mateus 1.23)

Você está esperando pelo cumprimento de algo grande? Dedique um tempo hoje para refletir sobre a jornada daqueles que tiveram de esperar pelo seu Salvador. Ore para que a esperança permaneça em seu coração enquanto espera.

25 DE DEZEMBRO

COMPARTILHE A HISTÓRIA

Você provavelmente comemorará o dia de hoje de acordo com alguma tradição. Celebramos com as tradições populares de nossa cultura e com os nossos costumes de família. Quaisquer que sejam essas tradições, provavelmente você tem um grande carinho por elas e espera que durem com o passar do tempo.

Você já se sentiu perdida em meio a todas essas tradições e se perguntou se Jesus estava, de fato, sendo homenageado? Nós nos sentimos decepcionadas quando nos esquecemos de glorificar o nome do Senhor em meio a todas as celebrações. Mas lembre-se: a nossa comemoração deste dia tem o propósito de levar adiante a história das Boas-Novas.

"Havia pastores que estavam nos campos próximos e durante a noite tomavam conta dos seus rebanhos. E aconteceu que um anjo do Senhor apareceu-lhes e a glória do Senhor resplandeceu ao redor deles; e ficaram aterrorizados. Mas o anjo lhes disse: Não tenham medo. Estou trazendo boas-novas de grande alegria para vocês, que são para todo o povo: Hoje, na cidade de Davi, nasceu o Salvador, que é Cristo, o Senhor." (Lucas 2.8-11)

Não desanimemos com o fato de que o mundo comercializou este evento fundamental da história. Em vez disso, vamos usar as festividades a nosso favor. Dedique tempo no dia de hoje para compartilhar a história milagrosa do nascimento do nosso Salvador, para que ela continue a ser contada pelas próximas gerações!

26 DE DEZEMBRO

RECOMPENSA DO DIA DA CAIXA

Em muitos países, o dia seguinte ao Natal é chamado de *Dia da Caixa* — uma tradição que teve início em uma época na qual os comerciantes recebiam caixas de Natal com dinheiro ou presentes como reconhecimento pelo bom trabalho ao longo do ano.

Apesar de não gostarmos de nos imaginar como servas, atualmente muitas de nós trabalham para alguém. A Bíblia fala muito sobre os que demonstram diligência e respeito por aqueles que assumem posições de autoridade.

"Todos os que estão sob o jugo da escravidão devem considerar seus senhores como dignos de todo o respeito, para que o nome de Deus e o nosso ensino não sejam blasfemados." (1Timóteo 6.1)

Temos um propósito maior em relação aos nossos patrões. Podemos não ter um dia de reconhecimento pelo nosso serviço, mas estamos honrando o nome de Deus ao sermos exemplos de pessoas cristãs. Sinta-se encorajada ao voltar ao seu local de trabalho — seja este a sua casa, seus estudos ou escritório —, sabendo que, ao mostrar bom serviço, você está representando positivamente o nome de Jesus.

27 DE DEZEMBRO

CAMINHOS

Se pararmos para pensar, a maior parte de nossas conversas é feita de um diálogo com diversas opiniões. Também falamos sobre fatos, é claro, mas o que realmente importa só aparece quando influenciamos essas trocas de informação com as nossas emoções.

Não há nada de errado em tentarmos buscar um significado para as situações, tentando compreender as complexidades da vida. É possível que a busca por compreensão faça parte da nossa natureza humana. Contudo, o mais importante é submetermos o nosso entendimento e as nossas opiniões à verdade de Deus.

"'Pois os meus pensamentos não são os pensamentos de vocês, nem os seus caminhos são os meus caminhos', declara o SENHOR. 'Assim como os céus são mais altos do que a terra, também os meus caminhos são mais altos do que os seus caminhos, e os meus pensamentos, mais altos do que os seus pensamentos.'" (Isaías 55.8-9)

No contexto dessa passagem, Deus estava falando especificamente sobre a sua misericórdia pelo seu povo. Existem caminhos do Senhor que simplesmente não conseguimos entender, mas precisamos confiar que eles são melhores. Existe algum "caminho de Deus" que você não consegue compreender em sua vida? Entregue os seus pensamentos e confie nos dele.

28 DE DEZEMBRO

NOVAS A CADA MANHÃ

Às vezes, é bom refletir sobre exatamente do que Deus nos salvou. Como nação, Israel sabia o que era falhar com o Criador diversas vezes. Eles se rebelaram contra o Senhor e foram castigados por isso; contudo, o Altíssimo escolheu redimi-los diversas vezes. O amor de Deus pelo seu povo fez com que ele demonstrasse misericórdia.

Não somos diferentes dos israelitas em nossa rebeldia em relação aos propósitos de Deus. Também não somos diferentes dos israelitas no fato de que o Criador tem uma compaixão incrível por nós. Ao enviar o seu Filho, Jesus Cristo, o Senhor provou de uma vez por todas que a sua compaixão jamais falhará.

"Graças ao grande amor do SENHOR é que não somos consumidos, pois as suas misericórdias são inesgotáveis. Renovam-se cada manhã; grande é a sua fidelidade!" (Lamentações 3.22-23)

Por que as misericórdias do Senhor precisam ser renovadas a cada manhã? Porque não conseguimos passar um dia sequer sem cometer erros. Precisamos ser lembrados da fidelidade de Deus para que possamos buscá-lo diariamente. Você falhou com o Altíssimo ontem ou hoje? Agradeça a Jesus pela sua compaixão todas as manhãs. Confesse os seus pecados e esteja pronta para recomeçar do zero. A misericórdia do Senhor dura para sempre!

29 DE DEZEMBRO

NÃO SE ENVERGONHE

Você já tentou subir um rio de barco ou nadar contra a correnteza? É difícil! Às vezes nos sentimos assim como cristãs neste mundo repleto de descrentes. A nossa cultura moderna está cheia de "politicamente correto" e aceita todas as crenças, mas quando se trata do cristianismo, tudo o que dizemos é considerado ofensivo!

Paulo foi preso diversas vezes por ofender as pessoas de seu tempo. Ele parecia sofrer de bom grado porque estava convencido de que Jesus era o Salvador. Sabia que a sua missão era compartilhar as Boas-Novas com todo o mundo. Paulo estava convencido da verdade e, por causa disso, não se envergonhava!

> "Por essa causa também sofro, mas não me envergonho, porque sei em quem tenho crido e estou bem certo de que ele é poderoso para guardar o que lhe confiei até aquele dia." (2Timóteo 1.12)

Você costuma ficar quieta sobre a sua fé em Jesus? Tem medo de sofrer ou que zombem de você por causa do evangelho? Dedique tempo todos os dias para desenvolver o seu relacionamento com o Senhor. Quanto mais conhecer Jesus, mais confiança terá naquilo em que crê. Imite a dedicação do apóstolo Paulo para compartilhar o evangelho e confie em Deus para protegê-la.

30 DE DEZEMBRO
ESPÍRITO EM PRIMEIRO LUGAR

Com a aproximação do Ano-Novo, provavelmente você está pensando sobre os seus objetivos e aspirações. E um desses objetivos é, talvez, fazer mais exercícios! Sabemos da importância de nos exercitarmos. Os exercícios beneficiam o corpo e a mente, e também sabemos que fazê-los exige determinação e disciplina.

Existe, no entanto, uma atividade mais benéfica do que o exercício físico. A Bíblia compara a santidade com o exercício físico. A santidade não é algo que recebemos instantaneamente quando aceitamos Cristo como nosso Salvador. Ela é um processo: requer disciplina e compromisso com o entendimento do que significa ser parecido com Jesus.

"O exercício físico é de pouco proveito; a piedade, porém, para tudo é proveitosa, porque tem promessa da vida presente e da futura." (1Timóteo 4.8)

Você aceita o fato de que precisará dedicar tempo e esforço para priorizar as práticas espirituais da mesma maneira que faz com os exercícios físicos? Os benefícios da santidade ultrapassam esta vida. Seja encorajada pelo fato de que será recompensada tanto nesta quanto na próxima vida!

31 DE DEZEMBRO
NO CAMINHO CERTO

O que você vai fazer no ano que vem? Quando estamos no fim de um ano e esperando pelo ano seguinte, podemos nos sentir sobrecarregadas com a necessidade de planejar aquilo que desejamos realizar. Talvez você espere dar início à sua carreira, encontrar um marido, ter um filho, fazer uma viagem missionária ou começar a estudar.

Quando a motivação do seu coração para esses planos está certa, você não precisa ficar ansiosa sobre como realizá-los. O Senhor está sempre presente para guiá-la pelo caminho a seguir. Deus sabe também que os planos não acontecem se não dermos o primeiro passo. Portanto, antes de tentar colocar as suas ideias em prática, permita que o Altíssimo lhe mostre qual é o próximo passo.

"Porque todos os que são guiados pelo Espírito de Deus são filhos de Deus." (Romanos 8.14)

Deus nunca a guiará em direção a algo para o qual não esteja preparada. Peça ao Senhor por direção para guiar os seus planos para o próximo ano e para os passos que precisa dar para realizá-los. Que Deus a abençoe ricamente à medida que você entrega os seus caminhos a Jesus.